U0897590

首都流通业研究基地资助，编号：JD－ZD－2022－001

中国系统性金融风险预警机制及防范对策研究

徐 凤 著

中国财经出版传媒集团
中国财政经济出版社

图书在版编目（CIP）数据

中国系统性金融风险预警机制及防范对策研究／徐凤著．—北京：中国财政经济出版社，2022.5
ISBN 978－7－5223－1292－7

Ⅰ．①中…　Ⅱ．①徐…　Ⅲ．①金融风险防范－研究－中国　Ⅳ．①F832.1

中国版本图书馆 CIP 数据核字（2022）第 051456 号

责任编辑：彭　波　　　　责任校对：胡永立
封面设计：孙俪铭　　　　责任印制：史大鹏

中国财政经济出版社 出版
URL：http：//www.cfeph.cn
E－mail：cfeph@cfeph.cn

社址：北京市海淀区阜成路甲 28 号　邮政编码：100142
营销中心电话：010－88191522
天猫网店：中国财政经济出版社旗舰店
网址：https：//zgczjjcbs.tmall.com
北京财经印刷厂印刷　各地新华书店经销
成品尺寸：170mm×240mm　16 开　13.5 印张　209 000 字
2022 年 5 月第 1 版　2022 年 5 月北京第 1 次印刷
定价：68.00 元
ISBN 978－7－5223－1292－7
（图书出现印装问题，本社负责调换，电话：010－88190548）
本社质量投诉电话：010－88190744
打击盗版举报热线：010－88191661　QQ：2242791300

前　言

20世纪90年代以来，全球范围内的金融危机频繁爆发。从1990年中后期的日本泡沫经济崩溃，到1997年亚洲金融风暴，再到2007年由美国次贷危机引起的全球性金融危机，到2014年，持续了近4年的欧洲债务危机阴霾仍未完全消散，截至2019年底，欧洲债务危机虽然处于平稳的阶段，但还没有找到真正的解决办法。随着经济全球化和金融一体化的不断深入，金融已渗入经济发展的方方面面，随之而来的是金融危机产生的风险大大增加，金融危机呈现出传播速度快、范围广和破坏力强等特点。金融危机席卷全球导致世界经济增速大幅度放缓，带来普遍的经济萧条，有时候甚至会导致社会动荡或国家政治层面的动荡。根据瑞士银行报告，2008年、2009年世界经济增长率分别为3.7%和2.2%，已经逼近危机临界值2.5%，明显低于2007年的5.0%。金融危机是系统性金融风险长期积累的结果，通常有数年的潜伏期。

截至目前，虽然我国并未发生传统意义上的大规模的金融危机，但并不意味着我国不存在潜在的系统性金融风险。当前我国正处于由经济高速增长转变为经济高质量发展的经济发展方式的增速换挡期，一方面国内金融改革与经济转轨的内在不协调，经济金融领域已经积累了大量尖锐矛盾，如银行不良贷款上升、房地产泡沫严重、信托兑付危机逐渐显现、股市投机性增加、地方政府隐性债务负担严重等都极易形成系统性金融风险潜在隐患。另一方面，随着全球经济与金融之间的联系日益紧密相关，在国际社会动荡愈加加剧的状况下，我国面临的外部政治、经济、金融环境等日益复杂多变，受金融风险传染的不确定性也随之加大，外部冲击随时可能成为诱发我国经济金融矛盾爆发的导火索。

系统性金融风险具有突发性、破坏性和传染性等特征。但其爆发通常以某些宏观经济和金融指标的异常为先兆，这使系统性金融风险预警成为可能。系统性金融风险预警机制的建立则是防范和化解系统性金融风险保障体系强有力的技术支撑，主要包括四个要素：一是明确预警的目的；二是寻找警源，即金融风险的识别；三是预警指标选择；四是建立预警模型和结果评价。从国际经验来看，美国、英国和日本在很早就建立起了较为完善的金融风险预警机制，提高了系统性金融风险评估水平和风险预警能力。目前，我国金融监管部门和金融机构也建立了相应的风险预警机制，但是在一定程度上还缺乏体系性和可操作性；而且我国系统性金融风险预警指标的选取不统一，经常由于指标选取及其权重的不同而导致预警结果的差异化。因此，本书基于系统性金融风险预警机制基本框架，构建适合我国国情的系统性金融风险预警机制，通过对我国潜在的系统性金融风险进行识别、衡量、预警，提出防范我国系统性金融风险的政策建议。

本书研究分为三大部分：第一部分是理论分析部分，主要是进行系统性金融风险预警机制的构建。通过对我国潜在系统性金融风险的现状、形成根源和潜在路径进行分析的基础上，基于系统性金融风险预警机制基本框架，分析我国系统性金融风险预警机制存在的问题，在借鉴西方发达国家金融风险预警机制的基础上，构建适合我国国情的系统性金融风险预警机制。第二部分是实证分析部分，主要是对所构建的系统性金融风险预警机制进行实证分析。通过设计系统性金融风险综合指数对我国系统性金融风险状况进行衡量，并运用格兰杰因果关系检验和多元逐步回归方法对系统性金融风险预警指标体系进行选择。在此基础上，分别运用二元 Logit 模型和 Markov 状态转移模型进行风险预警，运用噪音—信号比法对二元 Logit 模型和 Markov 状态转移模型的预警效果进行评价，并对未来 6 个月和 12 个月我国系统性金融风险状况进行预测。第三部分是建议部分。针对我国潜在系统性金融风险的现状和预警结果，从防范系统性金融风险累积、重视外部冲击和传染风险、完善中国系统性金融风险预警机制和加强金融监管等方面，提出防范和化解我国系统性金融风险的政策建议。

目　录

第 1 章

绪论

1.1 选题背景及意义

1.1.1 选题背景

金融是现代经济的核心，为一国经济平稳运行提供了有力支撑。自布雷顿森林体系解体以来，经过数十年发展，浮动汇率制度下的全球信用货币体系逐步生成，金融取得了在现代经济体系中的核心地位。随着世界经济一体化和虚拟化的不断推进，金融不断深化和金融创新的快速发展，使得世界各国或地区的金融关联性逐渐增强；资产价格的日益波动，经济竞争日益加剧、国际资本流动加快和政治环境的不稳定增加了金融危机爆发的可能性。20 世纪 90 年代以来，全球范围内的金融危机频繁暴发。从 1990 年中后期的日本泡沫经济崩溃，到 1997 年亚洲金融风暴，再到 2007 年由美国的次贷危机而引起的全球性金融危机，到 2014 年，持续了近 4 年的欧洲债务危机阴霾仍未完全消散，直到 2019 年底，欧洲债务危机所带来的危害还没有彻底得到解决。随着经济全球化和金融一体化的不断深入，金融危机呈现出传播速度快、范围广、破坏力强等特点。金融危机席卷全球导致世界经济增速大幅度放缓，根据瑞士银行报告，2008 年、2009 年世界经济增长率分别为 3.7% 和 2.2%，已经逼近危机临界值 2.5%，明显低于 2007 年的 5.0%。金融危机是系统性金融风险长期积累的结果，通常有数年的潜伏期，一旦暴发将对既有的金融体系和经济实体产生巨大的伤害，影响社会稳定和谐。

由于系统性金融风险普遍存在于金融体系当中，成为金融危机暴发的根源。截至目前，虽然我国并未发生传统意义上的大规模的金融危机，但并不意味着我国不存在潜在的系统性金融风险。当前我国正处于对内结构调整和对外开放的关键时期，且在推进国内国外双循环的发展格局的重要阶段。具体而言，我国目前正处于转变经济发展方式的经济增速换挡期，一方面，国内金融改革与经济转轨的内在不协调，经济金融领域已经积累了大量尖锐矛盾，如银行不良贷款上升、房地产泡沫严重、信托兑付危机逐渐显现、股市投机性增加、地方政府隐性债务负担严重等都极易形成系统性金融风险潜在隐患；另一方面，随着全球经济金融联系日益紧密，在国际社会动荡加剧的状况下，我国面临的外部政治、经济、金融环境日益复杂，受金融风险传染的不确定性加大，外部冲击随时可能成为诱发我国经济金融矛盾爆发的导火索。在国际金融环境变动和国内经济结构调整交织的复杂国际新形势下，防范系统性金融风险显得尤为重要。我国《金融业发展和改革“十二五”规划》指出：“构建和完善逆周期的宏观审慎政策框架，有效防范系统性金融风险，保持经济金融平稳较快发展。”党的十八届三中全会为金融业改革发展提出了新要求，在风险评估和预警方面，借鉴国际组织及监管当局在系统性金融风险监测、评估和预警体系，健全我国系统性风险预警体系，密切监测各类金融风险隐患完善应对预案，做到防患于未然，切实保障现代金融体系的健康发展。《中共中央关于制定国民经济和社会发展第十四个五年规划和二〇三五年远景目标的建议》（以下简称《建议》）中共 16 次提及“金融”，明确提出要有效地防范金融风险并健全预防金融风险体系。

系统性金融风险具有突发性、破坏性和传染性等特征，但其爆发通常以某些宏观经济和金融指标的异常为先兆，这使系统性金融风险预警成为可能。从国际经验来看，美国、英国、日本和德国在很早就建立起了较为完善的金融风险预警机制，是全球金融风险预警体系发展较为成熟的几个国家。在 2006 年美国次贷危机之后，各个国家从系统性金融风险的新特点入手，从短、中、长期出发，修改和完善原有系统性金融风险预警体系，提高了系统性金融风险评估水平和风险预警能力。目前，我国金融监管部门和金融机构也建立了相应的系统性风险预警机制，但是在一定程度上还缺乏体系性和可操作性；而且我国系统性金融风险预警指标的选取并不统一，经常由于指标选取及其权重的不同而导致预警结果的差异化。系统性金融风险预警机制的构建能够促进金融活动的有序开展，显著提高一国的金融安全水平。因此，本书在对我国潜在系统性金融风险的现状、形成根源及潜在路径进行分析的基础上，基于系统性金融风险预警机制基本框架，构建适合我国国情的系统性金融风险预警机制，通过对我国潜在系统性金融风险进行衡量、预警，提出防范我国系统性金融风险的政策建议。

1.1.2　研究意义

处于现代经济核心位置的金融，是国家重要的核心竞争力，正在快速地发展，涉及经济社会生活中的各个方面。而随着世界经济、金融一体化的不断加深和我国经济体制改革的进一步深化，当前我国已融入世界经济体系中，系统性金融风险的积累所引发的金融危机必将对我国的对外贸易、金融体系和经济发展等方面产生强大的冲击，各行业会受到严重影响，也直接影响到我国货币政策执行的有效性。因此，完善的系统性金融风险预警体系能够促进金融活动有序开展，有效预防金融风险的产生，能显著提高一国金融安全水平，对于经济健康发展和金融系统性风险防范具有重要的理论意义和现实价值。

1.1.2.1　理论意义

首先，随着经济金融一体化的深入和“一带一路”倡议的实施，各国之间的经济和贸易依存关系更加紧密，改变了外部经济冲击跨国传导路径。中国当前处于高速增长阶段转向高质量发展阶段的经济转型的关键时期，经济基本面发展不够健全、不够均衡。中国金融体系还很脆弱，随着外部经济冲击的不断增强，对中国经济造成的负面影响越来越大。因此本书以系统性金融风险理论为基础，以系统性金融风险预警机制为研究对象，对于防范系统性金融风险，促进中国金融体系的健康运行具有重要的理论意义。

其次，目前国内关于系统性金融风险预警的实证研究方法还处于起步阶段，在系统性金融风险的衡量、系统性金融风险预警指标的选取、预警模型构建等方面还不够完善。本书基于系统性金融风险预警机制基本框架，在对我国潜在的系统性金融风险进行识别的基础上，通过构建系统性金融风险综合指数对我国系统性金融风险状况进行衡量，综合格兰杰因果关系检验和多元逐步回归方法选择中国系统性金融风险预警指标体系，运用二元 Logit 模型和 Markov 状态转换模型对我国系统性金融风险进行评价和预警等，实现了方法上的创新，具有重要的理论意义。

最后，目前中国系统性金融风险预警和风险管理理论还不够健全和成熟，关于系统性金融风险管理理论主要侧重于研究风险事件的事中和事后的应对措施以降低风险发生后的损失。但系统性金融风险预警理论则强调对风险进行事前防控，通过对系统性金融风险建立切实有效的预警机制可以事先防范和化解系统性金融风险，有效抑制系统性金融风险转化为金融危机。本书通过对系统性金融风险预警机制的研究可以丰富中国系统性金融风险预警和风险管理理论体系，为中国系统性金融风险预警理论和风险管理理论更深入的研究提供有益补充。

1.1.2.2 现实意义

首先，有效的评判系统性金融风险是中国经济体制转型和金融自由化进程中的必然要求。金融是我国经济平稳运行和结构调整的有力支撑，在当前经济全球化、金融一体化进程不断加快的形势下，中国金融体系运行中的风险正不断增大，而金融安全是国家安全的重要组成部分，为保证中国经济、金融健康快速发展，必须找出我国潜在的系统性金融风险并对风险进行预警，对于防范与化解系统性金融风险，维护经济稳定和健康运行具有重要的现实意义。

其次，是构建和完善中国系统性金融风险预警系统，及时预警中国系统性金融风险的必然要求。金融稳定是保证中国经济平稳持续发展的重中之重，应该做好对系统性金融风险的有效监测和预警，充分发挥系统性金融风险预警机制的预警功能，使风险监管从风险的事后发现和补救，转向事前预警和防范，降低系统性金融风险对中国金融体系的危害，有效提高中国当前经济转型过程中的系统性金融风险控制和监管效率。

1.2 研究思路与研究方法

1.2.1 研究思路

系统性金融风险预警机制的建立是防范和化解系统性金融风险保障体系强有力的技术支撑。系统性金融风险预警机制主要是指各种反映系统性金融风险警情、警兆、警源及变动趋势的组织形式、指标体系和预测方法等所构成的有机整体。系统性金融风险预警机制基本框架包括：第一是信息的输入，主要指风险的识别和预警指标的选择；第二是信息的处理，主要指预警方法的选择和预警模型的构建；第三是信息的输出，主要是对发生风险的概率进行估计，预警信号的发布和对未来风险形势的判断；第四是预案制订，根据风险预警结果进行风险防范和化解的制度安排和政策调整（如图1-1所示）。其中风险的定义和识别、预警指标的选择和风险概率的估计是决定预警机制预警效果关键的三个问题。

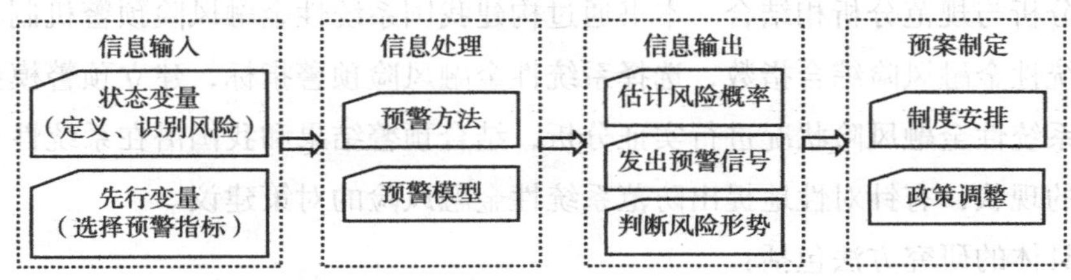

图1-1 系统性金融风险预警机制基本框架

本书分为三大部分：第一部分是理论分析部分，主要是系统性金融风险预警机制的构建。在对我国潜在系统性金融风险的现状、形成根源和潜在路径进行分析的基础上，基于系统性金融风险预警机制基本框架，通过分析我国系统性金融风险预警机制的现状及存在的问题，在借鉴西方发达国家金融风险预警机制经验的基础上，构建适合我国国情的系统性金融风险预警机制；第二部分是实证分析部分，即对所构建的系统性金融风险预警机制进行实证分析。通过设计系统性金融风险综合指数对我国系统性金融风险状况进行衡量，运用格兰杰因果关系检验和多元逐步回归方法对系统性金融风险预警指标体系进行选择，分别从离散状态构建二元 Logit 模型和连续状态构建 Markov 状态转移模型，运用实证方法分析两类预警模型的预警结果并进行评价和比较，进而对未来我国系统性金融风险状况进行预测；第三部分是对策建议部分，主要是提出防范和化解系统性金融风险的对策建议。针对我国潜在系统性金融风险的现状和预警结果，从防范系统性金融风险累积、重视外部冲击和传染风险、完善中国系统性金融风险预警机制和加强金融监管等方面，提出防范和化解我国系统性金融风险的政策建议。

技术路线如图 1-2 所示：

1.2.2 研究方法

本书的研究方法主要有：首先是理论与实践相结合。本书从系统性金融风险预警机制的基本框架入手，将系统性金融风险相关理论与我国潜在的系统性金融风险状况结合起来，从我国的经济金融领域存在的问题和面临的国际环境等方面，探寻我国潜在系统性金融风险形成的根源和可能发生的路径；其次是实证分析与规范分析相结合。本书通过构建我国系统性金融风险预警机制，设计系统性金融风险综合指数，选择系统性金融风险预警指标，建立预警模型对我国系统性金融风险状况进行实证分析，结合预警结果和我国潜在系统性金融风险的现状，有针对性地提出防范系统性金融风险的对策建议。

具体的研究方法包括：

（1）文献研究法。通过对国内外现有文献的阅读、梳理和评价，归纳系统系统性金融风险的含义、特征、形成、传染、度量和预警的相关理论，借鉴西方发达国家的预警机制，比较国内外系统性金融风险预警机制研究的指标选择和模型设计方法，从而形成本文的研究思路。

（2）定量研究法。一是在考虑外部冲击和传染风险的基础上，从货币市场风险、银行体系风险、资产价格波动风险和外部冲击和传染风险等四方面构造我国系统性金融风险综合指数，并运用我国 1999 年 1 月 ~2019 年 12 月的相关数据对系统性金融风险综合指数进行实证检验，衡量我国 1999 ~ 2019 年以

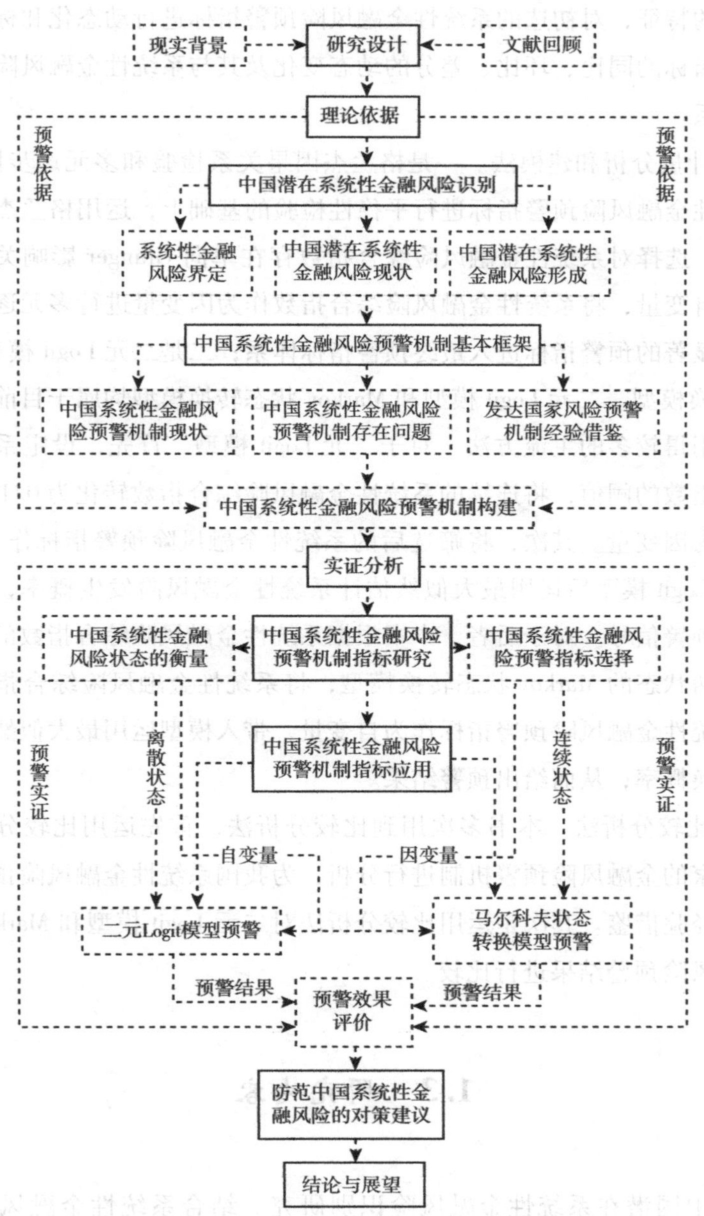

图1-2 技术路线图

现实背景
研究设计
文献回顾
理论依据
预警依据
预警依据
中国潜在系统性金融风险识别
系统性金融风险界定
中国潜在系统性金融风险现状
中国潜在系统性金融风险形成
中国系统性金融风险预警机制基本框架
中国系统性金融风险预警机制现状
中国系统性金融风险预警机制存在问题
发达国家风险预警机制经验借鉴
中国系统性金融风险预警机制构建
实证分析
中国系统性金融风险状态的衡量
中国系统性金融风险预警机制指标研究
中国系统性金融风险预警指标选择
预警实证
离散状态
连续状态
预警实证
中国系统性金融风险预警机制指标应用
自变量
因变量
二元Logit模型预警
马尔科夫状态转换模型预警
预警结果
预警结果
预警效果评价
防范中国系统性金融风险的对策建议
结论与展望

来系统性金融风险的状况；二是在对系统性金融风险预警指标选择时，考虑到不同指标的特征，对初选的系统性金融风险预警指标进行动态化和标准化的处理，考察指标的同比、环比、差分的动态变化及其与系统性金融风险综合指数之间的关系。

（3）计量分析和建模法。一是格兰杰因果关系检验和多元逐步回归方法。在对系统性金融风险预警指标进行平稳性检验的基础上，运用格兰杰因果关系检验方法，选择对系统性金融风险综合指数存在单向 Granger 影响关系的预警指标作为自变量，将系统性金融风险综合指数作为因变量进行多元逐步回归分析，选择显著的预警指标进入最终预警指标体系；二是二元 Logit 模型和 Markov 状态转换模型。二元 Logit 模型和 Markov 状态转换模型均属于目前进行金融风险预警用得较多的主流方法。对于二元 Logit 模型，首先，设定系统性金融风险综合指数的阈值，将连续的系统性金融风险综合指数转化为 0/1 离散的二元信号作为因变量。其次，将筛选后的系统性金融风险预警指标作为自变量，代入二元 Logit 模型后运用最大似然估计系统性金融风险发生概率，从而判断是否发出预警信号。对于后者，本书根据系统性金融风险综合指数的特征，构建一阶、两状态的 Markov 状态转换模型，将系统性金融风险综合指数作为因变量，系统性金融风险预警指标作为自变量，带入模型运用最大似然估计参数与状态转换概率，从而给出预警结果。

（4）比较分析法。本书多次用到比较分析法，首先运用比较分析法对西方发达国家的金融风险预警机制进行分析，为我国系统性金融风险预警机制的构建提供经验借鉴。其次是运用比较分析法对二元 Logit 模型和 Markov 状态转换模型的风险预警结果进行比较。

1.3 研究内容

（1）中国潜在系统性金融风险识别研究。结合系统性金融风险相关概念和理论，通过梳理我国潜在的实体经济风险、金融领域风险、公共财政风险和宏观调控风险，来归纳我国潜在的系统性风险形成的根源和可能发生的路径。

（2）中国系统性金融风险预警机制基本框架。首先，对我国系统性金融风险预警机制的现状进行研究分析，并指出目前我国在系统性金融风险预警机制方面存在的不足；其次，通过对西方发达国家金融风险预警机制进行分析比较，总结金融风险预警机制的定义并借鉴国外金融风险预警模型的相关研究和经验的基础上，从预警机制的设计目标、设计方法和运作程序等方面积极探索和构建符合我国潜在系统性金融风险实际情况的预警机制。

（3）中国系统性金融风险状况衡量研究。从系统性金融风险的特征和我国潜在的系统性金融风险实际状况出发，在考虑我国外部冲击和传染风险的基础上，分别从货币市场风险、银行体系风险、资产价格波动风险及外部冲击和传染风险四个层面来构建中国系统性金融风险综合指数，并运用我国1999年1月~2019年12月的相关数据来衡量我国系统性金融风险的状况。

（4）中国系统性金融风险预警机制指标选择研究。从系统性金融风险相关理论和我国系统性金融风险实际状况出发，分别从宏观经济层面、金融体系层面、国际冲击和国际传染等方面初选我国系统性金融风险预警指标体系。在此基础上，运用格兰杰因果关系检验和多元逐步回归法对初选的预警指标进行多次筛选，得到对系统性金融风险综合指数解释能力较强的指标，从而构成系统性金融风险预警指标体系。

（5）中国系统性金融风险预警机制指标的应用研究。分别运用二元Logit模型和Markov状态转换模型，对1999年1月~2019年12月我国系统性金融风险状况进行预警实证检验，运用噪音—信号比法对预警效果进行评价，并对未来6个月与12个月系统性金融风险发生的概率进行预测，从而判断我国当前与未来一段时期系统性金融风险状况。

（6）对策建议。基于中国潜在系统性金融风险的现状以及中国系统性金融风险预警机制的预警结果，从防范系统性金融风险累积、重视外部冲击和传染风险、完善中国系统性金融风险预警机制和加强金融风险监管等方面，有针对性地提出防范和化解我国系统性金融风险的对策建议。

1.4 创新之处

本书从系统性金融风险预警机制的基本框架出发，以我国潜在系统性金融风险的识别和衡量、预警指标的选择、预警指标的应用、预警结果的评价和对策制定为主线展开系统性金融风险的预警机制研究。主要创新点在于以下方面：

（1）中国系统性金融风险状况衡量。从系统性金融风险的特征和我国潜在的系统性金融风险实际状况出发，在考虑外部冲击和传染风险的基础上，分别从货币市场风险、银行体系风险、资产价格波动风险和外部冲击和传染风险四个层面运用因子分析法构建系统性金融风险综合指数，作为中国系统性金融风险状态变量，并运用我国 1999 年 1 月 ~2019 年 12 月相关数据衡量我国系统性金融风险的状况。结果表明，我国从 1999 年 1 月 ~2019 年 12 月共有三次出现系统性金融风险的波动，分别是 1999 年、2007 年年末到 2009 年初、2013 年上半年，这与我国的实际相符。

（2）中国系统性金融风险预警机制指标选择。本书所选择系统性金融风险预警指标覆盖国内外经济、金融、财政等各个领域，特别是从外部冲击和风险传染路径角度，考察了全球经济与金融活动对我国金融系统性风险的影响作用。结合我国自身的特点，综合考虑国内风险因素和国际金融风险因素，以及各预警指标的经济意义及数据的可得性的基础上，从宏观经济层面、金融体系层面、国际传染风险和国际冲击等方面构建我国系统性金融风险指标，运用格兰杰因果关系检验和多元逐步回归法，建立系统性金融风险综合指数与预警指标的计量模型，对初选的预警指标进行多次筛选，得到对系统性金融风险综合指数解释能力较强的指标，克服了当前国内研究预警指标覆盖范围较窄、预警指标选择主观性较强的缺陷。

（3）中国系统性金融风险预警机制指标的实证分析。与现有文献不同，本书运用 Logit 模型和 Markov 状态转换模型分别从离散状态和连续状态进行系统性金融风险预警，并运用噪音—信号比法分别对 Logit 预警模型和 Markov 状态转换预警模型的预警结果进行评价，在此基础上预测未来 6 个月与 12 个月我国系统性金融风险发生的概率。研究结果表明，固定资产投资增长率（X2）、房地产开发综合景气指数（X12）、国内信贷占比（X18）、股票市盈率（X30）、短期外债与外汇储备之比（X41）、美国 PMI（X46）和美元利率波动（X51）等指标在 10% 的显著水平通过检验，结果显著，对系统性金融风险的解释能力较强；通过运用噪音—信号比法对两个模型的预警结果进行评价，发现基于 Logit 模型和 Markov 状态转换模型的风险预警系统均表现出一定预警能力，最优阈值在 70% 以上（含），二元 Logit 模型最优阈值要高于 Markov 状态转换模型的最优阈值，而且 6 个月的风险预警效果要好于 12 个月的风险预警效果；通过对样本期外系统性金融风险预测可知我国系统性金融风险发生的概率较低，因此未来一段时间我国总体处于低风险状态。

第2章

国内外文献研究述评

2.1 系统性金融风险相关文献综述

2.1.1 系统性金融风险的定义和特征

2.1.1.1 系统性金融风险定义

2007年美国次贷危机以来，加强金融体系系统性风险的监管成为学术界和政策制定者关注的热门话题。由于不同学者分析和讨论金融体系系统性风险的维度存在较大的差异，目前尚未形成一个统一的定义。现有文献对系统性金融风险内涵的考察主要从以下四个方面展开：

一是从危害范围与程度的大小等角度进行定义，该类定义强调对银行及金融体系造成不利影响的程度与可能性。Mishkin（1996）着重强调银行对金融体系的破坏性影响，银行在世界各国的金融体系中均占据了举足轻重的地位，一旦市场发生挤兑，银行体系崩溃，将大范围的影响几乎所有借贷企业，危害影响范围大，形成系统性金融风险①。翟金林（2001）认为，银行系统性风险是指银行机构或市场由于受到系统性事件大规模冲击的影响，引致产生系统性危机的可能性②。范小云（2002）认为，系统性金融风险不仅仅对某一单个金

① Mishkin，F.，1996，“Understanding Financial Crises：A Developing Country perspective”，National Bureau of Econoriiic Research Working Paper，No. 5600.

② 翟金林．银行系统性风险的成因及防范研究［J］．南开学报（哲学社会科学版），2001（4）：83－89.

融机构产生不利的影响，而且对整个的宏观金融体系造成巨大的冲击和破坏，从而干扰金融体系的正常有序运行，危害的范围也会波及世界各国，对全球经济的发展产生巨大危害①。Kaufman 和 Scott（2003）认为，金融体系系统性风险指体系内大范围的机构发生风险或全部机构崩溃，其表现为体系内大多数机构或全部机构之间的相性②。Bernanke（2009）认为，系统性金融风险是对整个金融体系以及宏观经济稳定性产生威胁的事件③。欧洲中央银行（2009）对金融体系系统性风险的定义，即：金融体系极度脆弱，遭受大范围的不稳定和巨大损失的风险，危及整个金融体系的正常运行④。周天芸、周开国和黄亮（2012）把系统性风险区分为广义和狭义，广义的系统性风险定义为对金融体系以至整个经济部门产生影响的冲击或事件，使得金融部门不能有效地融通资金，导致金融系统瘫痪；狭义的系统性风险强调金融体系中的个体对整个金融系统功能的负面影响⑤。IMF（2013）将系统性风险定义为某家特定金融机构失败可能给其他金融机构带来巨大的损失乃至影响整个金融市场稳定的风险⑥。陈昆亭等（2020）认为，“系统性风险”指某一重要事件在系列机构和市场构成的系统中引起一系列连续损失的可能性，其最为典型的特征是风险的溢出和传染⑦。马广奇等（2020）将其定义为：由多种内外部因素引起，会导致金融市场秩序混乱，并且能够通过机构关联网络蔓延扩散，传染危害范围广，同时会对整个宏观金融体系造成巨大的冲击和破坏风险⑧。李青等（2021）对系统性金融风险的定义为对金融体系安全造成破坏性的一种风险，它可以让大多数金融机构破产，引发实质性的金融危机，并影响实体经济，造

① 范小云．金融结构变革中的系统性风险分析［J］．经济学动态，2002（12）：21－25.

② Kaufman G G，Scott K E. What is systemic risk，and do bank regulators retard or contribute to it?［J］．Independent Review，2003，7（3）：371－391.

③ Bernanke B. Financial reform to address systemic risk［J］．Speech at the Council on Foreign Relations，2009.

④ ECB. The concept of systemic risk［R］．Financial Stability Review，December 2009.

⑤ 周天芸，周开国，黄亮．机构集聚、风险传染与香港银行的系统性风险［J］．国际金融研究，2012（4）：77－87.

⑥ IMF. Global Financial Stability Report：Old Risks，New Challengers［R/OL］．http：//www imf. org/external/pubs/ft/gfsr/2013/01/pdf/text pdf. 2013－04－01.

⑦ 陈昆亭，周炎．防范化解系统性金融风险——西方金融经济周期理论货币政策规则分析［J］．中国社会科学，2020（11）：192－203.

⑧ 马广奇，许敏．我国金融系统性风险及防范［J］．合作经济与科技，2020（23）：63－65.

成重大损失①。

二是从风险传染的角度定义，该类定义强调基于微观直接传染角度（以资产负债表关联、经济基本面关联为纽带）以及微观间接传染角度（心理因素、信息溢出等）分析系统性风险的传播。Schoenmaker（1997）认为，银行业的传染风险就是银行系统性风险，可以被定义为一家或几家银行出现财务困难会产生溢出效应，使得其他大量的银行或整个金融体系也产生财务困难②。Hendricks 等（2007）将系统性风险定义为由于某种金融资产剧烈贬值从而引发金融资产交易市场功能的崩溃③。Hart 和 Zingales（2009）认为，系统性风险是金融体系内机构倒闭或市场崩溃等极端事件从一个机构传递到多家机构或从一个市场传染到多个市场，引起多米诺骨牌效应，导致损失扩散和蔓延④。Billio（2012）认为，系统性金融风险是指在金融系统中，各个金融机构间因互惠互利的业务往来而联系紧密，在金融危机发生时，非流动性、破产、损失产生的负效应会迅速扩散⑤。卢思洁和周新苗（2020）指出，系统性风险定义的核心在于风险的传染，当一个金融市场或金融部门面临外部冲击时，其遭受的冲击会向外溢出，向其他金融主体迅速传递，造成金融主体间风险的传染⑥。谢宜彤（2020）认为，商业银行系统性风险应定义为由于外部冲击导致少数银行率先出现重大损失甚至破产，后由传导机制、风险溢出效应将风险迅速扩大至整个银行体系，造成整个银行体系的崩溃甚至对其他产业产生破坏的风险⑦。

三是从金融功能的角度定义，该类定义重点突出造成金融市场信息阻断、

---

① 李青，颜守保，施翠娥．中国系统性金融风险监管策略研究——基于系统性风险防范的视角［J］．经济师，2021（1）：107－111.

② Schoenmaker D. Contagion risk in banking［M］. LSE Financial Markets Group, 1996.

③ Hendricks D, Kambhu J, Mosser P. Systemic risk and the financial system［J］. Federal Reserve Bank of New York Economic Policy Review, 2007, 13（2）：65－80.

④ Hart O, Zingales L. How to avoid a new financial crisis［R］. Working Paper, University of Chicago, 2009.

⑤ Billio M, Getmansky M, Lo A W, et al. Econometric measures of connectedness and systemic risk in the finance and insurance sectors［J］. Journal of financial economics, 2012, 104（3）：535－559.

⑥ 卢思洁，周新苗．系统性金融风险跨部门传染溢出效应分析［J］．生产力研究，2020（12）：35－40＋161.

⑦ 谢宜彤．论我国商业银行系统性风险及其防范［J］．现代营销（下旬刊），2020（8）：36－37.

融资功能丧失的极端事件，从而影响金融体系整体功能的发挥。以 Minsky（1978）为代表的学者认为，系统性金融风险是在发生突发性的事件时会干扰金融市场或金融机构的正常运行，从而造成某一方面的紊乱或者信息信息不对称，导致金融体系的混乱，造成金融市场资源配置功能不能良好发挥作用①。Minsky（1979）将其定义为引发金融市场信息中断，影响金融体系有效分配资源的未能预期的突发事件②。Nenovsky 和 Hristov（1997）认为，银行系统性风险是银行系统性危机发生的可能性，而银行系统性危机是指对金融市场的严重破坏损坏了市场的基本功能，从而使经济遭受巨大破坏，而且这种破坏还会扩展至他国。美国联邦储备委员（FRB，2001）把系统性风险定义为一个金融机构到期债务的不能偿还会导致其债权人也无法偿还债务，不断扩散后，其他金融机构、存款机构及实体经济都会遭遇严重的支付困难。包全永（2005）认为，银行系统性风险是指银行由于受到其他银行负外部性影响，使银行系统丧失基本功能的可能性③。包全永（2006）还认为，广义系统性风险是指整个银行系统丧失基本功能的可能性；而狭义系统性风险可以简单地概括为由于主要银行的失败给其他银行带来负外部性，使其他银行的经营与生存受到影响，并有可能使银行系统丧失基本功能的可能性④。张晓朴（2010）认为，系统性金融风险是指诱发整个金融体系崩溃或丧失功能的可能性⑤。王兆星（2020）认为，系统性金融风险是相对于单体（如单个金融领域、单个金融机构、单个金融产品等）的金融风险而言的，是一种共振性、体系性、全面性的金融风险⑥。宫晓莉等（2020）认为，金融系统性风险是可能导致金融系统受损进而迫使其金融服务功能中断，对实体经济产生严重危害的风险⑦。

---

① Minsky Ph D H P. The Financial Instability Hypothesis: A Restatement [J]. 1978.

② Minsky, H. P., 1979, The financial instability Hypothesis: Capitalist Processes and the Behavior of the economy in financial crises: theory, history, and Policy [M]. Cambridge University Press.

③ 包全永．银行系统性风险的传染模型研究［J］．金融研究，2005（8）：72－84.

④ 包全永．银行系统性风险及其防范与控制研究［M］．北京：中国财政经济出版社，2006.

⑤ 张晓朴．系统性金融风险研究：演进、成因与监管［J］．国际金融研究，2010（7）：58－67.

⑥ 王兆星．防范化解系统性金融风险的实践与反思［J］．金融监管研究，2020（6）：1－5.

⑦ 宫晓莉，熊熊，张维．我国金融机构系统性风险度量与外溢效应研究［J］．管理世界，2020，36（8）：65－83.

四是从对实体经济的影响的角度定义，该类研究从系统性金融风险的负外部性出发，重点强调风险对实体经济的破坏性。Crockett（1997）认为，银行系统性风险是由于银行金融资产价格的异常、剧烈波动，或由于许多经济主体和金融机构负担巨额债务及其资产负债结构趋于恶化，使得它们在经济冲击下极为脆弱，并严重影响国民经济健康运行的可能性①。De Bandt 和 Hartmann（2000）从系统性风险的负外部性出发，强调金融体系崩溃对实体经济产生的影响，会引起一系列企业债务违约、倒闭，投资融资链条中断，实体经济受到严重破坏②。董满章（2005）认为，银行系统性风险是对银行业中存在的风险状态的一种描述，是指受银行业内外部条件共同作用所导致的，对银行业带来的负面影响，这种负面影响可以是潜在的或现的③。Schwarcz（2008）的定义是导致整个金融和实体经济同时发生损失的可能性④。G20（2009）将其定义为导致金融体系崩溃、产生巨大损失，甚至对实体经济造成严重危害的风险事件⑤。国际货币基金组织、金融稳定理事会和国际清算银行（2009）在《系统重要金融机构、市场和工具评估指引：初步考虑》中将系统性风险定义为由于金融体系整体或局部受到破坏导致金融服务中断、对实体经济具有潜在负面印象的风险⑥。FSB 和 BIS（2011）将系统性金融风险定义为对实体经济造成严重负面影响的部分或全部受损的金融体系造成的风险⑦。朱元倩和苗雨峰（2012）把系统性风险看作是对实体经济造成严重危害的不确定性⑧。胡滨（2017）将系统性风险定义为是由单个或少数几个金融机构的破产或巨额损失

① Crockett A. Why is financial stability a goal of public policy? [J]. Economic Review - Federal Reserve Bank of Kansas City, 1997, 82: 5 - 22.

② De Bandt, O. and Hartmann, P., 2000, "Systemic risk: a survey", European Central Bank Working Paper, No. 35.

③ 董满章. 中国银行业系统性风险防范研究［D］. 南京：南京农业大学，2005：13.

④ Schwarcz, S. L., Systemic Risk [J], The Georgetown Law Journal, 2008 (97): 193 - 249.

⑤ G - 20 Working Group 2, Reinforcing Financial Markets [Z], Final Report, March, International Cooperation and Promoting Integrity in 2009.

⑥ FSB/BIS/IMF. Guidance to Assess the Systemic Importance of Financial Institutions, Markets and Instruments [R]. Initial Considerations. 2009, 29

⑦ FSB, BIS. Macroprudential Policy Tools and Frameworks [R]. 2011.

⑧ 朱元倩，苗雨峰. 关于系统性风险度量和预警的模型综述［J］. 国际金融研究，2012（1）：79 - 88.

导致的整个金融系统崩溃的风险，以及对实体经济产生严重的负面效应的可能性①。范云朋（2020）指出系统性金融风险应被视为由金融体系内部风险累积、内外风险冲击联动共振所引起的局部金融机构破产倒闭事件，在金融体系内部和宏观经济体制内渗透和传染，最终因金融系统部分或全部功能受损、金融服务中断而导致实体经济遭受巨大损失的风险②。梁秋霞等（2021）认为，系统性金融风险是指由于多种外部和内部某个不利因素的冲击，导致部分金融体系参与者恐慌性出逃，从而引发经济损失或者市场不确定性增加，最终对实体经济造成巨大损害的风险③。

上述定义从不同角度对系统性金融风险的本质进行了抽象概括，系统性金融风险的宏观性、外部性和传染性等特点都得到了体现。

2.1.1.2 系统性金融风险的特征

对系统性金融风险定义的不同理解反映出系统性金融风险具有较为复杂的特征。具体而言，金融体系系统性风险具有以下几方面的本质特征：

一是宏观性。金融体系系统性风险主要是指宏观意义上的系统性风险，体现的是整个金融体系而不是单家金融机构的风险。章秀（2013）的研究突出了系统性金融风险的“宏观性”特征，认为金融体系系统性金融风险造成的是整个金融体系的金融功能丧失而不是单家金融机构的倒闭④。系统性金融风险一旦威胁到整个金融体系的安全，相关风险体现出一定的宏观性，如果爆发，所有金融机构都难以幸免，一国甚至全球的金融市场都会受到严重冲击，实体经济会遭到巨大破坏。陈飞跃（2020）指出，系统性金融风险的传播可能会在整个经济、金融体系中引发“多米诺骨牌”效应，导致国民财富大幅缩水，打击市场信心，进而在风险和收益不对称的状况下，导致实体经济的较大损失和经济效率下降⑤。

---

① 胡滨．系统性金融风险来源及防范［J］．改革，2017（8）：41－44.

② 范云朋．我国系统性金融风险监测与度量研究——基于ESRB－CISS研究方法［J］．经济问题探索，2020（11）：157－171.

③ 梁秋霞，陈汉清，宋翠竹．房价异常波动与系统性金融风险关系的理论研究——于风险防范视角的分析［J/OL］．价格理论与实践：1－4.

④ 章秀．我国商业银行风险溢出效应研究［D］．长春：吉林大学，2013.

⑤ 陈飞跃．系统性金融风险的测度及其应用［J］．市场周刊，2020（6）：145－146.

二是内生性。绝大多数研究认为，金融体系系统性风险的爆发一般不是有金融市场外不可预见的事件导致的，这类风险通常内生于金融体系网络关联结构的演化。张亮等（2013）认为，系统性风险是经过金融体系内部集聚而逐步形成的风险①。刘澜飚等（2012）认为，与系统性金融风险生成相关的结构性特征因素包括金融体系的内部关联性、同质性、复杂性和金融顺周期性等②。金融体系内部具有一定的关联性和复杂性，整个体系类似于一个复杂的网络。系统性风险是由不同市场参与者在不同市场上的“系统关联性”所导致的，是一种内生于金融体系的风险。金融体系具有顺周期性的特点，其与实体经济之间的作用与反馈机制加剧了宏观经济的周期性波动。因此，顺周期性使得金融体系和宏观经济的不稳定性急剧增加，金融体系的这些内在结构特征使得内生性风险得以形成。于品显（2019）认为，系统性金融风险具有内生性特征，主要是以下两项原因所致：首先，金融机构自身缺乏降低系统性金融风险的动机；其次，金融机构缺乏有效的自我监督机制，对高额利润的追求使得金融机构降低抵押贷款标准、发行高风险的抵押贷款证券，加上信用评级机构评级标准下降、场外衍生品在缺乏透明度和监管的情况下迅速膨胀，整个金融市场在高风险的环境下有着密切的关联性。③

三是外部性。金融体系系统性风险的外部性表现为金融机构的风险溢出效应。马君潞等（2007）认为，系统性金融风险具有负外部性、风险与收益错配、广泛的传染性、影响实体经济、与投资者信心密切相关等五大特征④；邓晶等（2013）对银行系统性风险进行分析后认为，货币试产、资本市场和外汇市场等不同金融市场之间存在某种联动机制，局部市场的动荡会给其他市场带来明显的外部性；单家金融机构经营管理的失败给其他金融机构甚至整个金融体系带来较为严重的负外部性，而金融体系的崩溃也会对实体经济产生很大的负外部效应⑤。刘立新等（2019）认为，系统性金融风险破坏范围涉及金融

---

① 张亮，许爱萍，李树生等．金融体系“系统风险”的理论辨析——与“系统性风险”的区别与联系［J］．金融理论与实践，2013（8）：6－10.

② 刘澜飚，宫跃欣．影子银行问题研究评述［J］．经济学动态，2012（2）：128－133.

③ 于品显．系统性金融风险的界定及传播机制［J］．南方金融，2019（6）：48－56.

④ 马君潞，范小云，曹元涛．中国银行间市场双边传染的风险估测及其系统性特征分析［J］．经济研究，2007（1）：68－78.

⑤ 邓晶，张加发，李红刚．银行系统性风险研究综述［J］．系统科学学报，2013（2）：9.

市场、金融体系，而非单个机构或者体系的稳定性，且破坏力度大、强度高，恢复难度高，并且随着时间的推移而形成并演进①。

四是传染性。多渠道传染是金融体系系统性风险的突出特征。系统性金融风险通过支付体系和信用货币体系等渠道得以传播，波及范围较广，破坏力较强。Schwartz（1995）对银行体系系统性金融风险的传染性进行了分析，认为银行系统性金融风险与风险传染密切相关②。金融体系系统性风险的传染性不仅体现在金融体系内部各金融机构之间，还体现在金融体系与实体经济之间。一方面，单家金融机构的负面冲击会对其他金融机构产生负面影响，引起市场中其他金融机构的恐慌。是投资者信心发生动摇，导致负面冲击在整个金融系统中进行扩散。另一方面，由于金融体系与实体经济之间存在相互依托、相互作用和相互促进的关系，金融市场的崩溃会波及实体经济，风险会通过信贷、贸易和市场信心等渠道影响实体经济，使其遭受严重的负面冲击。陈守东等（2013）指出，由于金融机构业务往来紧密，系统性金融风险会在金融机构间互相传染，甚至在各个金融体系间互相传染，这些风险可能通过资产负债表的内部关联性、不完全信息产生的过激行为、理性羊群效应在银行间风险传染和银行间的相互监管等渠道传播扩散，因而系统性金融风险具有传染性③。韩心灵等（2017）认为，系统性风险传染性强而且传染速度快。金融市场由不计其数的互联互通的金融主体构成，彼此依靠网络实现时时交易，一个地区的金融机构或市场遭遇的危机。由于金融机构表内业务的内联性和（羊群效应）可以传导到其他地区金融机构及市场。同时一家金融机构倒闭迅速波及其他金融机构，传播的速度以分秒计算，往往使金融机构和监管机构猝不及防，很难有时间实施救援的措施④。苗文龙等（2020）认为，系统性金融风险的引发多源于风险的传染效应，即各个金融部门之间相互联系的复杂性和紧密性使得较

① 刘立新，李鹏涛．金融供给侧结构性改革与系统性金融风险的防范［J］．改革，2019（6）：84－91.

② Schwartz A. J. Systemic Risk and the Macroeconomy［J］．Private and Public Policy. 1995（7）：19－33.

③ 陈守东，王寅，王婷．系统性金融风险及其防范对策研究［J］．社会科学战线，2013（12）：226－228.

④ 韩心灵，韩保江．供给侧结构性改革下系统性金融风险：生成逻辑、风险测度与防控对策［J］．财经科学，2017（6）：1－13.

小的冲击能够迅速传染扩大至整个金融系统，进而触发系统性金融风险①。王学凯等（2020）指出，系统性金融风险的一般特征有两个：首先，系统性金融风险发源于单一个体或领域，突出表现在组合配置中；其次，系统性金融风险具有更强的扩散性和传染性，风险会以更快的速度由单一领域蔓延传染至整个系统②。

五是潜伏性。金融体系系统性风险有较长的潜伏期。吕江林、赖娟（2011）认为，系统性风险是经过不断累积而形成的，风险的显现需要一定的时间③。对于整个金融体系而言，系统性金融风险会随着单家金融机构风险暴露的增加和金融体系网络关联机构的变化而累积，系统性金融风险可以在较长时间内不断积累而不对金融体系产生明显影响，在风险累积到一定程度后才产生系统性金融风险，一旦金融体系系统性风险爆发，往往会以灾难的形式表现出来。吴婷婷等（2020）指出，系统性金融风险的积累过程表现为宽松的货币、财政政策使投资者的信心高涨，金融机构低估风险不断扩大信贷规模，市场上杠杆率快速增长，反过来进一步强化经济，经济泡沫开始滋生，系统性金融风险逐渐累积④。

2.1.2 系统性金融风险的形成

国内外学者对系统性金融风险的形成原因有着不同解释，最早以 Fisher（1933）提出债务—通货紧缩理论为基础展开一系列研究，他认为当经济处于衰退期时，企业由于丧失清偿能力将银行拖入债务链，引发通货紧缩，为了偿还债务企业会低价抛售资产，致大量的破产失业，引发金融危机⑤。

---

① 苗文龙，闫娟娟．系统性金融风险研究述评——基于宏观审慎监管视角［J］．金融监管研究，2020（2）：85－101.

② 王学凯，樊继达．系统性金融风险：内在逻辑、形成机制与防范策略［J］．中共中央党校（国家行政学院）学报，2020，24（6）：134－140.

③ 吕江林，赖娟．我国金融系统性风险预警指标体系的构建与应用［J］．江西财经大学学报，2011（2）：5－11.

④ 吴婷婷，项如意．系统性金融风险防控：国别经验与政策启示［J］．金融理论与实践，2020（11）：36－44.

⑤ Fisher I. The debt－deflation theory of great depressions［J］．Econometrica：Journal of the Econometric Society，1933：337－357.

2.1.2.1 金融体系内在脆弱性角度

Minsky（1975）对金融脆弱性理论进行研究，从金融体系的内在不稳定角度出发解释金融风险的成因，提出了“金融不稳定假说”，指出商业银行的信用创造功能使金融体系具有天然的内在不稳定性，金融风险积聚到一定程度后会便引发金融危机，认为虽然外部冲击会导致金融危机发生，但主要是由于不同周期金融体系自身脆弱性所导致①。Kaufman（2003）从杠杆比例高、现金资产比率低和长短期债务不匹配等方面解释银行体系的先天脆弱性②。张文凯等（2017）认为，系统性金融风险一部分源于金融体系的内在脆弱性。首先，商业银行缺乏审慎监管意识，背后的高负债率、高杠杆率很难被察觉；其次，投资银行在资本市场的创新业务在金融衍生品中的运用也加剧了系统性金融风险发生的可能性③。

另外，一些学者在前人研究的基础上，从金融创新的角度解释系统性金融风险产生的原因，认为金融工具的过度创新和滥用放大了系统性金融风险。近年来学者们对“影子银行”的研究可以证明了这一观点。Awrey（2012）认为，影子银行的发展导致了市场的分割和信息不透明，从而会积累大量的风险，当市场变得透明时，引发市场中的恐慌情绪④。Schwarcz（2008）认为，影子银行会加速系统性金融风险的传染，从而提高系统性金融风险爆发的可能性⑤。通过上述文献梳理发现，从金融体系内在脆弱性的角度解释系统性金融风险的成因，主要依赖于心理层面的判断，缺乏相应的微观基础。当然，金融体系内在脆弱性理论为学者们后续的研究奠定了基础，建立了良好的开端。

---

① Minsky, H. P., 1975, The financial instability Hypothesis: Capitalist Processes and the Behavior of the Economy in Financial Crises: Theory, History, and Policy［M］. Cambridge University Press.

② Kaufman G G, Scott K E. What is systemic risk, and do bank regulators retard or contribute to it?［J］. Independent Review, 2003, 7（3）: 371－391.

③ 张文凯，彭涛．供给侧结构性改革背景下防范系统性金融风险研究［J］．金融理论与教学，2017（1）：19－24.

④ Awrey D. Complexity, Innovation, and the Regulation of Modern Financial Markets［J］. Harv. Bus. L. Rev., 2012（2）: 235.

⑤ Schwarcz, S. L., Systemic Risk［J］, The Georgetown Law Journal, 2008（97）: 193－249.

2.1.2.2 信息经济学角度

信息经济学角度是从信息不对称的角度解释了金融风险产生的主要原因。由于单个储户的理性行为或银行经营者的道德风险等导致风险积累，各利益相关者间的信息不对称使得金融有效配置无法实现，个体风险进而扩大为系统性金融风险，个人的理性选择行为最终导致集体困境产生。

Diamond 和 Dybvig（1983）从信息不对称的角度用银行挤兑模型（D－D模型）解释了系统性金融风险产生的原因，指出理性存款人的集体行为会导致银行挤兑的出现，由于信息不对称银行之间也会遭到挤兑，从而导致系统性金融风险的产生①。由于银行之间存在强外部关联性，因此，当多数银行产生道德风险时，银行体系会因逆向选择而变得异常脆弱，从而增加了危机发生的可能性。随着信息经济学的兴起，金融脆弱性研究得到了进一步发展，学者们开始从不对称信息的角度解释金融风险产生的主要原因，从微观层面找到了金融脆弱性假说的形成机理，对金融脆弱性导致金融风险给出了更新的解释。Goldstein 和 Reinhart（1996）指出，金融基础的缺失和金融机构的非透明经营会导致金融风险产生②。Summer（2003）认为，银行系统性风险的根源是信息效应，并认为银行部门的系统性风险可以归纳为风险配置问题，风险配置问题中需要强调的是金融机构之间的相互联系产生的影响以及彼此信用暴露导致的违约所可能产生的一系列问题③。此外，Mckinnon 和 Pill（2007）认为，道德风险和逆向选择的信息不对称也会引发金融风险④。江红莉等（2018）认为，信息不对称也是危机传染的重要诱因，金融市场中投机者之间的投机战略具有不确定性，交易信息的不对称会被投机行为进一步放大，并且进一步刺激了市场内的投机行为，导致风险在没有直接关联的投机者之间也能迅速传染，

① Diamond D W，Dybvig P H. Bank runs，deposit insurance，and liquidity［J］. The journal of political economy，1983：401－419.

② Goldstein M A. Forecasting financial crises：Early warning signals for emerging markets［M］. Inst. for Internat. Economics，1996.

③ Summer M. Banking regulation and systemic risk［J］. open economies review，2003，14（1）：43－70.

④ McKinnon R I，Pill H. Credible Liberalizations and International Capital Flows：The "Overborrowing" Syndrome［J］. Financial Deregulation and Integration in East Asia，2007，5：7.

最终扩散至整个金融体系①。马志异（2019）认为，信息不对成是风险传染的重要驱动因素，由于投资者为市场提供流动性，因此投机者的策略会带动风险在个人投资者、金融机构和市场之间传播。当信息不对称时，投机者盲目的投机策略会将风险不断放大，最终引发整个市场的系统性金融风险②。

2.1.2.3 流动性的角度

Diamond 和 Dybvig（1983）指出，银行挤兑源于人们对未来银行流动性的担忧。从这一角度出发，Cifuentes，Ferrucci 和 Shin（2005）发现，银行资产价格下降引发更多银行抛售资产，如此循环将引发流动性风险在银行系统中传播，进而引发系统性风险③。Mitchell，Pedersen 和 Pulvino（2007）发现了系统性金融风险的生成渠道，研究了系统性金融风险是如何通过可转债市场的流动性渠道而生成的④；他们认为经济恶化使得大量基金变现，基金降价出售使得市场中的流动性供给者转变为需求者、市场中的流动性供应下降，不同金融市场的相互影响引发了市场动荡和风险产生。Brunnermeier 和 Pedersen（2009）通过研究股票市场发现，资金流动性紧张会导致市场流动性紧张，使市场流动性产生巨大波动，两者的联动效应增大了融资风险，进而带来了系统性金融风险⑤。George（2010）提出，金融机构一般以短期借款方式融通资金，并把获得的资金投放到长期资产业务中，以获得较高收益，但是倘若银行体系出现再融资困难，银行难以获得足够流动性来应对客户提现的要求，同时如果金融机构发生损失时，初始损失可由资本缓冲抵消，当资本缓冲不足以抵消当期损失时，金融机构可能选择以出售资产的方式变现，倘若在此情况下，其持有的资产流动性较弱，那么银行将遭受大额损失，而且金融机构还存在对于通过计量

① 江红莉，刘丽娟，程思婧．系统性金融风险成因、测度及传导机制——基于文献综述视角［J］．金融理论与实践，2018（11）：49－55.

② 马志异．系统性金融风险的成因及防控研究［J］．时代金融，2019（9）：151－152.

③ Cifuentes R，Ferrucci G，Shin H S. Liquidity risk and contagion［J］．2005，Journal of The European Economic Association，2005，3（2/3）：556－566.

④ Mitchell M，Pedersen L H，Pulvino T. Slow moving capital［R］．National Bureau of Economic Research，2007.

⑤ Brunnermeier M K，Pedersen L H. Market liquidity and funding liquidity［J］．Review of Financial studies，2009，22（6）：2201－2238.

经济模型管理风险过度自信的问题，他们忽略在计量经济模型应用的过程中可能存在一些假设前提不符、数据的可得性差等问题，并且计量经济模型一般难以衡量整体经济状况；Khandani. Lo 和 Merton（2013）认为，金融机构以少量的自有资本为基础通过借贷等方式，经营金额巨大的金融业务，当受到风险冲击时，金融机构由于自有资本较少导致抵抗风险能力不足①。基于流动性角度的研究发现，引发金融风险的原因是公众对未来流动性担忧和恐慌以及流动性结构失衡引起资产损失。学者们开始注意到金融市场的关联问题，逐步挖掘金融机构间的联系。张方雪（2015）分析认为，当一家银行出现流动性风险时，出于对自身利益最大化的考虑，其他银行的存款人也会就地取出存款，造成银行的挤兑风险，从而引发系统性金融风险，同时由于金融系统的不完全理性和顺周期性加剧了风险②。

2.1.2.4 系统重要性金融机构的角度

2007 年次贷危机后，金融稳定委员会（Financial Stability Board）将类似雷曼兄弟公司这样的金融机构——业务规模大、业务复杂程度高和系统关联性强，当发生风险时会对整个金融系统产生冲击的机构——定义为系统重要性金融机构。由此，学者们开始以系统重要性金融机构为新的视角解释系统性金融风险形成的内因。Minsky（2008）指出，银行普遍有提高杠杆率经营的激励，银行资金供给的增加导致投资繁荣，资产价格高涨；而当被低估的风险到来时，资产价格大幅下跌，违约损失激增。他认为金融危机发生的根本原因即是金融走向不稳定的过程，而系统性金融风险的极端值就是金融危机③。Borio（2003）认为，在金融的创新与市场化过程中，金融系统具有顺周期性，融机构持有共同的风险敞口，一旦向好的经济预期被打破，则金融系统同时暴露在风险中④。Markose，Giansante 和 Gatkowski（2009）等指出，金融系统中那些

---

① Khandani A E，Lo A W，Merton R C. Systemic risk and the refinancing ratchet effect［J］. Journal of Financial Economics，2013，108（1）：29 – 45.

② 张方雪．银行系统性风险成因及度量研究综述［J］．时代金融，2015（2）：113 – 114，118.

③ Minsky H P，Kaufman H. Stabilizing an unstable economy［M］. New York：McGraw – Hill，2008.

④ Borio C. Towards a macroprudential framework for financial supervision and regulation?［J］. CESifo Economic Studies，2003，49（2）：181 – 215.

紧密联系而不倒的机构之间的紧密关系为系统性风险的传播提供了可能①。Stiglit（2011）认为，银行可以肆无忌惮地追求风险的行为源于其“大而不能倒”的地位②。周小川（2011）认为，银行体系中存在一些因规模大或相关程度高而被视为系统性重要机构的银行，如果规模大的系统性重要金融机构发生危机，恐慌情绪会在市场中蔓延，从而引发更多金融机构的危机；如果相关程度高的系统性重要金融机构遭受风险，其多个对手方会出现损失，导致危机的出现③。

2.1.2.5 金融资产价格波动的角度

从上述研究中不难发现，各角度的研究都暗藏着资产价格波动的概念，可以看出金融资产价格的稳定与金融体系的稳定之间存在较强的相关性，金融资产价格波动引发金融风险，进而影响金融体系的稳定。Borio 和 Lowe（2002）认为，资产价格过度膨胀会增加发生金融风险的可能性④。在实证研究方面，Allen 和 Gale（2000）将投资人对未来信贷可得性预期的变动与资产价格的变动相联系建立模型，认为对未来信贷可得性预期的变动会产生泡沫，引发金融资产价格崩溃，从而导致金融危机发生⑤。Danielsson 和 Zigrand（2008）运用多资产价格均衡模型进行研究，发现引发系统性金融风险的重要因素是金融资产价格波动⑥。Korinek 等（2011）在研究系统性金融风险时将社会福利加入一般均衡模型，发现金融资产价格的波动会引发甚至放大系统性金融风险⑦。

---

① Markose S M, Giansante S, Gatkowski M, et al. Too interconnected to fail: Financial contagion and systemic risk in network model of cds and other credit enhancement obligations of us banks [Z]. working paper 2009.

② Stiglitz J. The failure of macroeconomics in America [J]. China and World Economy, 2011, 19 (5): 17-30.

③ 周小川．金融政策对金融危机的相应——宏观审慎框架的形成背景、内在逻辑和主要内容[J]．金融研究，2011（1）：1-14.

④ Borio C, Lowe P. Asset Prices, Financial and Monetary Stability: Exploring the Nexus [J]. Social Science Electronic Publishing, 2002.

⑤ Allen F, Gale D. Bubbles and Crises [J]. Economic Journal, 2000, 110 (460): 236-255.

⑥ Danielsson J, Zigrand J P. Equilibrium asset pricing with systemic risk [J]. Economic Theory, 2008, 35 (2): 293-319.

⑦ Korinek A, Bengui J, Borio C, et al. Systemic Risk-Taking: Amplification Effects, Externalities, and Regulatory Responses [J]. Social Science Electronic Publishing, 2011.

杨海珍等（2020）通过梳理关于系统性金融风险和金融危机成因有关的研究文献，发现资产价格泡沫是系统性金融风险成因演化的核心风险源之一，并构建了以资产价格泡沫为核心的系统性金融风险成因机理演化框架①。由此可以看出，金融资产价格波动对金融风险影响的研究主要集中于金融资产价格波动对信用扩张、信息不对称等影响的理论研究，而实证研究进一步证实了金融风险的发生源于资产价格波动。

2.1.3 系统性金融风险的传染

Martinez－Jaramillo，Perez 和 Embriz（2010）认为，金融机构由于受到系统性事件的冲击出现风险，系统性事件对其影响是有限的，若在传染效应的影响机制下，系统性事件的冲击会演变为对整个金融系统的负面效应，甚至引发金融危机，因此，风险传染决定了系统性金融风险的危害程度②。国内外学者对于系统性金融风险传染研究主要侧重于传染渠道的研究，主要分为金融传染渠道、信息传染渠道和跨国传染渠道。

2.1.3.1 金融传染渠道

随着经济一体化程度的不断提高，各国金融体系通过相互直接或间接的资本交叉流动紧密地联系一起，通过金融传染渠道引起金融风险传染效应的增大问题也引起了众多学者的关注。主要有以下三种观点：第一，金融风险的传染效应因金融机构间关系的不同而存在差异③。Watts（2002）认为，完全网络关系有助于分散风险，主要是因为遭受风险的金融机构可以将风险分散到多个关联机构，从而降低风险冲击的损失，增加金融机构对于初始冲击的抵抗能

① 杨海珍，程相娟，李妍，等. 系统性金融风险关键成因及其演化机理分析——基于文献挖掘法［J］. 管理评论，2020，32（02）：18－28.

② Martinez－Jaramillo，Perez，Embriz，et al，Systemic risk，financial contagion and financial fragility［J］. Journal of Economic Dynamics & Control，2010，34：2358－2374.

③ 金融机构间的关系分为完全网络关系和不完全网络关系，完全网络关系是指金融体系内的任何金融机构都存在紧密的联系，不完全网络关系指金融体系任何一家金融机构仅能影响其中一家金融机构，也仅受某一家金融机构的影响。

力，抑制了系统性风险的传播规模①。Mistrulli（2011）认为，金融机构间的不完全网络关系有助于控制风险的传染，主要是因为金融机构间的完全网络关系有利于风险的传染，会将更多的金融机构纳入风险范围内②。Acemoglu，Ozdaglar 和 Tahbaz – Salehi（2013）认为，金融机构间的完全网络关系和不完全网络关系对风险传染的影响会因系统性金融风险大小而定，当系统性风险达到一定阈值之前，金融机构间的完全网络关系则不利于风险传染，当系统性风险达到一定阈值之后，不完全网络关系不利于风险传染；第二，基于金融机构流动性分析金融风险的传染效应③。Gai 和 Kapadia（2010）认为，金融风险可以通过金融风险敞口影响其他金融机构的流动性，从而进行风险传播④。Haldanel 和 May（2011）认为，当一国发生系统性金融风险时，会减少其金融机构的流动性，迫使金融机构通过变卖资产获取流动性，形成资产价格下跌，引发风险的传染⑤；第三，金融风险通过财富效应可以相互传染。Gai 和 Kapadia（2010）研究表明投资组合分散化及杠杆作用增大了金融风险的传染效应⑥。Gauthier，Lehar 和 Souissi（2012）研究表明投机资本对金融市场的攻击是加强金融风险传染效应的重要方式之一⑦。孙国峰和贾君怡（2015）研究认为，非银行金融机构进行的“通道”业务并没有分散信用风险，刚性兑付普遍存在，影子银行风险会转嫁到银行业金融机构⑧。王宇等（2019）认为，金融风险传导渠道既可能是由特定金融机构违约风险暴露导致交易对手直接损失或金融市

① Watts D J. A simple model of global cascades on random networks [J]. Proceedings of the National Academy of Sciences, 2002, 99 (9): 5766 – 5771.

② Mistrulli P E. Assessing financial contagion in the interbank market: Maximum entropy versus observed interbank lending patterns [J]. Journal of Banking & Finance, 2011, 35 (5): 1114 – 1127.

③ Acemoglu D, Ozdaglar A, Tahbaz – Salehi A. Systemic risk and stability in financial networks [R]. National Bureau of Economic Research, 2013.

④ Gai, Kapadia S. Contagion in financial networks [J]. Proceedings of the Royal Society A: Mathematical, Physical and Engineering Science, 2010, 466 (2120): 2401 – 2423.

⑤ Haldane A G, May R M. Systemic risk in banking ecosystems [J]. Nature, 2011, 469 (7330): 351 – 355.

⑥ Gai, Kapadia S. Contagion in financial networks [J]. Proceedings of the Royal Society A: Mathematical, Physical and Engineering Science, 2010, 466 (2120): 2401 – 2423.

⑦ Gauthier C, Lehar A, Souissi M. Macroprudential capital requirements and systemic risk [J]. Journal of Financial Intermediation, 2012, 21 (4): 594 – 618.

⑧ 孙国峰，贾君怡. 中国影子银行界定及其规模测算——基于信用货币创造的视角 [J]. 中国社会科学，2015 (11)：92 – 110 + 207.

场资产价格剧烈波动而使得其他金融机构资产负债表受损，也可能是通过市场预期渠道或非理性心理恐慌渠道快速传染至整个金融体系①。淳伟德等（2021）认为，系统性金融风险是由单个事件积累的潜在风险爆发，通过金融系统间的复杂相依结构进行传染，并引发金融市场剧烈动荡、经济严重受损，最终给国家和社会带来严重的后果②。

2.1.3.2 信息传染渠道

从信息渠道传播的视角来看，恐慌情绪的蔓延导致了系统性风险的传播。首先，银行和投资者往往对于金融机构的风险缺乏有效的识别机制，主要依靠于信用评级机构给出的信用等级进行投资，所以在一定规模的系统性风险出现的情况下，当信用评级机构下调系统性风险中涉及的金融产品和金融机构的信用等级时，金融市场的参与者可能认为相关的金融产品和金融机构均采用相似的运营策略，使其存在类似的风险和问题，具有导致投资者遭受损失的可能性，因此引发银行体系和投资者投资决策的变化（Boyson & Helwege，2011）③。其次，在初始冲击发生后，银行体系和投资者可能因为难以区分健康的金融产品和存在较高违约可能的金融产品而在风险和收益中做出权衡，尤其是在市场交易不活跃的情况下，投资者更倾向于选择持有货币而不进行投资，保持自身较高的流动性以避免流动性风险的发生，那么金融市场中会出现再融资困难，导致流动性危机（Khandani，Lo & Merton，2013）④。最后，由于金融衍生品已经脱离其标的资产的复杂性，金融市场参与者对于其资金投向缺乏了解，更无法测度其潜在的风险，并且运用的计量经济模型较为复杂，同时由于数据的可得性相对较差等方面的原因导致投资者倾向于随市场行情的变

① 王宇，肖欣荣，刘健，等．金融网络结构与风险传染理论述评［J］．金融监管研究，2019（2）：79－96.

② 淳伟德，朱航聪，黎禾森，等．供给侧结构性改革降低了中国系统性金融风险吗？——基于风险传染的视角［J］．预测，2021，40（4）：38－44.

③ Boyson N M，Helwege J，Jindra J. Crises，Liquidity Shocks，and Fire Sales at Financial Institutions［J］．Social Science Electronic Publishing，2011.

④ Khandani A E，Lo A W，Merton R C. Systemic risk and the refinancing ratchet effect［J］．Journal of Financial Economics，2013，108（1）：29－45.

化改变其投资决策，即出现羊群效应的现象（周小川，2011）①。

2.1.3.3 跨国传染渠道

随着世界经济一体化的推进，系统性金融风险的跨国传染相关研究也得到了发展。首先，金融市场间传染的相关研究。Taimur Baig 和 Ilan Goldfajn（1999）通过实证分析亚洲金融危机中金融市场传染，得出股票市场和货币市场存在跨国传染的风险②。Kodres 和 Pritsker（2002）对不同市场之间的价格传染机制进行研究，发现在信息不对称和存在宏观风险因素条件下更易发生风险传染③。Ravi Balalkrishnan 和 Irina Tytell（2009）通过对次贷危机期间金融风险传染进行实证分析发现，由于金融体系之间国际联系的加强，美国次贷危机主要通过银行信贷渠道，迅速扩散到主要发达国家和新兴经济体，影响了所有的金融体系，从而导致新兴市场国家2008年的系统性金融风险高于亚洲金融危机时期。其次，国际贸易和金融渠道的相关研究④。Forbes 和 Rigobon（2000）研究表明贸易渠道是系统性金融风险跨国传染的主要渠道⑤。而 Kaminsky 和 Reinhart（2003）则认为，金融渠道和贸易渠道在系统性金融风险的跨国传染中同样起着主要作用⑥。陶玲等（2016）认为，系统性金融风险传导机制分为内部传导和跨境传导。内部传导既包括金融机构通过支付清算系统和银行间市场同业往来形成的相互敞口，也包括金融机构因为持有相同的资产或资产结构而形成的共同敞口。跨境传导主要有两个渠道：一是通过实体经济的联系进行传导，最主要的是对外贸易和投资；二是通过国际金融市场的相互关

① 周小川．金融政策对金融危机的相应——宏观审慎框架的形成背景、内在逻辑和主要内容［J］．金融研究，2011（1）：1-14.

② Baig T, Goldfajn I. Financial Market Contagion in the Asian Crisis 1［J］. Imf Staff Papers, 1999, 46（2）：167-195.

③ Kodres, L. E. and Pritsker, M., A Rational Expectations Model of Financial Contagion［J］. The Journal of Finance, 2002, Vol. 57（2）：769-799.

④ Ravi Balalkrishnan, Irina Tytell. The Transmission of Financial Stress from Advanced to Emerging Economies, IMF Paper. wp/2009/133.

⑤ Forbes, K. R. Rigobon. Measuring Contagion：Conceptual and Empirical Issues, "International Financial Contagion：How It Spreads and How It Can Be Stopped" conference 2000.

⑥ Graciela L. Kaminsky, Saul Lizondo, and Carmen M. Reinhart. Leading Indicators of Currency Crises［J］. IMF Staff Papers, vol. 45, no. 1（1998, March）：1-48.

联传导，主要表现为季风效应（Monsoonal Effect）、溢出效应（Spillover Effect）和净传染效应。“季风效应”反映的是某种共同的外部冲击导致金融风险在几个国家或地区相继发生。“溢出效应”反映的是当一国发生金融危机之后，国内出现流动性短缺，由于投资者调整资产组合进行流动性管理，导致其他国家爆发风险。“净传染效应”反映的是投资者仅仅因为改变了心理预期，就会对存在经济、政治或文化相似性的国家（即使经济基本面依然良好）进行投机性冲击，导致金融风险在类似国家之间传导①。

2.1.4 系统性金融风险的度量

美国次贷危机的爆发使得系统性金融风险对全球金融稳定的影响突显出来，各国加强了对系统性金融风险测度的研究和探索。系统性金融风险度量是指基于对过去系统性金融风险损失及当前经济金融形势的分析，对系统性金融风险发生的概率和造成的损失进行定性、定量的分析和预测。总体来说，系统性金融风险度量方法主要分为传统度量方法、基于系统重要性的度量方法和基于整个金融系统的综合度量方法。

2.1.4.1 传统度量方法

传统度量方法通常是通过一家金融机构的破产倒闭推测金融系统内多家金融机构同时倒闭的可能性来测度系统性金融风险，主要侧重于银行机构之间的存贷业务风险敞口的度量：包括矩阵法、网络分析法和GARCH模型等。

矩阵法是通过测算一家银行破产引起其他银行破产的数量，从而来估计系统性金融风险传染的程度（Lehar，2005）②。Mervi Toivanen（2009）应用矩阵

① 陶玲，朱迎．系统性金融风险的监测和度量——基于中国金融体系的研究［J］．金融研究，2016（6）：18－36.

② Lehar A. Measuring systemic risk：A risk management approach［J］. Journal of Banking & Finance，2005，29（10）：2577－2603.

法对银行间市场的传染风险进行研究①。国内的马君潞、范小云、曹元涛（2007）运用矩阵法及我国银行资产负债表数据测算银行系统的双边传染风险，分别就单个银行破产和多个银行同时破产在不同损失水平下的传染风险进行分析②。谭盛中（2008）利用信息熵最优化矩阵，结合我国主要商业银行同业市场交易数据，模拟估测不同损失水平下的银行系统性传染风险③。

网络模型法是基于银行间市场网络，通过风险敞口和交易数据估算网络中积累的系统性风险相互传染情况。Gai 和 Kapadia（2010）通过建立网络传染模型，分析总需求、资本市场流动性和异质性对风险传染的影响④。国内的崔海蓉、何建敏（2009）对利用复杂网络理论研究银行系统性风险的国内外文献进行了系统的梳理和总结，提出了当前研究的不足和展望⑤。范宏（2014）通过建立动态银行网络系统模型，提出系统风险的定量计算方法，并对系统风险进行仿真计算与分析，得到系统风险变化曲线，显示了系统风险累积的过程⑥。方意和郑子文（2016）以持有共同资产网络模型为基础，将多轮传染和资产价格相关等假设改进纳入模型中，并利用该模型度量银行房地产贷款资产价格下跌对中国的银行体系造成的系统性风险⑦。杨子晖和周颖刚（2018）采用有向无环图技术方法以及网络拓扑分析方法，从网络关联视角考察全球系统性金融风险的动态演变，以及全球金融市场的风险走势⑧。杨子晖等（2018）还采用 VaR、MES、CoVaR 以及 ΔCoVaR 四类风险测度方法，对我国 A 股 56

---

① Toivanen M. Financial interlinkages and risk of contagion in the Finnish interbank market [J]. Research Discussion Papers, 2009.

② 马君潞，范小云，曹元涛．中国银行间市场双边传染的风险估测及其系统性特征分析［J］．经济研究，2007，1：68－78.

③ 谭盛中．基于矩阵法的我国商业银行系统性风险测评研究［D］．长沙：湖南大学，2008.

④ Gai，Kapadia S. Contagion in financial networks [J]. Proceedings of the Royal Society A：Mathematical，Physical and Engineering Science，2010，466（2120）：2401－2423.

⑤ 崔海蓉，何建敏．基于复杂网络理论的银行系统性风险研究评述［J］．西安电子科技大学学报（社会科学版），2009（4）：12－18.

⑥ 范宏．动态银行网络系统中系统性风险定量计算方法研究［J］．物理学报，2014，63（3）：38902－38907.

⑦ 方意，郑子文．系统性风险在银行间的传染路径研究——基于持有共同资产网络模型［J］．国际金融研究，2016（6）：61－72.

⑧ 杨子晖，周颖刚．全球系统性金融风险溢出与外部冲击［J］．中国社会科学，2018（12）：69－90＋200－201.

家上市金融机构和房地产公司的系统性金融风险展开研究，并结合前沿的风险溢出网络方法，从静态与动态两个研究角度考察了我国金融风险的跨部门传染。研究结果表明，四种风险测度指标均能准确识别出我国金融部门风险集聚的尾部事件，而且金融体系整体上存在较为明显的跨部门风险传染效应①。白鹤祥等（2020）通过建立了阶段、跨部门的房地产市场的系统性金融风险网络模型，并运用2006～2017年16家上市银行数据，分析和测度了我国房价大幅下跌所引发的系统性金融风险水平和结构，构建了基于房地产市场的系统性金融风险预警指标并进行测算②。梁琪等（2020）采用可以处理高维时序变量的LASSO－VAR模型和广义方差分解方法构建金融机构以及房地产机构的波动风险关联网络，并从总体、部门与机构三个层面进行网络分析，以探究不同时期系统性金融风险的产生原因与跨部门传染特征③。

多元GARCH模型是一种事前检验的方法。其核心是在危机发生之前，潜在系统性金融风险累积表现为影响金融市场各个参与主体的经济因素趋向一致，而股票价格作为反映市场对于未来收益预期的工具，彼此相关关系会增强。Schüler和Schröder（2003）④。Engle和Sheppard（2001）提出用动态条件相关系数多元GARCH模型（DCC－MGARCH模型）来研究变量之间的时变非线性相关关系⑤；张兵等（2010）采用DCC－MGARCH模型估计了不同市场间的波动溢出效应⑥。方意、赵胜民、王道平（2012）利用GARCH模型的拓展DCC－GARCH模型对我国金融机构的系统性风险进行了测度，并基于此进一步分析了我国金融机构系统性风险的影响因素⑦。

---

① 杨子晖，陈雨恬，谢锐楷．我国金融机构系统性金融风险度量与跨部门风险溢出效应研究［J］．金融研究，2018（10）：19－37.

② 白鹤祥，刘社芳，罗小伟，等．基于房地产市场的我国系统性金融风险测度与预警研究［J］．金融研究，2020（8）：54－73.

③ 梁琪，常姝雅．我国金融混业经营与系统性金融风险——基于高维风险关联网络的研究［J］．财贸经济，2020，41（11）：67－82.

④ Schüler M，Schröder M. Systemic Risk in European Banking：Evidence from Bivariate GARCH Models［J］．Zew Discussion Papers，2003.

⑤ Cappiello L，Engle R F，Sheppard K. Asymmetric Dynamics in the Correlations of Global Equity and Bond Returns［J］．Journal of Financial Econometrics，2003，4（4）：537－572.

⑥ 张兵，范致镇，李心丹．中美股票市场的联动性研究［J］．经济研究，2010（11）：141－151.

⑦ 方意，赵胜民，王道平．我国金融机构系统性风险测度——基于DGC－GARCH模型的研究［J］．金融监管研究，2012（11）：26－42.

2.1.4.2 基于重要性金融机构的度量方法

随着2007年美国次贷危机引发全球金融危机，各国提出宏观审慎监管的理念，传统的度量方法逐渐被淘汰，学术界提出了基于系统重要性的系统性金融风险度量方法，如CoVaR法、边际预期损失法（MES）和沙普利值（Shapley Value）法。

CoVaR方法。Adrian和Brunnermeie（2011）提出CoVaR方法①。CoVaR法又称在险价值法，通过度量一个机构风险的（边际）贡献来衡量系统性金融风险的大小。它是基于VaR测度单个金融机构非条件性尾部风险，将系统性风险和陷入困境中金融机构的在险价值联系起来，从而测度某个金融机构陷入困境对其他金融机构尾部风险的影响。李志辉，樊莉（2011）运用CoVaR方法和分位数回归衡量我国商业银行系统性金融风险，研究发现国有银行对系统性风险的溢出较大，股份制商业银行对系统性金融风险的溢出较小②。白雪梅、石大龙（2014）运用CoVaR方法度量了我国公开上市的27家金融机构2008~2013年的系统性风险，并建立了一个预测系统性风险的模型，结果显示银行业对系统性风险的溢出大于证券期货业；金融危机期间，金融机构的系统性风险明显高于其他时期③。Tobias和Brunnermeier（2016）提出的系统性风险指标ΔCoVaR是基于金融市场数据测算系统性风险的典型代表，用于度量金融机构与金融体系之间的尾部依赖关系，该指标在国内得到了大量运用④。欧阳资生和莫廷程（2017）运用分位数回归估计广义CoVaR模型研究银行风险溢出效应⑤。刘超和刘彬彬（2020）考虑到序列间的GARCH效应，利用极值理论和ARMA-GARCH模型估计VaR，在此基础上构建了非对称CoVaR模型，并以此分析了中国上市金融机构的尾部风险溢出效应⑥。Ouyang等

① Adrian T, Brunnermeier M K. CoVaR [J]. Social Science Electronic Publishing, 2011.

② 李志辉，樊莉．中国商业银行系统性风险溢价实证研究［J］．当代经济科学，2011（6）：13-20.

③ 白雪梅，石大龙．中国金融体系的系统性风险度量［J］．国际金融研究，2014（6）：75-85.

④ Tobias A, Brunnermeier M K. CoVaR [J]. The American Economic Review, 2016, 106 (7): 1705.

⑤ 欧阳资生，莫廷程．基于广义CoVaR模型的系统重要性银行的风险溢出效应研究［J］．统计研究，2017（9）：38-45.

⑥ 刘超，刘彬彬．金融机构尾部风险溢出效应——基于改进非对称CoVaR模型的研究［J］．统计研究，2020，37（12）：58-74.

（2020）基于半参数－CoVaR 模型构建赋权有向网络，并以此分析了中国银行业风险传染效应与投资者情绪对金融风险传染的影响。杨子晖等（2020）基于广义预测误差方差分解构建风险结构关联网络，并以此分析了新冠疫情背景下金融行业间的金融风险传导①。

MES 方法。Acharya 等（2010）提出了边际预期损失法（Marginal Expected Shortfall，MES），MES 法通过度量单个金融机构对整个系统性风险的“贡献度”来衡量系统性金融风险。Acharya V et. al（2010）研究表明银行的 MES 值越高，其对系统性金融风险的“贡献度”越大，破产倒闭时更容易引发金融危机②。Brownlees 和 Engle（2010）运用基于时间序列的动态 MES 法对股票市场系统性金融风险进性研究，结果显示，经营比较单一，同时股票市值波动较大的公司，其 MES 值越高，从而贡献度也越大③。范小云、王道平和方意（2011）对 CoVaR 和 MES 方法进行比较，发现 MES 方法比 CoVaR 方法更具优势，MES 方法不仅具有可加性，而且可以度量门限值以外的所有损失④。赵进文、张胜保和韦文彬（2013）运用我国 14 家上市银行 2007 年 10 月至 2012 年 5 月期间的股票价格数据，比较边际期望损失（MES）和条件在险价值（CoVaR）这两种系统性金融风险度量方法的联系与区别，并研究它们与期望损失（ES）和在险价值（VaR）的关系⑤。Acharya 等（2017）在期望损失 ES 的基础上提出 MES 方法，考察了整个市场收益率下跌情形下单个机构对系统性金融风险的边际贡献⑥。

Shapley Value 法。Shapley 值法是博弈论中关于多人合作博弈中以每个人

---

① 杨子晖，陈雨恬，张平淼．重大突发公共事件下的宏观经济冲击、金融风险传导与治理应对［J］．管理世界，2020，36（5）：13－35＋7.

② Acharya，V.，L. Pedersen，T. Philippon，and M. Richardson. Measuring Systemic Risk，NYU Working Paper，2010.

③ Brownlees C T，Engle R，et al. Measuring Systemic Risk，in Regulating Wall Street：The Dodd－Frank Act and the New Architecture of Global Finance［J］．New York Review of Books，2010，55（6）：619－620.

④ 范小云，王道平，方意．我国金融机构的系统性风险贡献测度与监管——基于边际风险贡献与杠杆率的研究［J］．南开经济研究，2011（4）：3－20.

⑤ 赵进文，张胜保，韦文彬．系统性金融风险度量方法的比较与应用［J］．统计研究，2013（10）：46－53.

⑥ Acharya V V，Pedersen L H，Philippon T，et al. Measuring systemic risk［J］．The review of financial studies，2017，30（1）：2－47.

对集体的边际贡献程度为基础的价值分配的算法，由 Shapley（1953）提出。Tarashev（2011）首次将该方法应用于系统性风险的计算，并借鉴 ES 法，通过将系统性风险分配于每一个金融机构中测算该机构的系统重要性①。贾彦东（2011）将单一金融机构对整个系统的影响分为直接影响和间接影响两部分，并分别使用“冲击测试”和“Shapley 值”测算了两种效果造成的损失，对我国金融机构的系统重要性进行了分析②。张娜娜、陈超（2012）运用 Shapley 值对中国上市银行的系统重要性进行实证分析，通过将系统性风险分配到单个银行中来度量银行的系统重要性③。

2.1.4.3 基于整个金融系统的综合度量方法

国际金融危机爆发以后，从系统整体入手对系统性金融风险进行综合测度成为研究的重点。Illing 和 Liu（2003）最早提出了金融压力概念，并通过构建综合金融压力指数来度量系统金融风险。Illing 和 Liu（2003）认为，金融压力为连续变量，是由于金融脆弱性和外部冲击结合产生，会随期望损失或不确定性的增加而增大，当达到金融极值便会产生金融危机④。Hakkio 和 Keeton（2009）以堪萨斯市为研究对象，运用主成分分析法，将11个代表性的变量合成为一个综合指数—金融压力指数，通过探讨其与具有代表性的芝加哥联邦国家活动指数之间的关系，研究金融压力对宏观经济的影响⑤。Balakrishnan（2009）运用相等权重法分别构建发达国家金融压力指数和新兴经济体的金融压力指数，并进一步探讨了金融风险在发达与新兴国家间的传播机制⑥。IMF

---

① Tarashev N, Borio C, Tsatsaronis K. Attributing Systemic Risk to Individual Institutions 1 Methodology and Policy Applications [J]. Claudio Borio, 2011, 68 (3): 1-18.

② 贾彦东. 金融机构的系统重要性分析——金融网络中的系统风险衡量与成本分担 [J]. 金融研究, 2011 (10): 17-33.

③ 张娜娜, 陈超. 基于 Shapley 值方法的中国上市银行系统重要性研究 [J]. 广东金融学院学报, 2012 (1).

④ Illing, M., Liu, Y, “Measuring financial stress in a developed country: An application to Canada” [J]. Journal of Financial Stability, 2003, 2 (3): 243-265.

⑤ Hakkio S, Keeton W R. Financial stress: “What is it, how can it be measured, and why does it matter?” Federal Reserve Bank of Kansas City Economic Review [J]. General Information, 2009 (2): 5-50.

⑥ Ravi Balakrishnan Stephan Danninger Selim ElekdagIrina Tytell Balakrishnan, R. et al.. How financial stress spreads: a first comprehensive look at the current crisis [OL]. 2009, http//: www. voxeu, org/index, php q = node/3500.

出版的《世界经济展望报告2009》提出了针对新兴市场国家的金融压力指数（EM－FSI）的构建方法，该指数由外汇市场压力指数（EMP）、主权债务风险指数、银行风险指数、股市收益率、股票价格波动率等5部分组成。Grimaldi（2010）首先探讨了金融压力指数的表现形式，其次选取16个金融变量并折合为两个因子，最后基于Logit回归模型构建了1999～2009年的欧洲金融压力指数，据此分析样本期内欧洲的典型金融压力事件①。Cardarelli等（2011）以17个国家的金融数据为研究对象，采用与Balakrishnan等相同的方法构建综合压力指数，进行金融风险对实体经济影响的研究，得出因金融困境造成的金融高风险压力期更容易带动经济下滑的结论②。Louzis和Vouldis（2012）首先借鉴已有学者的观点，分析了不同市场间的时变特征，并利用多元GRACH模型来捕捉意外变化，然后基于市场和资产负债表的相关数据建立了希腊的金融系统性压力指数，该指数可为危机预警提供较好的先验信息③。

国内方面，万晓莉（2008）利用动态因子分析方法构建了季度的金融脆弱性指数，对我国1987～2006年的金融体系脆弱性进行评估和判断，并对主要风险来源和演变过程进行了分析，由此所得的结论与定性分析的结果基本一致④。马辉（2009）通过借鉴货币危机压力指数构建方法，分别构建货币危机压力指数、银行危机压力指数和资产价格波动危机压力指数刻画我国的金融风险情况⑤。吕江林和赖娟（2011）介绍了一种新的金融系统性风险指标—金融压力指数，以金融系统性风险的同步变量构成的中国金融压力指数对我国2000～2010年金融系统性风险状况进行衡量⑥。马辉（2009）改进了货币危机压力指数的合成方法，并基于构建货币危机压力指数的方法，分别合成了银

① Grimaldi，M. B. Detecting and Interpreting Financial Stress in the Euro Area，ECB Working Paper，No 1024.

② Cardarelli R，Elekdag S，Lall S. Financial stress and economic contractions［J］. Journal of Financial Stability，2011，7（2）：78－97.

③ Louzis D P，Vouldis A T，Metaxas V L. Macroeconomic and bank－specific determinants of non－performing loans in Greece：A comparative study of mortgage，business and consumer loan portfolios［J］. Journal of Banking & Finance，2012，36（4）：1012－1027.

④ 万晓莉．中国1987～2006年金融体系脆弱性的判断与测度［J］．金融研究，2008（6）：80－93.

⑤ 马辉．中国金融风险指标体系构建与预警研究［D］．长春：吉林大学，2009.

⑥ 吕江林，赖娟．我国金融系统性风险预警指标体系的构建与应用［J］．江西财经大学学报，2011（2）：5－11.

行危机压力指数和资产价格波动危机压力指数刻画我国的金融风险情况。余文君、闻岳春、王泳（2014）通过构建金融压力指标体系与金融压力指数，实证分析了上海A股市场的系统性金融风险。实证结果表明，上海A股市场系统性金融风险相对处于稳定的状态，并没有发生过真正意义上的系统性金融危机①。许涤龙、陈双莲（2015）基于CRITIC赋权法构建金融压力指数（FSI），并从银行、房地产、股票市场和外部金融市场综合测度我国面临的金融压力。整体来看，该方法的测度结果较好地吻合了我国的经济金融发展状况②。郑桂环等（2014）证明金融压力指数大致领先宏观经济7个月的时间，可以作为经济的先行指标③。覃邑龙和梁晓钟（2014）利用运用会计信息的分数方法和基于模型的违约距离银行违约风险与银行业及金融市场风险的关系进行研究，得出银行违约风险不仅对银行自身经营产生影响，还能引发银行业的连锁反应系统性风险和整个金融市场的系统性风险④。刘瑞兴（2015）通过格兰杰因果检验和建立自回归模型的方法，发现金融压力对实体经济发展有长期逆向影响，建议在短期控制金融压力的同时，更要着眼于长期效果⑤。王妍（2015）分析了我国不同时期的金融不稳定性状态和金融周期的一般特征，认为金融不稳定性对于宏观经济具有长期的预测能力，金融脆弱指数和金融压力指数可以作为动态监测金融风险变化的综合指标⑥。李志辉等（2016）通过改进和优化SC-CA技术，设计了基于风险相依结构的系统性风险监测指标，阐明了风险相依结构对系统性风险度量的重要性⑦。苟文均等（2016）以CCA模型为基础的研究表明，债务杠杆攀升能够推动国民经济各部门风险水平，并通过债务和股

① 余文君，闻岳春，王泳．基于金融压力指数的上海A股市场系统性金融风险研究［J］．上海金融，2014（7）：86－91.

② 许涤龙，陈双莲．基于金融压力指数的系统性金融风险测度研究［J］．经济学动态，2015（4）：69－78.

③ 郑桂环，徐红芬，刘小辉．金融压力指数的构建及应用［J］．金融发展评论，2014（8）：50－62.

④ 覃邑龙，梁晓钟．银行违约风险是系统性的吗［J］．金融研究，2014（6）：82－98.

⑤ 刘瑞兴．金融压力对中国实体经济冲击研究［J］．数量经济技术经济研究，2015，32（6）：147－160.

⑥ 王妍．金融不稳定性能够预测未来的宏观经济表现吗？［J］．数量经济研究，2015，6（1）：51－63.

⑦ 李志辉，李源，李政．中国银行业系统性风险监测研究——基于SCCA技术的实现与优化［J］．金融研究，2016（3）：92－106.

权两个渠道显著影响系统性风险的生成与传递①。陶玲等（2016）提出了包含7个维度的系统性金融风险综合指数，在采用马尔科夫状态转换方法对综合指数进行实证分析的基础上，识别和判断风险指标的状态和拐点，并度量和预警综合指数状态转移的信息②。章曦（2016）选取7个代表性指标变量，使用目前主流的金融压力指数法，对2002年2月~2015年9月我国系统性金融风险进行了研究，并首次把系统性金融风险的测度、识别和预测统一起来③。魏金明（2016）选取银行业β系数与风险利差、无风险收益期限利差、股票市场波动性和汇率波动性等指标，构建金融压力指数，逐季测算我国系统性金融风险水平，并利用主成分分析法揭示其影响因素④。韩心灵和韩保江（2017）通过构建中国系统性金融风险压力指数与金融压力时期识别模型，实证分析表明实体经济风险、政府债务风险、虚拟经济风险对系统性风险影响较大⑤。梁斯（2017）构建了金融压力指数（FSI）用以衡量系统性金融风险，并采用自回归模型研究了宏观经济压力对系统性金融风险的影响⑥。李思龙（2017）通过构建金融压力指数并利用2007~2015年非金融非房地产行业（NFRE）上市公司数据，实证检验金融业股权投资总额对银行体系、股票市场和金融体系金融风险的影响⑦。Brownlees 和 Engle（2017）针对 SES 事后观测的不足，提出了能够动态观测的系统性金融风险指数来衡量单一金融机构在严重市场衰退条件下的资本缺口，并将其作为系统性金融风险的衡量指标⑧。何青等（2018）综合考虑了金融机构的个体风险、联动和传染效应、波动和不稳定性以及流动性

---

① 苟文均，袁鹰，漆鑫．债务杠杆与系统性风险传染机制——基于 CCA 模型的分析［J］．金融研究，2016（3）：74-91.

② 陶玲，朱迎．系统性金融风险的监测和度量——基于中国金融体系的研究［J］．金融研究，2016（6）：18-36.

③ 章曦．中国系统性金融风险测度、识别和预测［J］．中央财经大学学报，2016（2）：45-52.

④ 魏金明．系统性金融风险的测度及影响因素研究［J］．商业研究，2016（2）：73-80.

⑤ 韩心灵，韩保江．供给侧结构性改革下系统性金融风险：生成逻辑、风险测度与防控对策［J］．财经科学，2017（6）：1-13.

⑥ 梁斯，郭红玉．宏观经济压力对系统性金融风险的冲击研究［J］．南京社会科学，2017（6）：46-54，75.

⑦ 李思龙．企业“脱实向虚”的动机及系统性金融风险影响——来自上市公司金融业股权投资的证据［J］．广东财经大学学报，2017，32（4）：45-57.

⑧ Brownlees C，Engle R F. SRISK：A conditional capital shortfall measure of systemic risk［J］. The Review of Financial Studies，2017，30（1）：48-79.

与信用等风险因素，采用主成分分析分位数回归方法构建了反映实际经济增长的系统性金融风险指数，并对系统性风险影响实体经济的传导途径进行了探究，实证结果表明系统性金融风险主要通过信贷这一渠道传导至实体部门，进而对宏观经济产生负面影响①。欧阳资生等（2019）认为，首先，选取金融机构极值风险、金融体系间的传染效应、金融市场的波动性和不稳定性、流动性和信用风险 4 个层面的 14 个代表性指标测度了系统性金融风险；其次，运用分位数回归度量了单个系统性风险指标对宏观经济的影响；最后，运用偏最小二乘分位数回归法构建一个系统性金融风险综合指标进一步实证分析系统性金融风险对宏观经济的影响，结果表明用偏最小二乘分位数回归构造的系统性金融风险综合指标较之单个系统性金融风险指标，能够更稳健地反映系统性金融风险对宏观经济的影响状况②。肖争艳和任梦瑶（2021）采用新闻文本大数据构建了媒体风险感知这一主观指标，结合股票、债券、外汇和货币等金融子市场风险指标，使用 CISS 方法合成了中国系统性金融风险指数（RP - SRI），并将 RP - SRI 与只包含金融子市场风险指标的金融压力指数（FSI）进行对比研究。结果表明，首先，媒体风险感知与金融市场和宏观经济之间存在单向的非线性格兰杰因果关系。这说明媒体能够捕捉政策不确定性和市场风险的微小变化，媒体风险感知对金融市场和宏观经济有传染效应；其次，就经济稳定问题而言，加入媒体风险感知的 RP - SRI 对经济下行风险爆发概率的识别能力相较于 FSI 要更强，可以更好地预测经济下行风险③。左晓慧和刘思远（2021）基于防范系统性金融风险的视角，通过选取四维指标变量用以构建系统性金融风险指标体系，使用主成分分析法确定各维度权重并通过降维合成为系统性金融风险综合变量，使度量系统性金融风险的指标体系更加科学、合理，再通过省级面板门槛回归模型及金融监管协同度测度，实证探讨分析我国 31 个省级（不含港、澳、台）金融监管对防范系统性金融风险的作用效应及金融监管系

① 何青，钱宗鑫，刘伟．中国系统性金融风险的度量——基于实体经济的视角［J］．金融研究，2018（4）：53 - 70.

② 欧阳资生，李虹宣，刘凤根．中国系统性金融风险对宏观经济的影响研究［J］．统计研究，2019，36（8）：19 - 31.

③ 肖争艳，任梦瑶．媒体风险感知与系统性金融风险预警［J］．财经问题研究，2021，454（09）：63 - 74.

统的协同度，并根据实证研究结论提出优化金融监管相关措施的可行性建议①。李敏波和梁爽（2021）选取债券市场、股票市场、货币市场和外汇市场17个有代表性的指标，运用经验累积分布函数法分别构造了各子市场的压力指数，以各子市场之间时变的相关关系刻画系统性金融风险的跨市场传染特征，合成金融市场压力指数，并通过建立马尔可夫区制转换模型，对金融市场压力状态进行识别②。基于金融科技发展对中国系统性金融风险的影响分析，田军等（2021）通过选取金融机构、资本市场、货币市场、房地产市场和金融科技发展五个维度的若干基础指标，合成了我国系统性金融风险综合指数（CISFR），该指数反映了2014～2019年我国系统性金融风险走势和主要影响因素，并识别了不同时期系统性金融风险的大小③。庞加兰等（2021）基于2010～2019年的季度数据，构建中国金融压力指数模型，采用客观赋值法CRITIC对指标进行权重分析，最后得到中国金融系统的综合压力指数。其研究表明：中国金融压力指数呈下降态势，银行业、股票市场、债券市场以及货币市场对金融压力指数的权重较高④。

虽然这些方法在国内得到了应用和推广，传统的度量方法主要是基于资产负债表数据进行度量，数据存在较严重的滞后性。基于系统重要性的金融风险测度方法主要是基于市场数据对系统性风险进行测量，这种方法对市场的有效性与数据的可靠性要求较高，而我国金融市场出现较晚，金融体系尚未成熟，与欧美发达国家相比存在较大差距，因而无法证实上述风险管理方法在我国的有效性和准确性，虽然这种方法能够较好的评估我国系统性风险的现状，但是不能准确刻画出系统性金融风险与各种宏观因素之间的相关性，也不能对风险的发展趋势做出判断，缺乏预警功能。系统性金融风险综合测度方法所选择的指标变量能从不同角度反映金融风险的状况，能够及时地提供金融风险信息，

---

① 左晓慧，刘思远．金融监管对防范系统性金融风险影响研究［J］．经济问题，2021（7）：55－61＋119.

② 李敏波，梁爽．监测系统性金融风险——中国金融市场压力指数构建和状态识别［J］．金融研究，2021（6）：21－38.

③ 田军，李雅丽，申辰．金融科技视域下我国系统性金融风险度量指标的构建［J］．征信，2021，39（6）：55－63.

④ 庞加兰，王倩倩，吴露露．金融开放背景下系统性金融风险测度与防范［J］．征信，2021，39（5）：84－92.

但指标选择中没有考虑外部冲击和传染等因素。随着我国金融体系开放程度的不断扩大，将外部冲击和传染等因素纳入中国系统性金融风险的整体衡量，能更加全面真实地反映中国金融风险的概貌。

2.2 金融风险预警相关文献综述

2.2.1 金融风险预警机制的定义

预警（Early Warning）一词最早源于军事，在19世纪末20世纪初预警被应用于经济领域，主要是西方经济统计学界对宏观经济波动问题的监测，随着经济预警系统方法逐步成熟，Altman（1968）使用多变量分析方法创建企业经营成败的预警模型，此后学者将此方法引入金融预警系统中，为金融监管当局提供了金融预警系统的构架，而最早提出金融预警系统概念的是Sindey（1975）。中国的经济预警研究起步较晚。从20世纪80年代开始，预警系统的研究与应用经历了一个从宏观经济预警渗透到企业预警、从定性为主到定性与定量相结合、从点预警到状态预警转变的过程。我国从1994年以来开始对商业银行施行资产负债比例管理和资产风险控制。2001年，监管当局开始重视体系性的金融风险，着手强化监管，并逐步搭建我国金融风险预警机制。本书借鉴董小君（2004）关于金融风险预警机制的定义，金融风险预警机制是以一国或地区的经济金融统计资料为依据，辅以信息技术，将各种反映金融风险警情、警兆、警源及变动趋势的指标体系和预测方法相融合的有机整体①。伴随金融危机的暴发，金融风险预警机制的研究也在不断进步。国内外关于金融风险预警的研究主要集中于预警模型和预警指标体系的研究。

2.2.2 金融风险预警模型研究

在已有研究金融风险预警模型的文献中，得到广泛应用和认可的有以下

① 董小君．金融风险预警机制研究［M］．北京：经济管理出版社，2004.

三种模型：Frankel 和 Rose（1996）提出 FR 概率模型（probit/Logit model）；Kaminsky，Linzondo 和 Reinhart（1996）提出的 KLR”信号分析法”模型；Sachs，Tornell 和 Velasco（1996）建立的 STV 横截面回归模型①。

第一，FR 概率模型。Frankel 和 Rose（1996）提出了 FR 概率模型，其核心思想是运用单位概率模型如 probit 或 logit 模型来预测金融危机发生的概率，该模型假定金融危机是由多个因素或多个金融事件共同冲击引发的，而且各金融事件是离散、有限的②。Frankel 和 Rose（1996）运用该模型对 105 个发展中国家 1971～1992 年的季度数据进行实证分析，结果表明当出现信贷增长过快、利率上升且汇率高估以及国际储备较低时更易发生货币危机。

第二，KLR 信号模型。Kaminsky，Lizondo 和 Reinhart（1997）创立了 KLR 信号模型。KLR 信号模型分为两个步骤即选取预警指标和运用历史数据进行实证分析，在实证分析过程中给出各个指标的预警阈值，从而预测在未来 24 个月出现危机信号情况③。由于该模型通过对预警指标阈值的设定可以揭示金融危机发生的根源，成为国际监管组织和各国政府防范金融风险的参考，但由于该模型的阈值是依据样本标准差来定义的，从而当发生新危机时，阈值的更新导致已经识别出的危机不能被重新识别。

第三，STV 横截面回归模型。Sachs，Tornell 和 Velasco（1996）建立了横截面回归模型（STV 模型）④。Sachs，Tornell 和 Velasco（1996）利用 20 个新兴市场国家的横截面数据，用线性回归方法进行实证分析，来预测全球金融危机中受到严重影响的国家，实证结果表明当一国银行体系比较脆弱时，同时出现外汇不足和实际汇率高估的情况，这个国家的经济易受到严重冲击，由此可以看出，该模型并不能预测危机的发生时间，仅能找出存在潜在危机的国家。

FR 模型研究方法比较成熟，而且模型结构简单，数据获取比较容易，一定程度上提高了其在实际分析中的应用性；但由于 FR 概率模型受计量方法的

① 徐慧玲，许传华．金融风险预警模型述评［J］．经济学动态，2010（11）：131－134.

② Frankel J. A.，A. K. Rose. Currency Crashes in Emerging Markets：An Empirical Treatment［J］. Journal of International Economics，1996（41）：351－366.

③ Kaminsky G，Lizondo S，Reinhart C M. Leading indicators of currency crises［J］. Policy Research Working Paper Series，1997，75（1）：1.

④ Sachs J.，A. Tornell，A. Velasco. Financial Crises in Emerging Markets：The Lessons from 1995［R］. NBER Working Paper，1996.

限制，所选指标有限，这对于风险预警准确性有很大的影响。KLR“信号分析法”模型在操作性和准确性上具更好的适用性；但KLR模型“信号分析法”模型的阈值选择具有较大的随意性，导致预警指标信号强弱不一，从而影响预计结果的可信度。STV横截面回归模型在实际的应用中要求找到一系列相似的样本国，而且STV模型考虑变量范围过于狭窄，仅用线性回归的方法进行估计过于简单，客观上制约了模型在实际中应用的广泛性。

随着数量经济学的发展，金融风险预警模型也不断地改进与创新，出现了一系列新模型。

第一，主观概率模型。刘遵义（1995）提出了主观概率模型，通过选择相关的经济金融指标，以墨西哥为参照国家，运用综合模糊评价方法对东南亚金融危机发生的可能性进行实证分析，结果表明货币的持续高估是引发危机的主要原因，危机的暴发以股票市场的大幅下跌和货币对外大幅度贬值为主要特征①。

第二，人工神经网络模型。Nag和Mitra（1999）将人工神经网络（ANN）模型应用于金融危机预警，该模型是对神经网络系统的模拟，其信息处理功能是由网络单元的输入、输出特性以及网络的拓扑结构决定的②。PAN Wen－tsao和LIN Wei－yuan（2008）将主成分分析和概率神经网络结合起来构建了基于概率神经网络的预警模型，对台湾的金融企业风险状况进行预警分析。该模型没有严格的数据分布要求，具备处理遗漏、错误资料的能力，具有较好的容错能力；克服了各种统计预警方法的限制，具有较好的识别能力；但是该模型在大量变量和神经层适应数据的条件下，存在过度拟合的情况，另外，由于变量间存在复杂的关系，没有待估参数从而不能确定重要性指标和预测概率③。

第三，Simple Logit模型。Kumar，Moorthy和Perraudin（2002）提出Simple Logit模型，通过对32个发展中国家1985年1月～1999年10月滞后宏观

① 刘遵义．下一个墨西哥在东亚吗？［R］．联合国世界经济1995年秋季会议上提交的报告1995．

② Nag A.，A. Mitra. Neural Networks and Early Warning Indicators of Currency Crisis［J］. Reserve Bank of India Occasional Papers，1999（20－2）：183－222.

③ PAN Wen－tsao & LIN Wei－yuan.．Use probabilistic Neural Network to Contract Early Warning Model for Business financial Distress［J］. International Conference on Management Science & Engineering，2008，9.

经济以及金融数据对投机性冲击进行预测①。该模型综合运用了KLR模型的信号分析法和FR模型的概率分析法，包括“利率调整引起汇率大幅贬值”和“货币贬值幅度大于以往水平”两种货币危机定义，能够同时进行样本内预测和样本外预测并对预测结果进行比较及检验，克服了过去已有预警模型只能对危机进行解释和事后预测的缺陷，提高了金融危机的预警水平。

第四，状态转移模型。Abiad（2003）将状态转移模型应用于金融风险预警，运用5个亚洲国家1972~1999年的月度数据，构建Markov状态转移模型进行实证研究，结果表明，该模型与其他模型相比的预警效果较好，发出错误的预警信号较少，正确估计了样本期内的大部分危机②。Bauwens和Lubrano（2007）将Markov转换模型应用于货币危机预警中，通过对东南亚金融危机的实证研究表明了该模型具有较强的预警能力。该模型是通过对状态转换概率进行估计进而进行风险预警，简化了各种假设，而且还能够对危机的内生性进行揭示，具有一定的优势③。

第五，VaR模型和压力测试模型。Blejer和Schumacher（1998）使用VaR方法分析中央银行的清偿力以及风险敞口。将国际市场利率、汇率波动性以及国家风险作为风险敞口因素，把央行清偿力当作了危机指标的替代变量，预警效果较好④。VaR方法也存在一些缺陷：一是使用VaR方法可能有所谓的模型风险，也就是由于数据处理所采用的方法不同而造成最终结果大不相同；二是VaR方法主要适用于非极端条件下市场风险的衡量，对于当市场经济环境发生突然性剧烈变化而造成资产价值出现巨额损失的情况是无能为力的。

压力测试指在风险因素发生极端变化的假设下，测试风险因素极端变化对资产价值波动的影响。Blaschke等（2001）将压力测试应用于金融部门的风险以及脆弱性评估中。该方法虽然考虑了极端事件风险，但是由于不能很好地处理相

---

① Manmohan S. Kumar, Uma Moorthy, W. R. M. Perraudin. Predicting Emerging Market Currency Crashes [R]. IMF Working Paper, 2002.

② Abiad M A. Early warning systems: A survey and a regime - switching approach [M]. International Monetary Fund, 2003.

③ Bauwens L, Lubrano M. Bayesian Analysis of Dynamic Disequilibrium Models: An Application to the Polish Credit Market [J]. Social Science Electronic Publishing, 2007, 26 (2): 469 -486.

④ Blejer M I, Schumacher L B. Central Bank Vulnerability and the Credibility of Commitments: A Value - at - Risk Approach to Currency Crises [J]. Social Science Electronic Publishing, 1998 (65).

关性问题，而且比较主观，如果在测试过程中由于情景设定不合理，会产生错误的结果；另外压力测试很难测定由于多种因素综合发生变化所产生的影响①。

除了上述常用模型外，还有一些其他模型如潜在变量阀值模型（Collins，2001）、遗传算法（Apoteker & Barthelemy，2001）和Fisher判别分析（Burkart & Coudert，2002）；除此之外，近几年的研究是在以上模型的基础上进行修正改进发展而来。Cipollini，Kapetanios（2009）将主成分分析法与Probit模型结合起来建立动态因子的Probit模型对金融风险进行预警；Bragoli等（2010）运用Logit/Probit模型、KLR信号法以及因子分析法等建立全球金融危机预警系统②。

国内对金融风险预警模型的研究还处于起步阶段，只在近些年才逐渐出现一些实证研究方面的文献，与国外还有较大差距。马辉（2009），张强、赵继鸿（2013）应用MS－VAR模型建立了金融风险预警模型，用来描述我国金融风险的状况③。楼文高、乔龙（2011）以金融风险预警单指标区间评价标准为依据，运用BP神经网络模型对1994～2010年中国金融风险进行预警研究④。李梦雨（2012）基于主成分分析和聚类算法对金融预警指标进行处理，利用BP人工神经网络预警模型对我国金融风险进行预警⑤。许传华、徐慧玲、杨雪莱（2012）运用Logit模型和人工神经网络预警模型对中国金融风险进行预警，通过对模型的预测能力进行检验，进而对未来我国金融风险进行全面预警判断和实时预警分析⑥。冯超、肖兰（2014）运用KLR模型对我国银行业系统性风险进行预警研究⑦。吴宜勇等（2016）以中国2007年1月～2015年12月的月度数据为基础，把不可观测的金融风险转化为连续的金融压力指数；进

---

① Blaschke W，Jones，Majnoni G，Peria Martinez. Stress Testing of Financial Systems：an Overview of Issues，Methodologies，and FSAP Experiences［R］. IMF Working Paper，2001，June.

② 徐慧玲，许传华. 金融风险预警模型述评［J］. 经济学动态，2010（11）：131－134.

③ 张强，赵继鸿. 基于MS－VAR模型的金融风险预警研究［J］. 湖南社会科学，2013（3）：117－121.

④ 楼文高，乔龙. 基于神经网络的金融风险预警模型及其实证研究［J］. 金融论坛，2011，16（11）：52－61.

⑤ 李梦雨. 中国金融风险预警系统的构建研究［J］. 中央财经大学学报，2012（10）：25－30.

⑥ 许传华，徐慧玲，杨雪莱. 我国金融风险预警模型的建立与实证研究［J］. 经济问题，2012（2）：86－83.

⑦ 冯超，肖兰. 基于KLR模型的中国银行业系统性风险预警研究［J］. 上海金融，2014（12）：59－62.

而基于 MSBVAR 模型考察金融风险的区制变换及与宏观经济变量之间的关系①。孙蕾（2016）通过借鉴国内外房地产市场风险预警方法和经验，采用主成分分析法、灰色预测法等数理统计分析方法，构建了房地产金融风险预警体系。采用该预警体系对山东省近 15 年的房地产金融市场运行状况进行实证分析，得出的对市场运行状况的警情判断与实际情况基本吻合②。周胜强等（2018）通过借鉴贝叶斯统计学最新研究进展，提出了基于贝叶斯神经网络的金融风险预警模型，并利用 1993～2017 年经济金融数据进行实证检验③。沈悦等（2019）通过识别人民币国际化进程中的金融风险来源，构建金融风险预警指标体系合成金融压力指数（风险程度指数），利用马尔科夫区制转移模型对人民币国际化进程中的金融风险演化趋势进行预警研究④。谷慎和汪淑娟（2019）以我国六个碳金融试点市场每个月份的风险状态为研究样本，构建基于支持向量机（SVM）的碳金融风险预警模型。利用网格搜索法和径向基核函数构建的 SVM 模型对碳金融风险的预警准确率高达 91.8605%⑤。师家升和起建凌（2019）在已有金融风险预警模型的基础上，根据金融危机的触发原理，收集年度数据构建中国金融风险监测预警指标体系，然后从中筛选出稳健性好且具有良好预警能力的指标，通过主成分分析和因子分析，合成中国金融风险预警指数，并对金融风险发生的可能性以概率形式呈现⑥。王玲玲等（2019）以柳州为案例，在详细分析现阶段房地产市场状况及潜在的房地产金融风险基础上，运用 BP 神经网络方法对房地产市场金融风险进行了研究⑦。

① 吴宜勇，胡日东，袁正中．基于 MSBVAR 模型的中国金融风险预警研究［J］．金融经济学研究，2016，31（5）：13－23.

② 孙蕾．基于主成分和灰色预测法的房地产金融风险预警体系研究［J］．金融监管研究，2016（11）：24－42.

③ 周胜强，秦亚丽，李西江，等．基于贝叶斯神经网络的金融风险预警研究［J］．华北金融，2018（9）：4－15.

④ 沈悦，王宝龙，李巍军．人民币国际化进程中的金融风险识别及预警研究［J］．西安交通大学学报（社会科学版），2019，39（5）：39－48.

⑤ 谷慎，汪淑娟．基于 SVM 的碳金融风险预警模型研究［J］．华东经济管理，2019，33（3）：179－184.

⑥ 师家升，起建凌．中国金融风险预警指数的构建［J］．技术经济与管理研究，2019（4）：89－94.

⑦ 王玲玲，郑振宇，王恒．基于人工神经网络的房地产金融风险预警体系构建——以柳州市为例［J］．区域金融研究，2019（3）：60－71.

曾昭法和游悦（2020）通过神经网络分位回归的金融风险预警研究，对2018年及2019年的金融稳定状态进行预警，选取2010～2017年24个指标季度数据建立初始金融预警指标体系，在此基础上运用聚类分析以及非参数统计方法进行指标筛选，最终保留14个金融预警指标。由k均值聚类和主成分分析方法将金融风险分为四种风险状态，继而基于神经网络分位数回归模型，建立了我国金融预警模型，对金融系统运行情况进行预测①。白鹤祥等（2020）基于房地产市场的系统性金融风险形成机制，据此建立了分阶段、跨部门的房地产市场的系统性金融风险网络模型，并运用2006～2017年16家上市银行数据，分析和测度了我国房价大幅下跌所引发的系统性金融风险水平和结构，构建了基于房地产市场的系统性金融风险预警指标并进行测算②。韩喜昆和马德功（2021）结合主成分分析法构建了基于AM－BPNN算法的系统性金融风险预警模型，并对中国的系统性风险状态进行评估和预警。主成分分析结果显示，中国的系统性风险状态主要与货币银行风险、宏观经济贸易风险、外部冲击风险及财政风险等密切相关③。

2.2.3 金融风险预警指标体系研究

由于诱发金融风险的因素较多，因此通过文献梳理发现，金融风险预警指标体系非常庞杂，各个方面均有涉及。如债务状况、国际环境、实体经济、财政、经济结构等。

国际上以货币风险为核心的预警指标一般包括五大类（见表2－1）：第一，宏观经济基本面指标，如GDP、投资、物价、房地产价格等因素；第二，货币政策指标，涉及M1或M2、货币乘数等；第三，金融体系健康程度的指标，包括银行存贷款、存贷款利率、股票价格变化等；第四，公共部门金融健

① 曾昭法，游悦．基于神经网络分位数回归的金融风险预警［J］．统计与决策，2020，36（14）：137－140.

② 白鹤祥，刘社芳，罗小伟，等．基于房地产市场的我国系统性金融风险测度与预警研究［J］．金融研究，2020（8）：54－73.

③ 韩喜昆，马德功．基于AM－BPNN模型的系统性金融风险评估及预警［J］．统计与决策，2021，37（4）：138－141.

康程度指标，包括财政收支、赤字、债务等指标的规模、结构及增速等；第五，对外风险暴露指标，如汇率高估、外汇储备、外债、进出口等。预警模型出现的一些其他指标也非常值得关注，它们在很大程度上体现出研究者的特别用意，如结构性或制度性因素、国际经济金融变量以及传染因素等。

表2-1　　国外主要金融风险预警文献中的预警指标

文献	预警指标
Frankel，Rose（1996）①	信贷增长率、财政赤字/GDP、人均GDP增长率、外债总额/GDP、储备总额/进口、经常账户/GDP、实际汇率的偏离、OECD的GDP增长率、外国利率、商业银行贷款/债务总额、特惠贷款/债务总额、浮动利率债务/债务总额、短期债务/债务总额、公共部门债务/债务总额、多边开发银行贷款/债务总额、FDI流入/债务总额。
Sachs，Tornell，Velasco（1996）②	实际汇率、对私人部门贷款/GDP、M2/国际储备、储蓄/GDP、投资/GDP、资本流入/GDP、短期资本流入/GDP、政府消费/GDP、经常账户/GDP。
Kaminsky Lizondo，Reinhart（1997）③	国际储备、进口、出口、贸易条件、实际汇率趋势的偏离、国外和国内实际利率存款利率之差、超额实际M1余额、货币乘数（M2）、国内贷款/GDP、存款实际利率、贷存利率比、商业银行存款量（名义）、广义货币M2与国际储备之比（变动率）、产出指数、股价指数。
Edison（2000）④	外汇储备、出口、实际汇率、股价指数、商业银行存款、产出指数、超额实际M1余额、M2乘数、M2/储备、国内信贷/GDP、实际利率、实际利差、借款/存款、进口、G7增长率、美国利率、世界油价、短期债务/储备比率。结论指出传染性因素及贸易关系可能对危机发生的重要作用。
Kumar，Moorthy，Perraudin（2002）⑤	实际GDP、实际有效汇率、出口、外商直接投资、证券投资、外汇储备、外汇储备/进口、官方债务/总债务、预算赤字/GDP、全球流动性指标、大宗商品价格、资本账户自由化、线性趋势、高通胀机制、汇率滞后变量、传染因素1（出口增长率相关系数）、传染因素2（区域效应）。

① Frankel J. A.，A. K. Rose. Currency Crashes in Emerging Markets：An Empirical Treatment [J]. Journal of International Economics，1996（41）：351-366.

② Sachs J.，A. Tornell，A. Velasco. Financial Crises in Emerging Markets：The Lessons from 1995 [R]. NBER Working Paper，1996.

③ Kaminsky G，Lizondo S，Reinhart C M. Leading indicators of currency crises [J]. Policy Research Working Paper Series，1997，75（1）：1.

④ Edison H J. Do indicators of financial crises work? An evaluation of an early warning system [C]. International Finance Discussion Papers No. 675，Board of Governors of the Federal Reserve Systems. 2000：11-53.

⑤ Manmohan S. Kumar，Uma Moorthy，W. R. M. Perraudin. Predicting Emerging Market Currency Crashes [R]. IMF Working Paper，2002.

续表

文献	预警指标
Abaid (2003)[①]	实际汇率趋势的偏离、经常账户余额/GDP、出口增长率、M2/储备（水平）、M2/储备（增长率）、储备增长率、工业产出增长率、实际国内信贷增长率（deflated by nominal GDP）、实际 GDP 增长率、股市表现（增长率）、实际利率、LIBOR、银行资产/GDP（增长率）、短期债务/储备、累计非 FDI 流入/GDP、证券投资占总资本流入份额、银行储备/银行总资产、央行对银行信贷/银行总负债、银行存款/M2（水平）、银行存款/M2（增长率）、贷款/存款（水平）、贷款/存款（增长率）。
亚洲开发银行 (2006)[②]	经常账户余额/国内投资总额、出口、进口、实际有效汇率、兑美元的实际汇率、贸易账户余额/GDP；在 BIS 系统的存款/外汇储备、国内实际利率与美国利率的差异、银行业的外汇债务/银行业的外汇资产、外汇储备、M2/外汇储备、短期资本流动/GDP、短期外债/外汇储备；存款/M2、国内信贷/GDP、存贷款利差、贷款/存款、M1/GDP、M2 乘数、实际商业银行存款、国内实际利率；CPI、工业生产指数、股票价格指数；中央银行向公共部门的贷款/GDP、财政余额/GDP、政府消费/GDP、向公共部门的信贷净额/GDP；国际原油价格、实际美元与日元汇率、美国实际利率、美国经济增长率。
Berg，Candelon (2008)[③]	外汇储备、进口、出口、M2 乘数、国内信贷/GDP、银行存款、M2/外汇储备、产出、实际利率、贷款率与存款率之比。
国际清算银行 BIS (2010)[④]	GDP 增长、广义信贷增长、广义信贷/GDP、股价、房价、银行业利润和损失、信贷利差。
Frankel. Saravelos (2011)[⑤]	外汇储备、实际汇率、GDP、国内信贷、经常账户、货币供应量、进口、出口、股票回报率、债务构成、资本流出、对外负债、短期债务、GDP、进口。

注：表中“/”表示除以。

国内一般也以货币市场风险为研究重点，但近年来一些研究的监测指标有所扩大，预警指标体系也视预警对象和思路不同而异，但通常直接借鉴国外研究做法，以汇率、国际收支、货币与金融因素、实体经济、财政收支等为主要

① Abiad M A. Early warning systems: A survey and a regime - switching approach [M]. International Monetary Fund, 2003.

② 亚洲开发银行．金融危机早期预警系统及其在东亚地区的运用（中译本）[M]．北京：中国金融出版社，2006.

③ Berg J V D, Candelon B, Urbain J P. A cautious note on the use of panel models to predict financial crises [J]. Economics Letters, 2008, 101 (1): 80 - 83.

④ Bis B. Quarterly Review December 2010: International banking and financial market developments [J]. Journal of Finance, 2010, 16 (1): 1.

⑤ Frankel J, Saravelos G. Can Leading Indicators Assess Country Vulnerability? Evidence from the 2008 - 09 Global Financial Crisis [J]. Journal of International Economics, 2011, 87 (2): 216 - 231.

监测指标（见表2－2）。

表2－2　　国内主要金融风险预警文献中预警指标

文献	预警指标
陈秋玲、薛玉春、肖璐（2009）①	GDP增长率、固定资产投资增长率、财政债务依存度、国债负担率、财政收入占GDP的比重、通货膨胀率、M2增长率/GDP增长率、信贷增长率/GDP增长率、经常项目差额/GDP、短期外债/外债总额、外汇储备/年进口总额、外债负债率、外债偿债率、外债债务率、股票市盈率、股票市价总值/GDP、资本充足率、不良贷款率、存贷款比例、中长期贷款比例、资本充足率、不良贷款率。
陈守东、马辉、穆春舟（2009）②	GDP增长率 、通货膨胀率 、工业增加值增长速度、出口变化率 、国内信贷/GDP、实际利率、国外净资产/GDP、M2/GDP、M2乘数、贷款/存款 、储蓄存款/M2、实际汇率、实际汇率高估 、国家外汇储备增长率 、外商直接投资/GDP、M2/外汇储备 、股价指数变化率（上证指数）、股市市盈率（上证指数）、房价指数变化率 、房地产投资增长率 、建筑业贷款/银行贷款 、国际原油价格变化率 、美国经济增长率。
万义平、徐斌（2010）③	消费物价指数、通货膨胀率、通货紧胀率、财政赤字率和国债负担率、经常项目赤字、不良资产比重、国内生产总值实际增长率、货币供应量、居民收入基尼系数、失业率、投资膨胀率等、外贸依存度、短期外债比重、银行资本充足率、汇率变动幅度、社会保障支出比重等。
周稳海、赵桂玲（2010）④	负债率、债务率、经常账户逆差/GDP、资产负债率、偿债率、短期外债/外债总额、不良贷款率 、存贷比 、资本充足率 、M2/GDP、通货膨胀率、外汇波动率、外汇储备/短期债务、利率波动率、市盈率、股票市值/GDP。
吴成颂（2011）⑤	GDP增长率、M2增长率、通货膨胀率（消费价格指数）、银行体系整体资本充足率、商业银行不良贷款率、信贷增长率、股市平均市盈率、股价指数波动率、房价增长率/GDP增长率、汇率波动程度、国内外实际存款利差、国外间接投资/FDI、错误和遗漏/贸易收支、经常项目逆差/GDP、外汇储备支持进口时间（月）、（FDI ＋ 经常项目逆差）/GDP、财政债务依存度、财政赤字/GDP、外债总额/GDP、外汇储备/外债总额、短期外债/外债总额、短期外债/外汇储备。

① 陈秋玲，薛玉春，肖璐．金融风险预警：评价指标、预警机制与实证研究［J］．上海大学学报（社会科学版），2009，（5）：127－144.

② 陈守东，马辉，穆春舟．中国金融风险预警的MS—VAR模型与区制状态研究［J］．吉林大学社会科学学报，2009，（1）：110－119.

③ 万义平，徐斌．国际金融危机预警指标体系的构建［J］．统计与决策，2010，（14）：8－10.

④ 周稳海，赵桂玲．开放条件下金融风险预警指标体系研究［J］．Special Zone Economy，2010，（4）：72－74.

⑤ 吴成颂．我国金融风险预警指标体系研究［J］．技术经济与管理研究，2011，（1）：19－24.

续表

文献	预警指标
范恒冬、吕娟（2011）①	通货膨胀率、M2 占 GDP 比例、GDP 增长率、经常项目逆差占 GDP 比例、汇率、资本充足率、不良贷款率、利率水平、同业拆借加权平均利率、存款余额增长率、贷款余额增长率、短期资金贷款比例、贷款年平均成本率、贷款收益率、资本利润率、银行业金融机构存货比、拨备覆盖率、存款准备金率、流动性比率。
张强、赵继鸿（2013）②	实际汇率、外汇储备、实际利率、净出口、贷款/存款、货币供应量、资本充足率、股价指数、房价指数、工业增加值。
杨俊龙、孙韦（2014）③	GDP 增长率、出口变化率、外商直接投资/GDP、通货膨胀率、财政赤字/GDP、国内信贷/GDP、M2/GDP、实际利率、存贷比、储蓄存款/M2、实际汇率（名义汇率＊美国 CPI/中国 CPI）、外汇储备增长率、M2/外汇储备、股价指数变化率、房价指数变化率、房地产投资增长率、房地产贷款/各项贷款、国际原油价格变化率、美国经济增长率。
马威、肖帅（2014）④	政府财政收入、存款性公司对政府净债权、货币当局对政府债权、政府支出额、货币当局国外负债、政府赤字额度、国债成交金额、国债成交量、国债每手成交金额、政府支出/工业增加值、政府财政收入/工业增加值、金融机构资产、金融机构负债、金融机构对国际金融机构负债、银行间同业拆借利率30天数据、银行间债券质押式回购利率30天数据、同业拆借交易额、同业拆借市场加权平均利率变动度、债券质押式回购加权平均利率变动度、贷款额/金融机构资产、金融机构各项贷款、金融机构各项存款、贷款总额/存款总额、上证A股平均市盈率、股票市值/工业增加值、上证收盘综合指数、股票市价总值、股票总发行股本、股票成交额、非金融部门债权、固定资产投资总额、非金融部门债权/国内信贷总额、工业增加值、工业企业增加值增速、股票境内筹资额合计、M2/外汇储备、进出口总额、外汇储备额、外汇储备增长率、外商直接投资（实际利用外资金额）、汇率、实际汇率指数。

① 范恒冬，吕娟．中国商业银行金融风险预警指标体系研究［J］．经济与管理，2011，25（7）：48－53.

② 张强，赵继鸿．基于 MS－VAR 模型的金融风险预警研究［J］．湖南社会科学，2013（3）：117－121.

③ 杨俊龙，孙韦．基于宏观审慎视角的系统性金融风险预警研究［J］．中州学刊，2014（2）：35－39.

④ 马威，肖帅．金融危机预警指标体系及其结构方程模型构建［J］．中南大学学报：社会科学版，2014（4）：47－52.

续表

文献	预警指标
王东东、朱剑峰（2018）①	GDP 增长率、通货膨胀率、出口变化率、国际石油价格变化率、房价指数、消费者信心指数、上证指数、短期贷款/GDP、M2 乘数（M2/M1）、贷款/存款、货币供应膨胀率、储蓄存款/M2、长期贷款增速、实际利率、实际汇率、外汇储备。
郭娜等（2018）②	国内生产总值增长率、财政赤字增长率、居民消费价格指数增速、固定资产投资增速、工业增加值增速、准货币增长率、贷款增速、一年期贷款基准利率、同业拆借利率、一年定期存款利率、M2 增速、进口额增长率、FDI 增速、实际有效汇率指数、外汇储备增长率、国际收支、出口额增长率、上证平均市盈率、深证平均市盈率、住宅售价增长率、房地产投资增长率、上证指数季收益率、深成指数季收益率与风险的关系。
李艳丽（2019）③	国内生产总值（GDP）增长率、采购经理指数（PMI）、固定资产投资增速、广义货币（M2）增速，广义货币 M2 相对于 GDP 的比例、社会融资规模增速、广义信贷/GDP、广义信贷增量/同期名义 GDP 增量、大型企业社会融资成本、中型企业社会融资成本、小微企业社会融资成本、人民币兑美元汇率（中间价），人民币名义有效汇率指数、银行结售汇逆差（日），银行结售汇逆差（月度）、70 个大中城市二手住宅价格指数、全国商品房销售额、非金融部门杠杆率、非金融企业杠杆率、企业平均资产负债率，、重点行业利息保障倍数、全国政府性债务余额/GDP、财政赤字率、省级政府杠杆率、居民杠杆率、资金利税率、外债余额同比增速、外债负债率、外债偿债率、短期外债余额/外汇储备、短期外债/外债总和、外汇储备/进口比率、外汇储备/GDP、美国制造业采购经理人指数（PMI）、日本制造业采购经理人指数（PMI）、欧洲制造业采购经理人指数（PMI）。
刘姗姗（2020）④	一国的总债务余额/GDP、政府部门债务余额/GDP、非金融企业部门债务余额/GDP、住户部门债务余额/GDP、房价增长率/GDP 增长率、房价增长率/GDP 增长率、社会融资总量/GDP、人民币名义汇率变动、人民币实际有效汇率变动，中美利差。

① 王东东，朱剑峰．基于因子分析的我国金融风险影响因素探究［J］．阜阳师范学院学报（自然科学版），2018，35（2）：43－46.

② 郭娜，祁帆，张宁．我国系统性金融风险指数的度量与监测［J］．财经科学，2018（2）：1－14.

③ 李艳丽．宏观经济金融风险预警指标体系构建［J］．金融经济，2019（10）：6－8.

④ 刘姗姗．对我国构建系统性金融风险预警指标体系的思考［J］．营销界，2020（13）：84－86.

续表

文献	预警指标
范云朋（2020）①	M2同比增速、CPI同比增速、GDP现价、中央银行外汇占款、人民币实际有效汇率指数、外汇储备、进口额当月同比、出口额当月同比、Shibor－Libor利率差（一周）、Shibor－Libor利率差（一年）、房地产开发投资完成额、商品房销售额同比、70个大中城市新建商品住宅价格指数当月同比、国房景气指数、上证A股指数、深证成分A股指数、银行业市盈率、非银金融机构市盈率、商业银行不良贷款率、金融机构中长期贷款余额、银行理财产品资金余额、人民币：温州民间借贷综合利率、6个月中债企业债到期收益率、10年期与三个月中债到期收益率之差、中债综合指数、银行间债券质押式回购：7天加权平均利率、一周和一年Shibor期限利率。
谭中明、夏琦（2020）②	国内生产总值增长率、工业增加值增速、通货膨胀率、固定资产投资增长率、企业景气指数增长率、财政赤字率、M1/M2、贷款增速、实际利率、存贷比、资本充足率、不良贷款率、外汇储备增长率、实际有效汇率指数、短期外债/外债总额、短期外债/外汇储备、经常项目差额、GDP、房地产投资增长率、商品住宅售价增长率、国房景气指数、股票总市值/GDP、股票市盈率。
严超超、周海林（2021）③	GDP增长率、居民消费价格指数增速、固定资产投资增速、工业增加值增速、宏观杠杆率、财政赤字增长率、采购经理人指数、消费者信心指数、货币市场层面、准货币增长率、贷款增速、一年期贷款基准利率、银行间同业拆借利率、一年定期存款利率、金融机构存款增速、M2增长率、商业银行不良贷款增速、外部市场层面、进口额增长率FDI增速、实际有效汇率指数、进出口总额同比增速、外汇储备增长率国际收支、短期国际资本波动率、出口额增长率、上证平均市盈率、深证平均市盈率、上证指数月收益率、深成指数月收益率、住宅售价增长率、房地产投资增长率。
田军、李雅丽、申辰（2021）④	储蓄存款占比、贷款与存款增速之差、银行理财产品资金余额、不良贷款比例、境内上市公司总市值、股票成交金额增速、A股平均市盈率、中美10年期国债收益率价差、国债10年和1年期收益率价差、1年期Shibor－7天期Shibor、进出后金额同比、人民币实际有效汇率指数、地产开发投资完成额增速、商品房销售额增速、百城住宅价格同比指数、P2P成交额月环比增长、P2P当月问题平台数量、理财收益率差、网贷利率利差、第三方支付规模。

① 范云朋．我国系统性金融风险监测与度量研究——基于ESRB－CISS研究方法［J］．经济问题探索，2020（11）：157－171.

② 谭中明，夏琦．我国系统性金融风险与宏观经济波动关系：指标度量与动态影响研究［J］．金融理论与实践，2020（3）：8－16.

③ 严超超，周海林．经济政策不确定性对系统性金融风险的影响研究——基于TVP－SV－VAR模型的实证分析［J］．上海立信会计金融学院学报，2021，33（03）：30－42.

④ 田军，李雅丽，申辰．金融科技视域下我国系统性金融风险度量指标的构建［J］．征信，2021，39（6）：55－63.

2.3 国内外现有文献评价

对金融风险的研究一直是学术界关注的重要问题。近年来，受美国金融危机的影响，对系统性金融风险的研究逐渐成为热点问题并取得大量可借鉴成果。通过现有的广泛研究，目前对一些定性问题已经达成较为一致的共识。例如，系统性金融风险具有巨大的破坏力，系统性金融风险累积到一定程度会爆发金融危机等。取得了以下成果：首先，对金融风险的特征、产生和传染做了大量、详尽的研究，从而为金融风险的有效预警奠定了坚实的理论基础，提供了强大的现实依据；其次，多样化的金融风险度量方法得到广泛的应用和推广。对系统性金融风险进行全面、准确的度量，是正确认识系统性风险，并对其进行防范和化解的前提，也是金融风险预警机制的关键一步；最后，金融预警模型的开发和创新。在样本数据挖掘和检验、预测风险拟合有度和精度分析、对预警结果评估等方面取得了丰硕成果，使预警模型精确度越来越高，对金融风险的预警具有很好的前瞻性效果。

从国内外对系统性金融风险的研究可以看出，建立科学的预警机制，积极实施风险控制是有效防范金融风险，确保金融安全的重要措施。国外学者对系统性金融风险的研究已经相对成熟，其研究也随着国际经济形式的不断发展而拓展深化。但是国内关于金融风险的定量研究还处于起步阶段。尤其在金融风险预警基础理论建立、金融风险的度量、指标设置和预警模型的选择以及全方位预警机制的建立等方面还不太成熟。

第一，关于系统性金融风险度量的研究。目前关于金融风险度量的研究主要是基于市场数据对系统性风险进行测量，这种方法对市场的有效性与数据的可靠性要求较高，而且不能准确刻画出系统性金融风险与各种宏观因素之间的相关性，也不能对风险的发展趋势做出判断，缺乏预警功能。而系统性金融风险综合测度方法所选择的指标变量虽然能从不同角度反映金融风险的状况，能够及时地提供金融风险信息，但没有考虑外部冲击和传染等因素。

第二，关于金融风险预警模型的研究。早期的预警模型主要是研究单一的货币危机或者银行危机，而且早期预警模型估计主要是基于线性回归的方法，过于简单，导致估计结果偏差较大。虽然目前国内的研究已经引入了创新预警模型，但是理论性偏强，实践性不足，而且在新方法的运用方面存在一定的滞后性，缺乏实质性的创新发展；另外模型的评价方面多基于模型的拟合度，没有从信号有效性方面进行模型的评价。

第三，关于预警指标体系的构建方面。目前风险预警指标选择主观性较强，比较宽泛。由于各个国家或地区的经济、金融状况具有特殊性，潜在的系统性风险因素也不同。因此，指标的设计需要考虑一国实际的风险状况，如我国近些年地方债务规模和影子银行规模迅速扩大，但国内监管相对滞后，在选择风险指标时需要将这些潜在的风险因素纳入到我国系统性风险研究的范围内。另外，在风险预警指标选择方面主要参考国内外现有研究成果，主观性较强，没有考虑到预警指标与系统性金融风险之间的相关关系，缺乏可操作性。

第3章

中国潜在系统性金融风险识别

3.1 系统性金融风险的界定

3.1.1 系统性金融风险的定义

系统性金融风险的概念由来已久，并非此次金融危机所带来的新问题。然而，对于系统性金融风险的规范化定义一直存在争议，众多学者基于不同视角对金融体系系统性风险的内涵进行考察，尽管他们给出的定义之间存在一定的差异，但在以下几方面取得了共识：第一，系统性金融风险不是金融体系内各家金融机构风险的简单加总，而是宏观和全局视角的风险；第二，系统性金融风险的外化是由某个事件引发的。这一事件，有可能是某个重要的金融机构倒闭，也可能是货币汇率、经济周期等宏观因素或政治等突发事件引起冲击。这些事件往往会引起金融资产价格波动，从而导致价值损失，并随之引发金融体系恐慌和信心崩溃，使得金融风险蔓延，最终引起金融动荡，甚至暴发金融危机；第三，系统性金融风险有较强的外部性，当单家金融机构或金融市场遇到极端事件发生时，会通过金融体系之间复杂的关系网络产生连锁反应，金融体系逐渐累积的风险最终所有参与者共同承担；第四，系统性风险具有溢出效应和传染效应，金融体系系统性风险会通过多种途径传导到实体经济领域，对实体经济产生重大影响，从而影响国民经济的健康运行，并危及国家利益和主权信用。

有上述分析可知，系统性金融风险与系统性风险是有一定区别的，系统性金融风险与系统性风险最主要的区别在于宏观与微观的区别，系统性金融风险更侧重于金融领域的整体风险，强调整体性和宏观性；而系统性风险是资本市场中无法通过分散投资加以消除的风险，也被称为不可分散风险、剩余风险或者市场风险，其研究主体为单个的投资主体。根据第2章中系统性金融风险相关文献的梳理，并结合系统性金融风险所具有的一些特点，给出系统性金融风险的定义如下：系统性金融风险是由某个冲击引发的，造成整个金融系统崩溃或者功能丧失，最终对实体经济产生负面效应的可能性。由此定义出发，可以将系统性金融风险视作连接微观风险（金融机构个体风险）与宏观安全的纽带。微观风险的积累、蔓延和扩大，逐步演变成系统性风险，一旦外化，将对金融系统造成严重影响，并导致实体经济的巨大损失。

3.1.2 系统性金融风险的特征

与一般金融风险相比，系统性金融风险具有累积性和潜伏性、突发性和外部以及扩散性和传染性等特征，潜在危害比较大。系统性金融风险累积到一定程度会导致金融危机的暴发，给金融体系和宏观经济的稳定构成威胁。因此，系统性金融风险与其他风险相比具有极大的潜在破坏性，需要引起充分的重视和高度的警惕。

第一，系统性金融风险具有累积性和潜伏性。该特性是指系统性金融风险是一个风险因素持续酝酿发酵的过程，这种累积可以体现在单个金融机构与整个金融体系中。而且这种风险因素的累积还具有潜伏的特点，即这种风险累积的及时识别具有较大的困难或较大的成本：一方面由于金融自身的脆弱性及金融活动的不确定性和复杂性造成的；另一方面则主要由于重视程度的不足，也加大了这种识别的难度。由此可见，系统性金融风险常常潜伏于金融系统内部并不断累积，当累积到一定程度经由某一事件触发，最终以金融危机的形式暴发；另外，系统性金融风险的累积性和潜伏性，也为监管者从事预警研究与宏观审慎政策干预提供了时机。

第二，系统性金融风险具有突发性和外部性。该特性是指系统性金融风险逐渐累积经由某一事件触发而突显出来，表现为个体金融机构的破产、倒闭，从而对另一个经济主体产生影响，从而最终可能引发整个金融行业的危机。在某种程度上说，系统性金融风险可以被认为是某个金融机构的市场行为负外部性的累积，是单个金融机构市场行为的风险溢出效应，而且在金融功能彻底丧失之前，这种行为不会付出代价，而且这种负的外部性会随着金融复杂化与一体化的加剧而更加明显，同时也对风险的累积与传染起到了推动作用。而之所以造成这种外部性，主要原因是由于金融体系脆弱性的增强以及宏观监管行为的缺失。

第三，系统性金融风险具有传染性。该特性主要是指系统性金融风险通过某种渠道进行扩散与传播，这种扩散与传播是系统性金融风险外部特征的传递。与累积性和潜伏性相比，系统性金融风险的传染性相对更明显，更容易被识别，而且其扩散的速度要相对较快。金融体系系统性风险的传染性不仅体现在金融体系内部各金融机构之间，还体现在金融体系与实体经济之间。一方面，单家金融机构的负面冲击会对其他金融机构产生负面影响，引起市场恐慌，使投资者信心发生动摇，导致负面冲击在整个金融系统中进行扩散；另一方面，由于金融体系与实体经济之间存在相互依托、相互作用和相互促进的关系，金融市场的崩溃会波及实体经济，风险会通过信贷、贸易和市场信心等渠道影响实体经济，使其遭受严重的负面冲击。

第四，系统性金融风险具有复杂性。该特性是指由于整个金融系统本身的复杂适应特性决定了系统性金融风险的复杂特性。一方面，系统性金融风险的复杂特性主要体现在对其在成因、累积、暴发、传染、预警与监管等各方面识别的困难；另一方面，现有的研究认识使我们很难提供一套完整有效的可供参考与指导的系统性金融风险识别、评估、预警与监管的行为准则。人们在提取系统性金融风险的共性因素的同时，通过对各类文献的对比研究也发现每次系统性金融风险都包含体现其自身特点的因素。由于金融体系的复杂性，因此系统性金融风险所带来的损失不仅限于个体金融机构，常常会通过金融网络快速传递到其他金融或非金融机构，最终波及整个金融系统，造成极大的破坏性。

3.1.3 系统性金融风险的演化过程

系统性金融风险普遍存在于金融体系之中，具有潜伏性和累积性的特点，并非等到金融危机暴发时才存在。由于金融自身的脆弱性及金融活动的不确定性和复杂性等特点，系统性金融风险常常潜伏于金融系统内部并不断地累积，当累积到一定程度以后经由某一事件触发，长期潜伏积聚的系统性金融风险最终会以金融危机的形式暴发。张晓朴（2010）将系统性金融风险演化过程分为累积—爆发—传染三个阶段①。

第一，累积阶段。系统性金融风险有一个漫长的"潜伏期"，在此期间，微观金融风险会在金融体系中滋生，蔓延并积聚，各种宏观因素的变化会影响金融机构的行为，进而影响微观风险形成。由于系统性金融风险有较长的潜伏期，在没有累积到一定程度或者遭受内外冲击的条件下，整个金融体系可以一直正常的运转下去。其实，相对于系统性金融风险的爆发与扩散，累积阶段的历时是最长的，重要性也最强。同时，在这个过程中，系统性金融风险的传染性已经露出端倪，金融体系各组成部分之间的关联性在方向与强度上已经发生变化，在增强金融体系脆弱性的同时，也为危机暴发后的传播与扩散提供了路径支持。

第二，暴发阶段。当系统性金融风险累积到一定程度，达到临界点，一个冲击便会成为金融为暴发的导火索，系统性金融风险的表现形式从金融失衡转化为金融危机。冲击有两种典型的类型：一类是某个或少数几个金融机构的倒闭；另一类是宏观经济波动等因素造成对大部分金融机构的同时冲击。相对于累积过程的难于完整识别，人们对金融危机的暴发印象更为深刻，把握更为准确。金融危机的暴发在事中与事后较容易识别，而在事前时则较难预测，因此需要加强对系统性金融风险的预警。

第三，传染阶段。金融危机一旦暴发，将会迅速传导到整个金融体系，这与前面叙述的系统性金融风险在累积过程中的传染特性既有区别也有联系。一方面，系统性金融风险在累计过程中的传染为金融危机暴发后的传染扩散提供了路径支持；另一方面，作为系统性金融风险的结果与表现形式，金融危机扩散的范围更广，其破坏力更大。这种扩散最初可能出现在金融体系内部，然后迅速扩散至整个经济体，甚至周边国家，最后极有可能导致全球性金融危机的全面暴发。

由于经济的周期性、金融内在脆弱性等因素，系统性金融风险是金融体系

① 张晓朴．系统性金融风险研究：演进，成因与监管［J］．国际金融研究，2010（7）：58－67.

常存的风险，在系统性金融风险程度较低、处于可控范围之内时，金融体系处于安全状态；当系统性风险累积到一定程度，同时遭受负面冲击而引发金融危机，金融危机是系统性金融风险的极端状态，如图3－1所示。因此，建立健全的系统性金融风险预警机制，是防范金融危机暴发的有效方法，也是确保金融安全运行的有效途径。

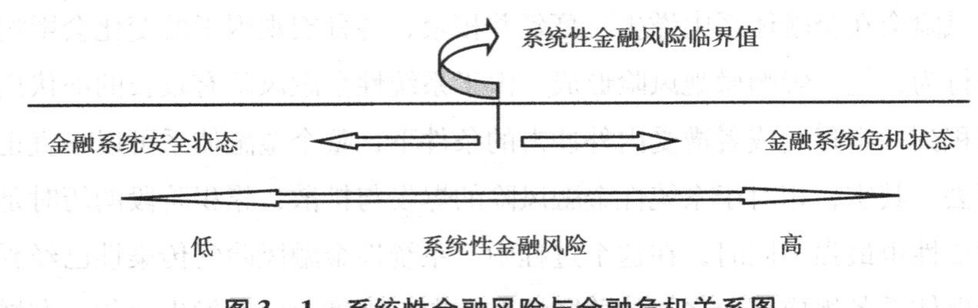

图3－1 系统性金融风险与金融危机关系图

3.2 中国潜在系统性金融风险现状

虽然我国并未发生传统意义上的大规模的金融危机，但并不意味着我国不存在潜在的系统性金融风险。当前，世界经济低速增长，全球金融体系继续调整，国际金融市场波动较大，经济复苏和金融稳定仍面临一系列挑战；我国受国际经济环境的影响，经济下行压力加大，多重矛盾交织，经济金融长期存在的结构性风险逐渐暴露。金融脆弱性与结构性风险相互作用，共同演化发展，导致了我国系统性金融风险的不断累积。因此，本节从实体经济、金融领域、公共财政和宏观调控等方面对我国潜在系统性金融风险隐患进行分析。

3.2.1 实体经济风险

改革开放以来，我国经济出现快速增长的局面，主要是由消费、投资及出口三大引擎的拉动。随着经济和金融开放的深入，投资与出口相互促进，我国经济对投资和出口的依赖性大大增强，从而使投资和出口通过多种渠道形成系统性金融风险。

3.2.1.1 实体经济内生性风险

固定资产投资是拉动我国经济增长的主要动力。从图3-2可以看出，我国全社会固定资产投资与GDP趋势总体上大概一致保持上升的趋势，1999年以来我国全社会固定资产投资占GDP的比重持续上升，尤其是在2008年全球金融危机暴发后，我国出台"4万亿"的经济刺激政策后，2009年这一比例迅速上升至65%左右，较上一年增加约10%，虽然在2010年出现小幅回落，但一直保持在60%以上，从2011年开始到2014年保持着一直增长的势头，截至2015年末，全社会固定资产投资占GDP的比重最高，达到81.58%，2016~2019年开由于固定资产投资增长开始缓慢，甚至下降，固定资产投资占GDP的比重也开始下降至60%以下。

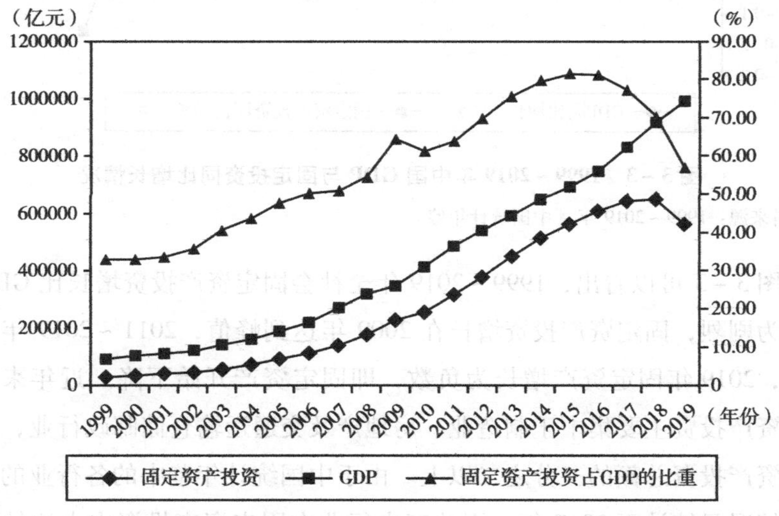

图3-2 1999~2019年中国GDP与固定投资情况

资料来源：1999~2019年《中国统计年鉴》

理论上，投资具有内在不稳定性。雷辉（2009）实证研究表明，我国的经济周期与投资周期是一致的，投资波动是引发经济波动的主要因素①。根据

① 雷辉. 我国资本存量测算及投资效率的研究［J］. 经济学家，2009（6）：75-83.

凯恩斯学派“乘数—加速数”理论，投资的小幅变动通过“乘数—加速数”会引发经济运行剧烈动荡。另外，高投资增长模式依赖于两个条件：其一是消费需求增长的支持和社会总需求与生产能力的同步增长；其二是要有充足生产要素如劳动力、土地和资本等的支持，这两个条件缺一不可，否则将使投资拉动经济增长无法持续，而且还可能导致经济波动。

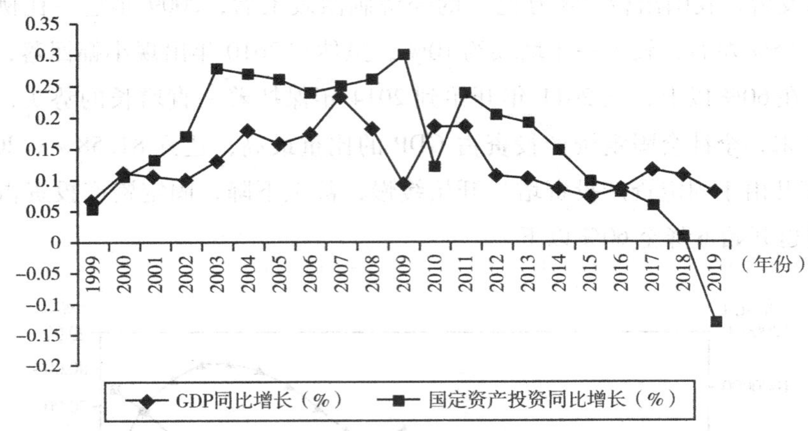

图 3－3　1999～2019 年中国 GDP 与固定投资同比增长情况

资料来源：1999～2019 年《中国统计年鉴》

由图 3－3 可以看出，1999～2019 年全社会固定资产投资增长比 GDP 增长波动更为剧烈，固定资产投资增长在 2009 年达到峰值，2011～2019 年出现下降趋势，2019 年固定资产增长为负数，即固定资产开始下降。近年来，全社会固定资产投资主要集中于制造业、房地产及交通运输仓储邮政行业，占全社会固定资产投资总额的三分之二以上。由于中国统计年鉴中的各行业的固定资产投资情况只统计至 2017 年，因此三大行业在固定资产投资中占比情况也只达 2017 年，从图 3－4 可以看出，2003～2017 年，制造业固定投资所占份额最大，平均在 30% 以上；房地产固定投资所占比在 25% 左右；交通运输仓储邮政行业固定投资所占比在 9% 左右；截至 2017 年年末三个行业固定资产投资占比分别为 23.6%，7.49%，17.81%。

在固定资产投资资金来源方面，相关数据也只统计至 2017 年，由图 3－5 可以看出，我国固定资产投资大部分资金来源于自筹及其他资金，主要通过企

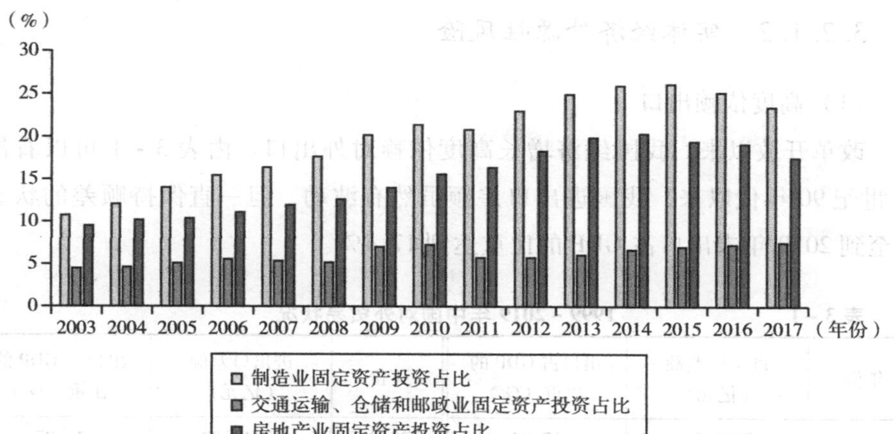

图3-4 2003~2017年三大行业在固定资产投资中占比情况

资料来源：2003~2017年《中国统计年鉴》

业与金融机构发行各种证券所获得，占比最高达到70%以上；其次来源于国内银行贷款，占比达15%左右。这说明固定资产投资借助于资金渠道紧紧联系着资本市场和银行体系，由于制造业、房地产及交通运输仓储邮政行业属于经济周期高度敏感的行业，因此当经济出现波动时，会通过资金渠道将实体经济风险输送至金融体系。

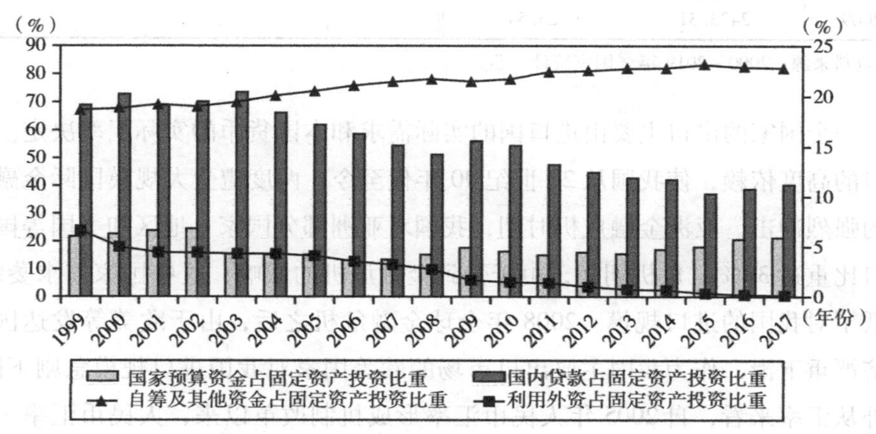

图3-5 1999~2017年中国固定资产投资资金来源占比情况

资料来源：1999~2017年《中国统计年鉴》

3.2.1.2 实体经济外源性风险

（1）高度依赖出口

改革开放以来，我国经济增长高度依赖对外出口。由表3－1可以看出，20世纪90年代以来，我国进出口差额虽然有波动，但一直保持顺差的状态，截至到2019年末出口占GDP的比重达到17.4%。

表3－1　　1999～2019年中国对外贸易状况

年份	进出口差额（亿元）	出口占GDP的比重（%）	年份	进出口差额（亿元）	出口占GDP的比重（%）
1999	2423.31	17.84	2010	13411.32	25.97
2000	1995.63	20.58	2011	12323.34	25.26
2001	1865.26	19.87	2012	10079.17	24.02
2002	2517.60	22.14	2013	14558.29	23.13
2003	2092.33	26.41	2014	16093.97	22.36
2004	2667.57	30.34	2015	23525.72	20.49
2005	8374.41	33.44	2016	36830.73	18.55
2006	14221.03	35.36	2017	33452.12	18.43
2007	20330.21	34.66	2018	28519.62	17.85
2008	20868.41	31.45	2019	23246.51	17.40
2009	2423.31	23.54			

资料来源：2000～2019年《国家统计年鉴》

一个国家的出口主要由进口国的实际需求和本国货币的实际汇率决定。对出口的高度依赖，使我国从20世纪90年代至今，两度遭受大规模国际金融危机的强烈冲击。亚洲金融危机时期，我国对亚洲部分国家、地区和美国等国的出口比重达38%，危机期间，由于受到金融危机的影响，这些国家需求萎缩，降低了对我国的进口规模。2008年全球金融危机之后，由于欧美等发达国家经济严重下滑，作为我国主要出口市场的欧美国家对我国进口规模急剧下降。另外从汇率来看，自2005年人民币汇率形成机制改革以来，人民币汇率一路走高，出现了持续升值的现象，导致我国出口产品价格优势减弱，出口企业盈利空间不断萎缩。2008年以来，受国际环境和人民币升值的双重影响，我国贸易顺差逐渐缩小。因此，高度依赖出口使进口国家的需求状况与本国货币的实际汇率变化经常通过出口渠道加剧我国经济波动。从2013年习近平总书记提出建设“新丝绸之路经济带”和“21世纪海上丝绸之路”即“一带一路”的倡议后，中国进出口差额开始增加。

（2）过于偏好外资

随着我国经济的开放，大量外资涌入我国。美国经济学家钱纳里认为发展中国家利用外资可以增加国民总储蓄和总投资，促进经济增长。但是利用外资在推动经济发展的同时也对我国经济运行产生了负面影响。首先，由于吸引外资导致本土企业与享受“超国民待遇”的外资企业相比，竞争力下降，抗风险能力弱。其次，虽然我国固定资产投资中利用外资所占比例不高，但是由于外资极易受国际形势变化的影响，造成国内经济动荡。如图3－6所示，受金融危机的影响，2009年外资在产业间配置不合理。从图3－6可以看出，制造业是外资流入的重点行业。随着金融业开放程度的加大，在2015年“中国金融十大事件”的提出和互联网金融的崛起，金融业利用外资情况增加的幅度很大，达到顶峰值。近年来，房地产行业和金融业外资流入大幅增加，由于这两个行业具有典型的周期性，当全球资本流动发生改变时，这两个行业由于资本的抽离对我国经济产生重大冲击。

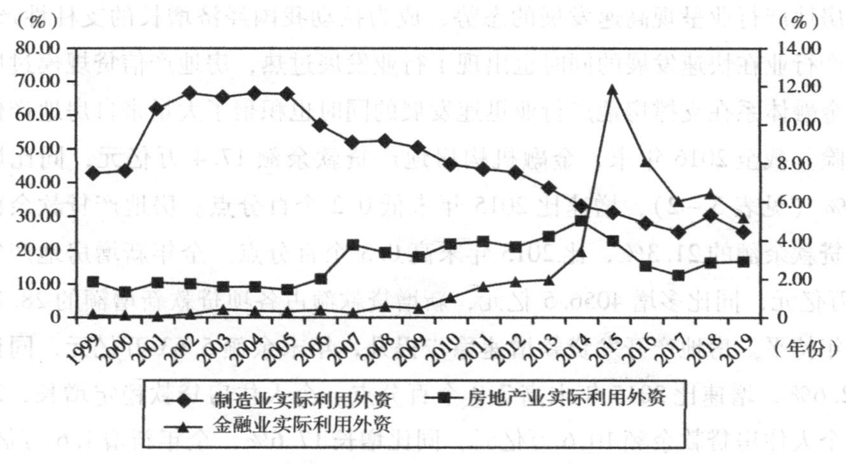

图3－6　1999～2019年中国实际利用外资情况

资料来源：1999～2019年《中国统计年鉴》

综上分析，无论是实体经济内生性风险还是外源性风险，本质上是金融脆弱性的另一表现。随着经济一体化的加强，固定投资，出口和外资共同作用于经济运行，并通过资本市场、银行体系和出口渠道将内生性风险和外部冲击风险传送至我国金融体系，成为系统性金融风险的重要来源。

3.2.2 金融领域风险

3.2.2.1 金融领域内生性风险

金融体系自身存在脆弱性，决定了潜在系统性风险普遍存在于金融体系当中，是系统性金融风险存在的内生原因。金融体系的脆弱性是指由于金融机构脆弱性、金融市场脆弱性和金融系统脆弱性所导致系统性金融风险累积到严重失衡的状态。现代金融脆弱性，与信用扩张和金融特性有关。目前金融领域内生性风险主要表现为信用风险、市场风险和金融创新风险。

首先，信用风险。金融领域的信贷风险主要体现房地产市场调整对金融机构信贷质量的影响。一方面，从供给的角度，金融机构为房地产企业提供信贷资金购买土地和开发；另一方面，从需求的角度，金融机构为房地产购买者提供信贷资金支持。近年来，随着我国市场化改革的推进和城市化进程的加快，我国房地产行业呈现高速发展的态势，成为拉动我国经济增长的支柱性产业。房地产行业在快速发展的同时也出现了行业发展过热，房地产信贷规模过度扩张，金融体系在支撑房地产行业迅速发展的同时也积聚了大量来自房地产信贷的风险。截至2016年末，金融机构房地产贷款余额17.4万亿元，同比增长18.9%（见表3-2），增速比2015年末低0.2个百分点。房地产贷款余额占各项贷款余额的21.3%，比2015年末高0.3个百分点。全年新增房地产贷款2.7万亿元，同比多增4056.5亿元，新增贷款额占各项贷款新增额的28.1%，与上年持平。房地产开发贷款增速稳步提升，年末余额5.63万亿元，同比增长22.6%，增速比2015年末高7.9个百分点。个人住房贷款稳定增长，2016年末个人住房贷款余额10.6万亿元，同比增长17.6%，全年新增1.6万亿元，占各项贷款新增额的16%，高于2012~2015年13.8%的平均水平。在宏观调控政策下，银行信贷对房地产整体收紧，房地产贷款增速放缓。部分城市房地产市场供求关系发生变化，库存消化周期拉长，房价下行预期增强。2016年12月，70个大中城市中，新建商品住宅和二手住宅价格环比下降的城市分别为66个和60个。部分房地产开发企业资金链较紧，高成本、多渠道融资现象普遍，存在较大风险隐患。

表3-2　2002~2016年我国房地产贷款余额

年份	金融机构贷款余额（亿元）	房地产贷款余额		房地产贷款余额占金融机构贷款余额的比重（%）
		个人住房贷款（亿元）	房地产开发贷款（亿元）	
2002	99371.07	3376.92	2628.17	6.04
2003	112314.70	5597.95	3494.32	8.10
2004	139803.00	8258.00	4465.08	9.10
2005	169771.00	11779.74	6657.35	10.86
2006	177000.00	16000.00	7800.00	13.45
2007	195000.00	18400.00	9141.00	14.12
2008	225000.00	22700.00	14100.00	16.36
2009	262000.00	30000.00	18000.00	18.32
2010	303000.00	29800.00	19300.00	16.20
2011	400000.00	47500.00	25278.00	18.19
2012	479000.00	62000.00	31325.80	19.48
2013	548000.00	71400.00	34880.00	19.39
2014	630000.00	75000.00	38630.00	18.04
2015	719000.00	98000.00	45900.00	20.01
2016	761971.80	106000.00	56300.00	21.30

资料来源：中国金融风险报告（2016年）

另外，2010年以来，我国政府为了遏制房地产泡沫与通货膨胀而采取紧缩政策，虽然商业银行贷款规模得到控制，但引发了大量的民间贷款与银行表外贷款进入房地产等投机领域。由于“影子银行”① 系统游离于传统金融监管之外，对整个金融体系产生更大的威胁。

① 影子银行，又称为影子金融体系或者影子银行系统（Shadow Banking System），狭义影子银行是指房地产贷款通过资产证券化，到资本市场进行交易，取代了传统的银行贷款。广义影子银行还包括银行开展表外贷款业务。

其次，市场风险。随着中国利率和汇率市场化的推进，利率和汇率波动地提高了商业银行产品定价能力，由于利率市场化改革遵循“先外币、后本币；先贷款、后存款；先长期、大额，后短期、小额”的路线。目前，我国人民币存贷款利率还没有完全放开，使商业银行经营活动频遭市场风险冲击。由于汇率市场化形成机制还不太完善，因此外币业务面临利率与汇率双重波动风险。

最后，金融创新风险。当前我国金融行业的创新主要表现在两方面：一是宏观层面上混业经营模式的逐渐形成；二是微观层面创新产品大量涌现。混业经营模式使得银行、证券、保险等金融业务联系更加紧密，从而导致风险的跨行业、跨市场传递。另外，由于对金融创新产品监管的不完善，导致风险控制难度加大，极大地加剧了金融体系脆弱性，更易诱发系统性金融风险。

3.2.2.2 金融领域外源性风险

首先，是金融机构层面。随着金融业的对外开放，外部风险通过多重渠道向国内金融体系输送，降低了国内金融机构经营稳定性。以银行业为例，外部风险主要通过市场竞争渠道、股权投资渠道、资产负债业务渠道、表外业务渠道和心理预期渠道等输入。一是市场竞争渠道，由于外资银行享有东道国相关优惠政策，而且在资金实力、服务水平和管理技术等方面比国内银行具有竞争力，外资银行的进入导致国内银行客户与人才流失。二是股权投资渠道，近年来，国内银行通过境外上市与引进境外投资者，外资持股比例不断上升。一方面为国内银行提供了资金支持，提升了管理水平；但另一方面也助长了信贷扩张倾向。当国际环境发生变化时，外资的抽离还会造成国内银行管理的不稳定。三是资产负债业务渠道。随着国际形势不稳定与人民币升值多重因素交织，大量国际游资频繁出入，对国内银行的外币负债和流动性产生负面影响。另外，利率和汇率的波动也造成银行资产和负债错配问题发生。四是表外业务渠道。近年来国内银行表外业务迅速扩张，由于表外业务的隐蔽性和监管的不完善，导致风险的极度放大。五是心理预期渠道。由于心理预期和信息不对称导致银行挤兑引发银行危机。国内银行可能会受到其他银行挤兑风险的传染而陷入风险。

其次，是金融市场层面。随着资本市场逐步开放，我国股票市场与世界主要股票市场的联系更加紧密，受到外部金融风险的冲击增加。吕江林、赵征（2010）指出，随着经济全球化的不断深入、金融和经济开放程度的不断提高，我国股票市场与国际市场之间的联动性显著加强。特别是在股权分置改革之后，国际股票市场通过信息传播和资金流向对国内股票市场的波动溢出效应不断增强。在次贷危机期间，国际金融市场溢出效应通过信息传播渠道和风险传染渠道对我国金融市场产生影响①。而且，随着经济全球化和金融一体化的推进，国际金融市场波动与国内金融市场波动之间呈现高度的同步性。

最后，是国际游资的冲击。随着虚拟经济的发展，金融活动脱实向虚，形成了以高风险性、高投机性、高敏感性为特征的巨额游资，游资大量出入会导致金融体系波动加剧。以此次金融危机为例，2003 年以来人民币升值预期增强，导致国际游资加速流入我国，大量投入投机性较强的领域如房地产行业、证券市场等，直接推动房价与股价急速上升。在 2007 年高达 1258.1 亿美元国际游资通过各种渠道流入国内，上证综合指数也在此期间一度达到 6124.04，70 个大中城市房屋销售价格比上年增长了 12%，达到了金融危机爆发前的最高值。随着 2008 年金融危机的爆发和国际环境的恶化，国际游资迅速抽离，截至 2009 年 2 月累计流出达 1968.75 亿美元。因此，国内股市不断出现暴跌、房地产价格下滑，成交量急剧萎缩等状况。

3.2.3 公共财政风险

金融危机理论表明，一个国家公共部门债务负担过重不仅会令政府陷入债务危机，还会引发信贷扩张、经济泡沫乃至货币危机，因此政府财政收支状况与金融稳定高度相关。

根据国际相关规定，一个国家政府债务警戒线是财政余额占 GDP 的比重不超过 3%，国债余额占 GDP 的比重不超过 60%，外债余额占 GDP 的比重不超过 20% 或 30%。参照这三个指标，近年来我国政府债务负担一直低于警戒

① 吕江林，赵征．基于收益率视角的中国股市与国际股票市场联动性研究［J］．金融与经济，2010（6）：42 -45.

线以下，2017 年两个比率分别为 1.66%、15.25% 和 9.58%（见表 3－3）。但 2018 年、2019 年这两年中国经济高速发展，债务情况相较于之前变得更好，国债余额和外债余额所占 GDP 的比重越来越少，分别为 0.17%、0.15%，但财政余额亏损越来越严重。

表 3－3　　2009～2019 年中国财政收支与债务状况

年份	财政余额（亿元）	国债余额（亿元）	外债余额（亿美元）	财政余额占 GDP 的比重（%）	国债余额占 GDP 的比重（%）	外债余额占 GDP 的比重（%）
2009	－2280.99	32614.11	2965.5	－1.23	17.64	13.27
2010	－1662.53	35015.26	3385.9	－0.77	16.19	12.82
2011	1540.43	52074.65	3892.2	0.58	19.59	11.67
2012	－1262.31	53271.54	3901.6	－0.40	16.96	9.45
2013	－7781.63	60237.68	4286.47	－2.28	17.67	8.73
2014	－6772.65	67548.11	5489.38	－1.69	16.82	9.34
2015	－5373.36	72044.51	6949.97	－1.14	15.23	9.94
2016	－8699.45	77565.7	7369.86	－1.67	14.93	9.16
2017	－11002.46	86746.91	8631.67	－1.93	15.25	9.58
2018	－37544.29	148208.62	19827.5	－0.04	0.16	0.14
2019	－48468.29	166032.13	20708.1	－0.05	0.17	0.15

资料来源：2009～2019 年《中国统计年鉴》，中经网统计数据库

3.2.3.1　公共财政内生性风险

以上数据并不能全面刻画我国政府债务的状况，近年来，我国政府债务表现出内债增长迅速，地方政府债务规模庞大等特点。首先，从债务余额增长速度看，由表 3－3 可知，2005 年以来，我国国债余额以年均 13.72% 的速度增长，是 GDP 增速的一倍以上。2017 年我国国债余额为 86746.91 亿元，为 2005 年余额的 2.65 倍，较 2012 年 7369.86 亿元增长了 11.83%，2019 年底我国国债余额为 166032.13 亿元，是 2012 年 7369.86 亿元的 20 倍左右，相较于 2017 年，增长了约 100%。若按此速度增长，政府债务迟早会超过国际警戒线的标准；其次，我国地方政府债务规模庞大。2008 年金融危机之后，为了加大投资，以促进经济复苏，各级政府纷纷通过成立投融资平台来满足融资需求，地

方投融资平台的数量飞速发展，地方政府负债规模更是急剧膨胀。作为地方政府债务形成中最重要的主体，地方政府投融资平台的数量和融资规模十分庞大，其潜在的风险令人担忧。根据国家审计署公布的数据，截至2013年6月底，我国地方政府性债务余额达到17.9万亿元，较2010年底10.7万亿元增长了67%，其中银行贷款占56.56%。

另外，随着地方政府债务的不断积累和债务到期日的临近，地方政府还款压力日益增大。一方面，巨额的负债使地方政府负担着沉重的利息压力。以年利率6%计，17.9万亿元的地方政府债务，一年的应付利息是1.07万亿元，这意味着地方政府每月将支付超过900亿元的利息；另一方面，自2011年开始，大量的地方政府债务面临到期，在未来5年内每年地方政府还款额平均在1万亿元以上。国家审计署的审计结果显示（见图3－7），2013年将有2.45万亿元的地方政府债务到期需要偿还，占所有负债总额的22.92%。然而，面对如此严峻的债务偿还形势，地方政府的还款能力却令人担忧。因此，随着地方债务违约可能性的上升，商业银行地方政府融资平台贷款的潜在风险确实不容忽视。

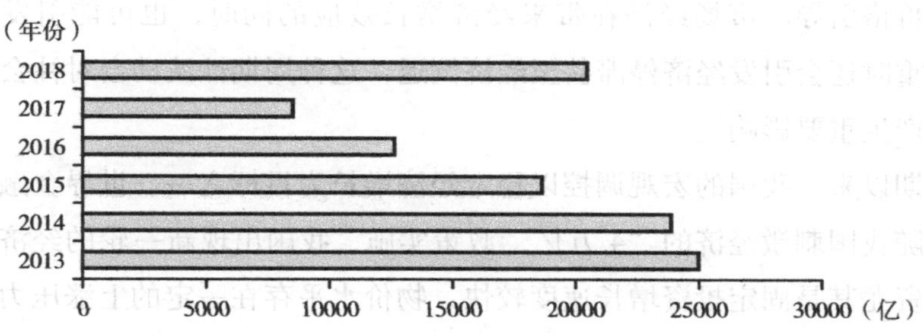

图3－7　2013～2018年中国地方政府负有偿还责任的债务金额

资料来源：国家审计署

3.2.3.2　公共财政外源性风险

虽然我国政府债务水平总体可控，但是从结构上看，我国政府债务存在短期外债规模迅速增加，期限结构不合理。首先，从短期外债的规模上看，2004年以来，我国外债中短期性外债迅速增加，占外债余额的一半以上。截至2019年末，我国外债余额为20708.1亿美元，其中短期外债占比65.36%，已经远超 25% 的国际警戒线水平；其次，从另短期外债的构成来看，我国短期外债主要由短期外债主要由贸易信贷与贸易融资构成，其中贸易信贷占短期外债的比例保持在 40% 以上，主要是由于随着我国对外贸易活动规模扩大，在人民币升值的预期下，为了避免汇率升值风险，企业提前预付贸易货款所导致的；最后，一些游资处于投机目的，假借贸易信贷流入境内。而且贸易信贷的波动与短期外债波动趋势一致，2005 年前后受人民币汇率制度改革的影响，贸易信贷余额超过 80% 的速度增长，2009 年全球金融危机导致贸易信贷余额出现大幅度下降，2010 年受欧债危机的影响出现先回升后下降的趋势。从而表明，人民币升值预期和国际金融环境变化是导致短期债务变化的主要原因。

3.2.4 宏观调控风险

宏观经济的失衡和周期性波动是市场经济无法避免和解决的，必须依政府对经济进行宏观调控，保证经济的稳定运行。宏观调控是政府通过实施一定的政策对经济运行方式进行调节。在市场经济中，产品和服务的生产及销售完全由市场价格引导。市场经济在带来经济增长效应的同时，也可能引发通货膨胀，严重时还会引发经济停滞甚至经济倒退，这种周期性波动会对社会资源和生产力产生重要影响。

长期以来。我国的宏观调控以稳定经济增长为目标之一。世界金融危机以来，伴随我国刺激经济的“4 万亿”政策实施，我国出现新一轮的经济上升过程，投资尤其是固定投资增长速度较快，物价水平存在一定的上涨压力，过度依赖投资拉动的经济增长模式加剧了经济结构不合理。我国金融体系尤其是银行系统为经济发展提供了较高的信贷支持，部分信贷资源流向城市基础设施建设、土地储备和房地产领域，致使部分行业投资过热，出现产能过剩，主要表现在两方面：一是传统行业的过剩产能反弹问题更加突出，表现为产能过剩反复出现在某些特定行业。二是原本处于产业初创和发展期的一些新兴、高端产业也出现产能过剩问题。这两个重要现象是“中国式产能过剩”的主要特征。统计数据显示，2012 年中国钢铁行业产能过剩达到 21%；水泥产能过剩达到 28%；有色金属产能利用率已由 2007 年的 90% 降至 65% 左右，部分行业甚至已经出现了绝对量和长期性过剩，电解铝产能过剩达到35%；汽车产能过剩为12%。另外，战略性新兴产业，如光伏行业也存在产能过剩问题。目前，我国太阳能光伏电池产能占全球的60%，风电设备产能3000万~3500万千瓦，而产量只有1800万千瓦，产能利用率低于60%，光伏电池的产能过剩达到95%，产能过剩问题在我国已经非常的突出①。

为了实现经济转型和经济结构调整，我国对一些产能过剩行业实施紧缩政策，许多停建或缓建的大型项目使得银行前期投入逐步演化为不良资产，金融机构最终成为宏观调控的风险承担者，系统性金融风险逐步累积。

3.3 中国系统性金融风险形成

3.3.1 中国系统性金融风险形成的根源

通过对我国实体经济风险、金融领域风险、公共财政风险和宏观调控风险的分析，进一步发现，改革开放以来，我国追求经济增长的政策导向、货币供给的膨胀和居民高储蓄等深层结构性矛盾相互加强，是我国潜在系统性金融风险累积的深层根源。

3.3.1.1 “政府—金融体系—企业”视角

改革开放以来，我国政府工作重心转向经济建设，在追求经济增长的政策导向下，由于受计划经济体制影响，大量的资源实际由政府主导配置，政府与金融体系、企业之间存在紧密联系。经济增长目标驱动下，政府为金融机构提供显性政策优惠，为国有企业提供隐性财政担保，从而国有企业向金融机构申请获得信贷支持，再依托政府担保上市融资，扩大投资和生产规模向政府提供经济增长的回报，激励政府大规模进行基础设施投资建设，推动信贷过度膨胀，加剧银行体系脆弱性。政府与企业通过金融机构进行的利益交换导致道德

① 曹立．中国经济新常态［M］．北京：新华出版社，2014.

风险与“预算软约束”普遍存在。刘锡良、曾欣（2003）认为，在证券市场上，金融机构和企业仰仗政府担保进行过度融资和投资，寄希望于政府干预市场，加上公司治理结构不完善、金融监管不到位以及法律法规不健全，“隐性担保”最终造成市场投机盛行与泡沫泛滥①。

3.3.1.2 “政府—中央银行—全球经济”视角

在政府追求经济增长的目标下，中央银行制定的货币政策可能会偏离稳定物价目标，强化了经济波动的周期特征。我国货币供给具有“内生性”特征，中央银行的货币政策可能会在物价稳定与经济增长进行抉择，当出现侧重以经济增长为目标时，可能会导致货币供给增加，流动性过剩，物价上涨和资产价格泡沫出现。另外，由于全球经济发展的不平衡，从根本上造成国际金融体系内在不稳定。近年来，虽然我国经济依赖“投资拉动+出口导向”模式获得大幅增长，但是也造成了我国国际收支持续顺差和外部风险的输入。我国国际收支持续顺差导致我国外汇储备逐年升高，给人民币升值造成进一步的压力，也加剧国际短期游资的大量进行入。

3.3.1.3 “全球经济—居民—金融体系”视角

一直以来，由于受到传统观念的影响，我国普遍存在“高储蓄率”的现象，在很大程度上解释了我国资产价格泡沫的成因。储蓄分为广义储蓄和狭义储蓄。广义储蓄为一国的国民收入与总消费的差额，表现为所有类型的闲置资金。狭义储蓄即储蓄存款，专指居民的存款，是广义储蓄的一种表现形式。在全球经济失衡形势下，政府追求经济增长导致投资过度和贸易顺差，造成我国储蓄率长期居高不下。随着居民财富积累增长，由于受到金融投资渠道狭窄和社会保障体制不健全等因素影响，居民多将闲置资金存放银行导致储蓄存款高速增长。

由于货币供应的增加，导致居民财富快速增长，限于现有投资渠道，居民只能在存款、股票和不动产三者之间选择。2003年以前，我国经济处于通货紧缩状态，股票市场低迷、房地产市场水平较低，而银行实际利率较高，从而

① 刘锡良，曾欣．中国金融体系的脆弱性与道德风险［J］．财贸经济，2003（1）：25－32.

银行成为闲置资金投资的主要渠道。2003 年以后，受政府追求经济增长的目标影响，货币投放过度，经济处于通货膨胀状态，银行利率降低，而股票市场和房地产市场得到发展，促使大量资金涌入股票与房地产市场。另外，由于股票市场的政府隐性担保增加了“信息不对称”与“道德风险”，在监管体制不完善和法律法规不健全的条件下，投机倾向严重，出现严重的资产价格泡沫。

综上，从政府角度而言，由于受经济增长目标驱动，政府一方面依赖投资和出口的增长模式，另一方面为融资主体提供隐性担保，从而形成国内外经济失衡和“道德风险”。从中央银行角度，中央银行货币政策受政府经济增长目标的影响，强化了经济波动的周期特征。从居民角度，“高储蓄率”的存在导致我国资产价格泡沫严重。从金融体系角度，房地产行业高度依赖金融体系，从而导致系统性金融风险的累积。

综上所述，政府、企业、中央银行、金融体系和居民之间相互联系，从宏观层面导致了我国金融体系的内在不稳定性，增加系统性金融风险积聚，如图 3 －8 所示。

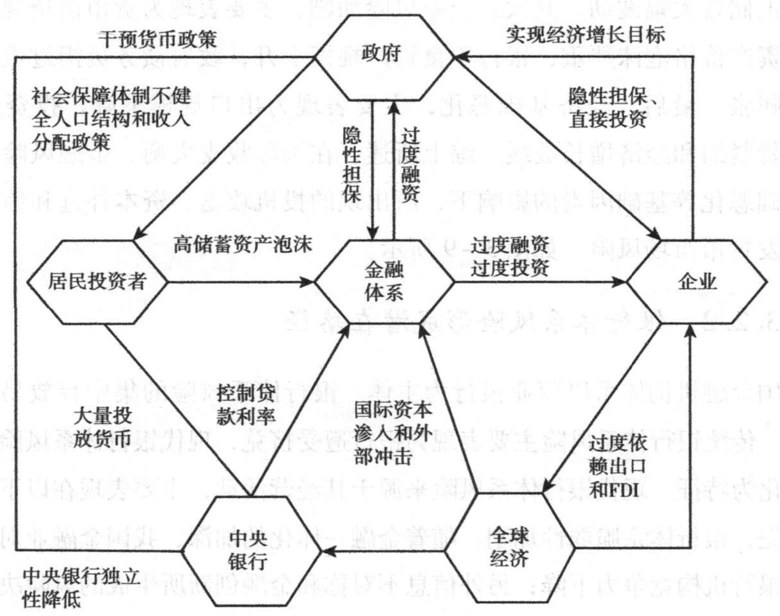

图 3 －8　中国系统性金融风险形成的根源

3.3.2 中国系统性金融风险形成的潜在路径

根据IMF将金融风险分为货币市场风险、银行体系风险、债务风险和系统性金融风险。在通过对我国潜在系统性金融风险现状和根据进行分析的基础上，梳理我国潜在系统性金融风险的形成路径。由于资本市场（股市）极为敏感，通常会伴随其他所有类型风险同时发生，因此不作单独分析。

3.3.2.1 货币市场风险形成的潜在路径

随着2005年我国汇率形成机制改革的推进，人民币升值预期不断增强，汇率的增加隐藏币值高估的风险。货币市场风险表现为短期内汇率和国际储备出现大幅波动。目前，引发我国货币市场风险的基础因素有三方面：首先，国际收支失衡，主要表现为人民币汇率过度升值，造成出口竞争力下降；外部经济低迷，进口需求减少；国际环境改变导致资本流入减少；短期负债比例较大引起外汇储备大幅波动。其次，金融风险加剧，主要表现为货币信贷规模大幅增加，资产价格泡沫严重，银行不良资产规模上升，政府债务负担过重和严重的通货膨胀。最后，经济基础恶化，主要表现为出口规模下降，投资规模减少，通货紧缩和经济增长放缓。综上所述，在国际收支失衡、金融风险加剧或经济基础恶化等基础因素的影响下，所出现的投机攻击、资本外逃和信心崩溃可能诱发货币市场风险。如图3－9所示。

3.3.2.2 银行体系风险形成潜在路径

我国金融机构体系以商业银行为主体。银行体系风险的集中释放易引发金融危机。传统银行体系风险主要表现为银行遭受挤兑，现代银行体系风险以资产质量恶化为特征。现代银行体系风险来源于其经营活动，主要表现在以下三个方面：首先，银行体系脆弱性加剧。随着金融一体化的加深，我国金融业对外逐步放开，银行机构竞争力下降；另外信息不对称和金融创新所生成的风险决定了银行体系的脆弱性。其次，不良资产增加。银行体系一方面吸纳社会大量闲置资金，另一方面又通过资产业务和表外业务为企业、地方政府和房地产业提供信贷

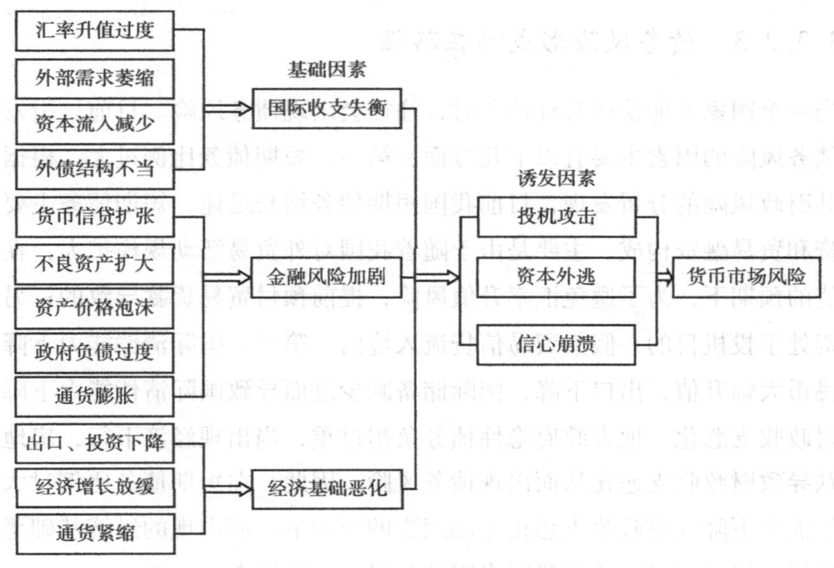

图3-9 中国货币市场风险生成路径

支持，导致不良资产增加，也将其他领域风险引入银行体系。最后，经济基本面恶化。银行体系与实体经济运行密切相关，一旦经济发生衰退、企业经营不善、房地产价格暴跌或者发生政府债务风险，都可能会引致银行资产恶化。因此，在金融脆弱性加剧、不良资产扩大或经济基础恶化基础因素的影响下，所出现的外部风险传染、政府债务风险与房地产价格崩溃可能诱发银行业风险。如图3-10所示。

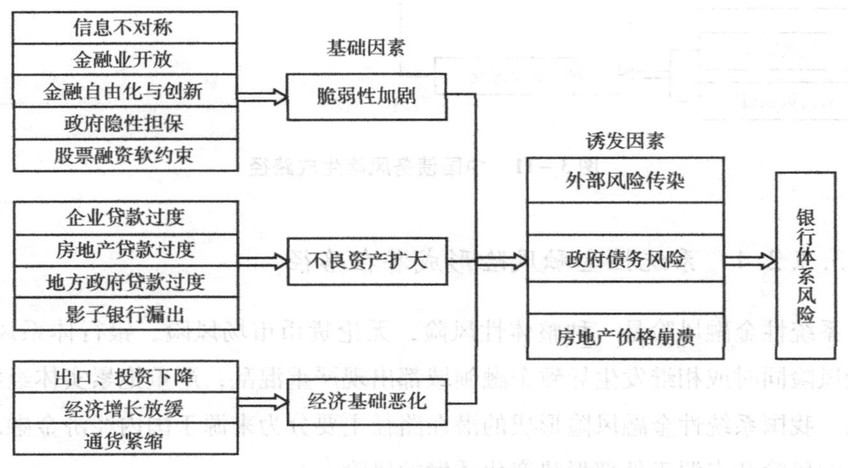

图3-10 中国银行体系风险生成路径

3.3.2.3 债务风险形成潜在路径

当一个国家不能偿还对外债务时，往往会出现债务风险。目前，引发我国出现债务风险的因素主要有以下几方面：第一，短期债务比例过大。根据对我国公共财政风险的分析发现，目前我国短期债务增长迅速，短期债务主要由贸易信贷和贸易融资构成，主要是由于随着我国对外贸易活动规模扩大，在人民币升值的预期下，为了避免汇率升值风险，提前预付贸易货款导致的；另外一些游资处于投机目的，假借贸易信贷流入境内。第二，国际清偿能力下降。随着人民币大幅升值，出口下降，国际储备减少进而导致国际清偿能力下降。第三，财政收支恶化。地方政府隐性债务负担过重，当出现经济下行，房地产价格下跌导致财政收支恶化从而出现债务风险。因此，在短期债务比例过大、国际清偿能力下降或财政收支恶化基础因素的影响下，所出现的经济基础恶化和债务信用评级下降可能诱发我国出现债务风险，如图 3－11 所示。

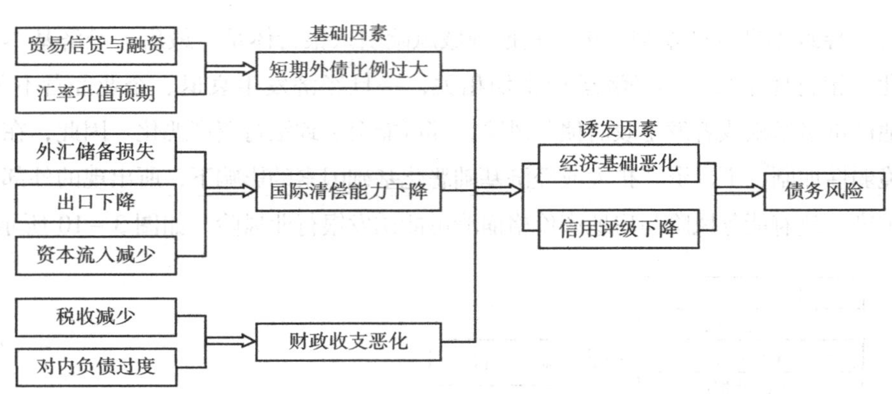

图 3－11 中国债务风险生成路径

3.3.2.4 系统性金融风险形成潜在路径

系统性金融风险是一种整体性风险，无论货币市场风险、银行体系风险、外债风险同时或相继发生导致金融领域都出现严重混乱，严重拖累实体经济的情况。我国系统性金融风险形成的潜在路径主要分为来源于国内经济金融恶化诱发的风险和来源于外部形势变化诱发的风险。

首先，是国内经济金融恶化，主要表现为：一是始于银行体系风险，银行不良资产增加，银行存款遭到挤兑，资产价格下降，引发游资撤离，货币需求下降，外汇储备大幅减少，银行体系风险引发货币市场风险和债务风险相继发生。二是始于债务风险，政府财政收支恶化，财政赤字增加，引发债务风险，导致银行不良资产增加，银行存款遭到挤兑，资产价格下降，引发游资撤离，货币需求下降，外汇储备大幅减少，债务风险引发银行体系风险和货币市场风险相继发生。

其次，是外部冲击和传染风险，主要表现为：一是国际经济金融环境恶化，引发国际资本撤离、人民币需求减少，资产价格下降，经济陷入衰退，财政收支恶化，银行不良资产增加，货币市场风险、债务风险和银行体系风险相继发生。二是人民币过度升值，引发投机冲击，货币急剧贬值，外汇储备骤降，货币市场风险，债务风险和银行体系风险相继发生。

必须说明的是，以上风险路径仅仅依据当前现实进行大体推断，现实中金融风险发生路径极其复杂，并非完全一一对应。

第 4 章

中国系统性金融风险预警机制基本框架

金融是国民经济的核心，一个国家的经济风险很大程度上集中体现在金融领域，以系统性金融风险的形式综合反映出来。当系统性金融风险累积到一定程度，如果不及时防范和化解，最终将演变为金融危机。因此，建立健全系统性金融风险预警机制是防范和化解系统性金融风险的重要保证。

4.1 系统性金融风险预警机制经验借鉴

在西方发达国家中，美国、英国和日本的金融风险预警机制较为完善。由于各国的金融体制、监管模式不同，从而各国的预警机制存在很大差别，我们应该借鉴其优点和长处，为积极探索我国系统性金融风险预警机制提供经验借鉴。

4.1.1 美国金融风险预警机制

由于美国实行的是混业经营、分业监管的金融监管模式。因此，美国的金融风险预警机制实行“多头”① 方式，比较复杂，但各预警机制的运作机理是

① “多头”是指联邦储备委员会、财政部货币监理署、联邦存款保险公司及州银行委员会等机构共同负责银行的监管，各自既有监管重点又有业务的交叉。

基本相似的，均是以获取金融机构的各种财务报表和其他资料为基础，借助于各种经济指标比率来对金融风险进行测定和预警。

美国金融风险预警机制分为现场和非现场检查两种。现场检查主要是检查人员对金融机构各方面经营进行检查并进行主观的评估。非现场检查主要是检查人员结合现场检查报告和非现场的有关指标信息进行评估。

在现场检查中，美国联邦金融监管当局使用“CAMELS 评价体系”，内容包括资本充足率、资产质量、管理水平、盈利状况和流动性五个方面。近年来，随着国际金融环境日益复杂，联邦金融监管当局将之进行调整，增加了市场风险敏感性，共六个方面。风险预警评估结果分 A，B，C，D，E 五个等级，警示范围为评估结果是 D，E 两级的机构或本期较前期低两级的机构。“CAMELS 评价体系”由于预警效果显著，近几年被引入到非现场的实践中。但是该系统只能用于事后分析，不能用于事前预测银行未来的发展趋势，因此监管当局主要将该体系用于存在问题的银行；另外是评级结果的有效期较短，一般评级结构的有效性为 6 个月左右，不能适用于对长期走势的预测。

近年来，美国监管当局开发了非现场风险预警系统，主要分为两类：一类是对存在问题的银行进行事后分析；另一类是对潜在风险及风险定位提供预警信息。以美联储预警体系为例，美联储最早使用 BOPEC 评级体系，其检查和评级类似于 CAMELS 评级体系，通过综合考察子银行、非银行子公司、母公司、总收益和总体资本适宜度五项指标，将银行分为 A～E 五个等级，A 为最好，E 为最差，来衡量银行的综合级别。随后，美国监管当局开始引入 UBSS 系统，该系统根据资产规模将银行分成 9 个同类组，计算每组银行各项金融比率指标的均值，将各家银行的金融比率指标与均值进行比较来发现银行经营是否存在问题。在 UBSS 系统中金融比率指标除了 CAMELS 评级使用的指标，还包括银行新业务的发展的指标和资本市场指标等。近年来，美联储开发了更为完善预警系统 FIMS 体系，该体系不但能识别有问题银行，更侧重于分析及预测银行倒闭的可能性，FIMS 评级系统是基于复合 CAMELS 评价体系，利用根据地区经济条件设立的用年变动率表示的 30 多个财务比率指标，通过模型的估计测算出预警结果。FIMS 体系分析有问题的银行，其准确率非常高，而且预测银行未来状况的长期趋势。

4.1.2 英国金融风险预警机制

由于英国金融监管体制主要是自律式监管，所以英国金融监管局没有采用统一的风险预警模型，各大银行内部均有自己的预警模型，主要侧重于资本充足性，如主要监测杠杆比率和风险性资产比率等指标。

以英格兰银行为例，英格兰银行通常以资本充足性、资产流动性和外汇持有风险作为其预警机制的指标，通过对这三个指标的监测，从而提供金融机构潜在风险的警示信息。

资本充足性以杠杆比率和风险资产比率为基础进行计算。其中，杠杆比率 $=\frac{\text{调整后资本}}{\text{存款}+\text{流动性负债}}\times 100\%$，由于英国银行资本相对比较充足，所以英格兰银行将10%定为可以接受的杠杆比率。风险性资本比率主要用于评估金融机构资产遭受损失的风险，主要考虑信用风险、破产清算风险和投资风险等，风险权数依风险大小而定。风险性资本比率 $=\frac{\text{调整后资本}}{\text{各种资产额}\times\text{风险权数}}\times 100\%$。

资产流动性监测的主要目的在于确保金融机构维持流动性，满足到期支付能力，防范流动性风险。英格兰银行的资产流动性以“到期日阶梯”来评估。具体分为三步：首先，将测定期间的到期日阶梯分为时间长度不同的五个阶段；其次，是金融机构申报报表，并分析资产、负债的到期日分布情况。最后，英格兰银行根据金融机构资产、负债先后到期期间的资产负债累计进行判断。

英格兰银行将金融机构的外汇持有风险分为结构性风险和交易性风险。结构性风险主要由于长期的固定资产及负债所衍生的风险，交易风险主要是由于日常业务操作所产生的风险。英格兰银行根据银行持有的外汇的不同进行规定：

$$\frac{\text{承担结构性风险的外汇负债额}+\text{承担交易性风险的外汇负债额}}{\text{资本金}}\times 100\%=15\%$$

4.1.3 日本金融风险预警机制

由于日本对金融机构的监管集中于中央政府，而在中央，以大藏省为主体又由大藏省和日本银行共同行使监管权。因此，日本对金融机构的预警主要由大藏省银行局和日本银行（中央银行）负责，分为健全银行经营的事前预警和对有问题银行的事后纠偏，本书主要分析健全银行经营的事前预警。

日本健全银行经营的事前预警主要侧重于银行自有资本充足性指标、财务与业务比率制度指标。银行自有资本充足性指标主要包括资本标准指标和资本比率指标。资本标准指标主要为核心资本和补充资本，其中补充资本上限为核心资本的100%。资本比率指标一般根据《巴塞尔协议》的规定来确定。财务与业务比率制度指标综合了流动性、绩效管理、法定准备金、自有资金的运用和盈余分配等方面指标。

第一，流动资产比率指标，要求若按存量考核：$\frac{\text{流动资产的其中平均余额}}{\text{存款平均余额}+\text{可转让存单的平均余额}}\times100\%\geqslant30\%$。若按增量考核：$\frac{\text{年度流动资产的增加额}}{\text{年度存款}+\text{可转让存单的增加额}}\times100\%\geqslant30\%$。

第二，存贷比率指标要求贷款相对于存款的比率，不得超过80%，即：$\frac{\text{贷款平均余额}}{\text{存款平均余额}}\times100\%\leqslant80\%$。

第三，营业费用与营业收入比率指标，此项无具体规定，但应是逐年递减的。

第四，固定资产比率要求营业固定资产占净值（股东权益+储备）的比率，不得超过50%，即：$\frac{\text{营业固定资产}}{\text{净值}}\times100\%\leqslant50\%$。

第五，发放股息比率要求股利总额不超过当期盈余的40%，即：$\frac{\text{股利总额}}{\text{当期盈余}}\times100\%\leqslant40\%$。

第六，净值比率要求年底净值（股东权益+储备）占存款及可转让存单的余额不低于10%。即：$\frac{\text{年底净值}}{\text{存款}+\text{可转让存单}}\times100\%\leqslant10\%$。

第七，法定准备金，即每家金融机构应以其存款余额为基准向日本银行缴存一定数额的准备金。

综上分析，美国、英国和日本是全球金融风险预警体系发展较为成熟的几个国家，是西方发达国家金融预警机制的不同代表，三者的差异主要是因为三个国家的金融监管制度不同，但都与本国特定的政治、经济和文化背景相适应。虽然各国在后危机时代根据金融风险的新特征，不断从短、中、长期出发，改革和完善原有的金融预警体系，显著提高了风险评估水平，金融危机处理效率和金融风险预警能力。但是无论是美国、英国还是日本的金融风险预警机制的设计大部分是针对本国银行体系的风险，尤其预警指标的选择多是关于银行资本充足率和财务比率等方面的指标，运用这些指标对银行体系进行风险预警和监控。

我国目前现行的金融监管制度是分业经营、分业监管，随着经济的发展、金融网络联系的紧密，金融业务出现日趋融合的现象。尤其是在美国次贷危机后，随着宏观审慎监管理念的提出，对系统性金融风险监管不应局限于银行体系，而应从整个金融体系的全局出发，进行风险预警体系的设计。另外，随着经济全球化的发展，各国经济金融之间的联系日益密切，在设计本国金融风险预警机制时，还应考虑到外部冲击传染风险对本国经济金融的影响。

4.2 中国系统性金融风险预警机制现状及存在问题

4.2.1 建立系统性金融风险预警机制的意义

防范和化解系统性金融风险必须建立健全防范和化解系统性金融风险的保障体系，系统性金融风险预警机制的建立则是完善、防范和化解系统性金融风险保障体系强有力的技术支撑。

防范及化解系统性金融风险应按照事前预防、事中控制以及事后弥补的顺序进行。其中，事前预防是金融监管的重点；而事中控制以及事后弥补所起的所用是在损失已经无法避免的情形下把发生的损失降至最低，因此两者不应是金融监管目标。事前预防的核心思想是建立完善的系统性金融风险预警机制，尽早发出预警信号，并及时向金融监管部门及金融机构发出警报，使之能有效地采取措施防范、化解系统性金融风险，以避免给国民经济造成不利影响，从而保障社会经济的健康、稳定发展。本书的研究重点正是构建系统性金融风险预警机制，系统性金融风险预警机制的建立可以有效评估金融体系的风险，掌握金融机构的风险变化；能够及时发现金融体系存在的问题，实现事前有效监管，从而降低监管成本，提高金融监管的效率。

4.2.1.1 建立系统性金融风险预警机制的必要性

金融危机呈现出传播速度快、范围广、破坏力强等特点，是系统性金融风险长期积累的结果。因此，建立系统性金融风险预警机制是非常必要的。

首先，金融一体化使国际金融不稳定性增加，客观要求有效的系统性金融风险预警机制。随着金融一体化的加深，在提高资本配置效率和金融市场效率，促进世界经济发展的同时，也增大金融体系的风险，使国际金融的不稳定性更加突出，金融体系的脆弱性进一步加深。主要是因为：第一，金融一体化加剧了资产价格尤其是利率和汇率的过度波动；第二，金融一体化使发展中国家金融业开放进程加快，吸引大量短期私人资本流向房地产市场和股票市场，形成金融泡沫增加金融体系的不稳定；第三，随着金融一体化推进，各国监管当局更多是对于境内金融机构的监管，对国际化金融机构以及国际金融市场的冲击和管理还不完善；第四，金融的一体化使危机跨国间快速传染和蔓延，一国发生的危机，就可能引发其他国家乃至世界范围的危机。

其次，系统性金融风险一旦演变成金融危机，将给一国甚至世界经济带来重大损失。2007 年美国次贷危机暴发并迅速在全球蔓延，此次危机对全球经济产生了巨大冲击，导致2009 年世界经济增长仅为2.2%，各个国家均遭受了不同程度的影响。欧美发达国家由于处于危机的中心，出现信用收缩、金融机构破产倒闭和金融市场紊乱，进而延伸至实体经济层面。而发展中国家和新兴经济体，一部分国家由于受到国际资本逃离而导致本国金融市场混乱、汇率大幅贬值；另一部分以出口为主的国家则出现出口严重下滑，失业严重，汇率贬值，财政收入减少，国内经济低迷。金融危机暴发会造成国民经济的严重衰退，给政府带来巨额的预算支出，甚至可能引起政局的动荡。

最后，金融危机的突发性要求将应对金融危机的重点放在事前预警。危机的预测与防御要比危机产生后的处理更为有效。以往的金融危机几乎是在某一时点突然暴发，危机国来不及采取及时有效的应对措施。因此，建立一个有效的预警机制是预防和对付危机的关键。系统性金融风险管理可以分为事前预警、事中处理和事后跟踪，而事前预警可以预控风险，把风险的损失控制在最低限度，提高系统性金融风险防范效率。因此，通过建立金融危机预警机制，设置测度系统性金融风险的指标体系，监测经济金融的动态变化，一旦危机苗头出现，金融监管当局就可以有条不紊地加以处理，及时制定预防性的有效方案及措施，并适时调整总体经济政策，降低金融危机的危害甚至避免其发生。

4.2.1.2 建立系统性金融风险预警机制的可行性

系统性金融风险是金融危机暴发的根源，是多方面经济因素共同作用的结果，但这些因素可以通过一系列量化的经济指标反映出来，这也为系统性金融风险预警提供了可能。

金融危机的暴发是系统性金融风险逐渐积累的过程，金融危机作为一个综合性的宏观经济现象，在暴发之前，与其相关的宏观经济与金融指标都会不同程度地发生异常变化，常常以一系列经济金融指标的恶化为先兆，而且距危机实际暴发一般有一些前置时间，一般为1~2年，在前置期内，如果能够及时发现有关宏观经济预警指标的异常反映并及时进行调控，是可以防范或避免金融危机发生，关键是要建立比较完善和灵敏的金融危机预警指标体系。

4.2.2 中国系统性金融风险预警机制现状

4.2.2.1 中国系统性金融风险预警机制指标体系现状

目前，我国系统性金融风险预警机制中预警指标主要侧重于资产风险控制方面。

(1) 中国人民银行推行资产负债比例管理

我国从1994年起对商业性银行实行资产负债比例管理和资产风险控制。中国人民银行稽核局颁布了一系列关于银行资产、负债等方面的非现场稽核指标，如资本充足率、单个贷款比例等，主要为了控制银行的资产负债比，从而对银行的资产风险进行控制。资产负债比例管理相关风险指标的建立，使我国银行监管指标体系初具规模。目前我国商业银行在进行预警管理时一般都采用该指标体系。然而，该指标体系主要侧重于人民银行总行对各商业银行独立法人的管理，但在实践中，商业银行内部的自律性管理存在着目标、侧重点、管理对象的不同，因此使得该指标体系在实践运用中存在不足。

（2）中国银监会推出股份制商业银行风险评级体系

2004年，中国银监会推出《股份制商业银行风险评级体系（暂行）》，以全面动态评价银行风险，加强对股份制商业银行监管。该体系主要是对银行经营要素的综合评价，包括资本充足状况评价、资产安全状况评价、管理状况评价、盈利状况评价、流动性状况评价、市场风险敏感性状况评价以及在此基础上加权汇总后的总体评价。这一评级体系，对股份制商业银行的资本充足率、核心资本充足率、不良贷款率、估计不良贷款损失率以及公司治理状况、公司治理的合理性和有效性等，都有相应的定量指标；对银行资本的构成和质量、整体财务状况及其对资本的影响、信贷风险管理的程序及有效性等，则进行定性评价。

4.2.2.2 中国系统性金融风险预警机制预警模型现状

预警模型主要是：动态信息融合法、CBR案例推理模型、BP神经网络模型和压力测试。

动态信息融合法基于三级信息融合系统进行风险预警，三级信息融合包括：首先，建立经济金融指标监控系统；其次，是决策级融合即对经济金融指标监控系统特征融合结果进行融合；最后，是将相邻两个时刻的决策级融合进行融合。动态信息融合法在一定程度上解决了模型选择的困难，但由于对金融风险的分析主要是从经济的观点来考虑的，因此该模型缺乏较好的定量标准和决策支持系统。

CBR案例推理模型是通过与案例数据库中相似案例的比较进行案例调整，从而进行问题求解和评价。CBR案例推理模型适用于问题描述半结构化和经验丰富的领域，将此模型应用于金融风险预警，为金融危机预测提供了新的思路和有益的探索，但由于相似案例间的比较带有很大主观性，因此实际操作性不佳。

BP 神经网络模型通过建立金融风险预警的 BP 模型并对其训练检验，得到一个可行的金融风险预警模型，并据此分析了中国金融风险的状况，并提出防范金融风险的对策建议。该模型没有严格的数据分布要求，具有较好的容错能力和识别能力，但是该模型在大量变量和神经层适应数据的条件下，存在过度拟合的情况。

压力测试是通过分析宏观经济变量的变动可能对金融体系稳健性带来的影响，评估金融部门的风险和潜在脆弱性。压力测试是金融部门评估规划（FSAP，Financial System Assessment Programme）的一个组成部分，一般来说，压力测试有几大步骤：第一是确定测试对象，即进行压力测试的机构的资产/负债组合；第二是设计压力情景；第三是计算压力情景下相关指标的可能变动；第四是根据测试结果，有针对性地制定相应政策。这种方法主要采用单一因素敏感性分析，易于操作，数据要求和计算较为简单。但实际上宏观经济要素的变化往往相互关联，相互作用，单一因素分析的结果对监管和险管理的实践意义有一定局限性。

4.2.3 中国系统性金融风险预警机制存在问题

通过对我国金融风险预警机制的现状进行分析，发现目前我国现有金融风险预警机制尚存在如下几方面问题：

首先，关于金融风险预警指标体系方面。预警指标体系存在主观性，在实际预警体系中，有相当多的变量都可以作为风险预警指标。而选择哪一种变量则取决于对风险类型的认识和识别，以及对风险最近决定因素的获得，因此，不可避免地存在主观性，从而降低对危机的预警能力，传递错误信号。因此，设置我国金融风险预警指标体系在考虑当前我国经济金融运行的主要矛盾的前提下，参照已有的研究成果，运用定性和定量的分析方法尽可能地降低预警指标选择的主观性和处理误差。另外，指标之间存在较强的相关性。由于指标数据有相同的信息来源，因此指标间不可避免地存在相关性，将相关性强的指标放在一起考察造成了稽核工作不必要的重复。

其次，关于金融风险预警模型方面。目前动态信息融合法、CBR 案例推理模型、BP神经网络模型和压力测试是我国应用较多的四中模型方法。虽然这几种模型均具有科学和严谨的数据处理方式，但依托于线性的研究范式，而金融危机大都以非线性的形式表现出来，因此这决定了现有风险预警模型在研究范式、理论基础、预警模式和判断准则等方面均存在一定的局限性。另外，这些模型在运用中很少融入我国特殊的因素变量，在实用性和操作性方面还不太完善。因此，应加强金融风险预警模型的实用性，构建符合本国国情的预警机制。

最后，低估了外部冲击带来的金融风险。随着经济全球化和金融一体化的加深，中国金融业与外部的联系日益紧密。当前我国还处于结构调整与经济转型的关键时期，经济基本面发展不健全，国际金融市场之间的资本流动愈加频繁和外部投机性冲击的加大直接威胁着中国经济、金融的稳定。目前我国的金融风险预警机制对国际化金融机构以及国际金融市场的冲击和管理还不完善。因此，必须正视由外部冲击和传染所带来的金融风险，并进行积极防范。

经过上述分析可以看出，目前，中国系统性金融风险预警机制指标体系选择和预警模型的应用等方面还不够完善，而且我国相关数据的缺失和统计口径存在差异，以及其他风险预警配套设施建立还有待完善。鉴于这样的情况，综合文献综述所提出的国内外的各种风险预警模型，在考虑方法的可操作性和数据的可得性的基础上，根据中国国情建立一套系统性金融风险预警机制，包括指标体系的选择，运用预警模型并确定预警阈值，从而对中国系统性金融风险进行预警。

4.3 中国系统性金融风险预警机制构建

4.3.1 中国系统性金融风险预警机制构建目标

现实生活中，金融风险的来源广泛，既有微观个体的金融风险，也有中观金融行业的风险，还有如利率、汇率、股价、政府政策等金融基础变量变动所带来宏观金融风险。在金融风险状况纷繁复杂的情况下，建立一个科学且高效的风险预警系统显得尤为重要。具体来说，系统性金融风险预警机制应确保完成以下三个基本目标：

首先，有效识别系统性金融风险状况。对中国金融系统性金融风险进行预警最根本的目的就是能有效识别并防范中国金融体系中的金融风险。金融领域的信用风险、流动性风险、汇率风险的存在都会影响中国金融业的发展。而金融业中的各行业部门都存在着相互渗透、交错的密切关系，一旦某一金融机构出现周转困难、风险暴露过大引起破产问题，其严重的后果会迅速传染到其他金融机构，最终引起金融恐慌和激化金融风险。可见，金融业是高风险行业，金融稳定直接影响着中国整个经济体系和社会的和谐发展。只有通过对中国金融风险进行有效识别，才能对风险进行有效防范，才能确保中国金融业的健康运行。

其次，预测金融风险的未来走势。通过设计金融预警指标反映中国金融体系运行状态，进一步建立金融风险预警系统测算中国当前经济处于何种风险程度，通过对中国系统性金融风险未来走势预测，提前知道金融体系中有无金融风险隐患。充分发挥其预警功能，可以帮助金融监管当局及时发现和化解风险，迅速对风险来源进行定位、识别风险的构成、衡量风险的大小，增加监管部门对金融风险识别的可预见性，尽快转向事前的风险识别和预防，同时减少风险发生带来的相应损失。提前知道中国金融体系运行状况，对潜在风险予以及时处理，做到实时监控，防患于未然。

最后，有效防范系统性金融风险发生。由于我国经济本身面临着各种潜在风险，加上外部频繁冲击及市场开放程度加快，我国受金融传染的可能性增强。因此，为有效地避免本国金融风险的加大和外来金融风险对我国的传导，根据这些风险的不同特性和传导途径设立预警的指标，建立科学的金融风险预警系统能够确保金融风险预警机制的顺利实施，能够有效地在面临各种实际或潜在风险时，将风险控制在尚未形成或刚刚开始显露威胁的萌芽状态，防范金融危机的入侵，使监管当局在监管过程中充当“预防员”的角色，从而提高监管工作效率，保证监管工作质量。科学合理的金融风险预警机制，能够促使建立超前性的金融监管机制，增强防范金融风险发生的有效预防措施。

4.3.2　中国系统性金融风险预警机制构建方法

随着经济开放程度的逐步加深，金融体制改革的进一步深化，我国已融入世界经济体系中，全球金融危机必将对我国的外贸、金融体系和经济发展等方面产生强大的冲击，也严重影响到我国货币政策执行的有效性。金融危机是系统性金融风险长期积累的结果，通常有数年的潜伏期。金融风险具有强突发性，但其暴发通常以某些宏观经济、金融指标的异常为先兆，这是金融风险预警成为可能。目前，我国金融监管部门和金融机构也建立了相应的风险预警机制，但是在一定程度上还缺乏体系性；而且我国系统性金融风险预警指标的选取不统一，主观性较强，导致预警结果的差异化。因此，亟须构建一套具有全面性、普适性和统一性的系统性金融风险预警机制。

目前，关于中国系统性金融风险预警机制设计方法主要有两种：

第一种方法是给出各系统性金融风险预警指标的预警阈值，通过与阈值的比较判断各预警指标所处的风险状态，然后运用定量赋权的方法构造反映风险总体程度的综合指标。这种方法适合于预警指标较少的情况。由于金融机构经营业务的多样性和金融市场结构的复杂性，注定了有限的指标无法涵盖金融市场的方方面面，而且预警指标阈值设置的复杂化使得这种方法显得过于僵化和落伍。

第二种方法是通过建立经济计量模型构建系统性金融风险预警指标体系。主要是通过建立系统性金融风险状态变量与风险预警指标之间的回归方程进行指标的选择。随着计量经济学的发展，这种方法在定量分析中有很大优势，能够处理大量的数据，目前在现实中得到广泛的应用。本书采用第二种方法构建我国系统性金融风险预警机制。

4.3.3　中国系统性金融风险预警机制的构建

系统性金融风险预警机制是在一定金融经济理论指导下，以整个金融运行过程为对象，通过预警方法技术、指标体系、预警模型和信号系统，对金融运行过程进行监测，并对监测结果发布预警信号的金融决策支持系统。根据警情发生、发展的基本规律和宏观调控的客观需要，系统性金融风险预警机制主要包括四个要素：一是明确预警的目的；二是警源寻找，即金融风险的识别；三是预警指标选择；四是建立预警模型和结果评价。从过程上看，系统性金融风险预警机制可以用图4－1来表示。

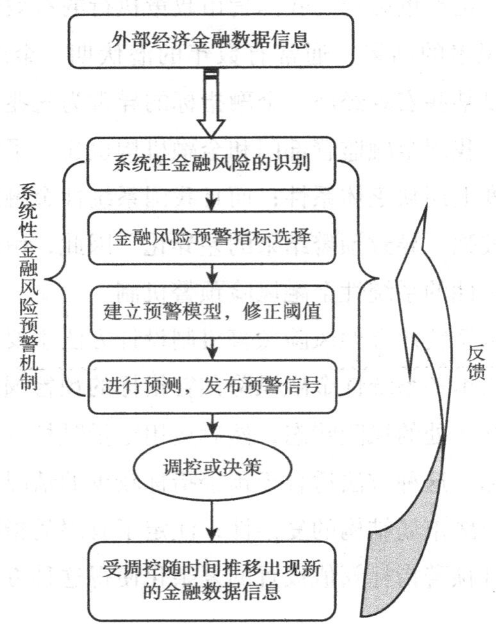

图4－1　中国系统性金融风险预警机制基本框架

中国系统性金融风险预警机制的建立包括以下四个步骤：

第一步，识别警源。对警源进行识别是系统性金融风险预警机制的首要步骤，主要有两个方面：一是正确判断某种金融风险类型；二是准确寻找某种金融风险根源。本书主要是通过对目前我国潜在的系统性金融风险现状、形成根源和形成路径进行分析，形成对警源的识别，为系统性金融风险预警奠定基础。

第二步，预警指标的选择。系统性金融风险的大小可根据一系列的经济和金融的指标来度量。因此，系统性金融风险预警机制最基本的要素是确定预警指标。由于影响金融稳定的因素较多，各种因素的相对重要性及相互作用也因一国的发展水平、开放程度、经济规模和经济结构等方面的不同而有所差异，因此在选择指标时要考虑一国的实际情况。本书预警指标的选择研究分为两方面：一是设计风险状态指标衡量我国系统性金融风险的状态变化。具体来讲，本书在考虑外部冲击和传染风险的基础上，从货币市场风险、银行体系风险、资产价格波动风险和外部冲击和传染风险四方面构造我国系统性金融风险综合指数对我国系统性金融风险的状况进行衡量；二是通过对中国系统性金融风险指标进行选择构建我国系统性风险预警指标体系。具体而言，本书依据我国潜在系统性金融风险的现状，分别从宏观经济层面、金融体系层面、国际冲击和国际传染四大方面选择我国系统性金融风险预警指标，并运用格兰杰因果关系检验和逐步回归法建立系统性金融风险综合指数与初选预警指标之间计量模型，对初选预警指标进行筛选，从而选择解释能力较强的风险预警指标，构成系统性金融风险预警指标体系，进入预警模型进行系统性风险预警。

第三步，建立预警模型，确定临界值。在选取特定样本的基础上，借助计量分析方法，通过实证分析建立的预警指标（自变量）与系统性风险发生可能性（因变量）之间直接的或间接的函数关系。本书在预警指标体系选择的基础上，运用二元 Logit 模型和 Markov 状态转换模型，分别从系统性金融风险综合指数的离散状态和连续状态两个角度，建立系统性金融风险状态变量即系统性金融风险综合指数（因变量）与系统性金融风险预警指标（自变量）之间的函数关系，对系统性金融风险进行 6 个月和 12 个月预警的实证研究，并运用噪音—信号比法对预警模型的预警效果进行评价，确定最优阈值。

第四步，确定综合评价，发布预警信息。将收集的预警指标数据带入预警模型进行估计，可以得出未来风险的预测结果，将预测结果与临界值进行比较额可以确定未来存在风险的程度。本书通过对样本期外 6 个月与 12 个月风险发生的概率进行预测，通过对风险概率和最优阈值进行比较，确定未来一段时期我国经济金融运行的风险状况。

第 5 章

中国系统性金融风险预警机制的指标体系研究

通过对我国潜在系统性金融风险的识别，发现我国金融体系存在制度、结构和宏观金融环境等诸多方面的安全隐患，这些隐患严重威胁到金融体系的健康发展，使各种风险在金融体系内不断地积聚并发酵，最终可能引发系统性金融风险。金融风险预警研究的核心任务是预警指标的选择、预警指标的应用及预警结果的评价。由于我国并未暴发过典型意义上的金融危机。因此，找到一个合适的系统性金融风险的代理变量，是预警指标能够成功运用于我国系统性金融风险预警的前提和关键。本书用系统性金融风险综合指数衡量我国系统性金融风险状态变化。基于以上分析，本章展开系统性金融风险预警研究的第二步，即进行中国系统性金融风险预警指标体系的研究，具体又分两个方面：一是设计风险状态指标衡量我国系统性金融风险的状态变化；二是通过对中国系统性金融风险指标进行选择构建我国系统性风险预警指标体系。

5.1 中国系统性金融风险状态的衡量

本节研究思路是在借鉴相关文献研究和处理方法基础上，通过选取系统性金融风险状态指标，设计系统性金融风险代理变量对我国系统性金融风险进行衡量和评估。研究步骤如图 5－1 所示，具体分为以下三个步骤：第一，是系统性金融风险综合指数的构建。从系统性金融风险的特征和我国潜在的系统性金融风险的现状和潜在路径出发，分别从货币市场风险、银行业风险、资产价格波动风险和外部冲击和传染风险构建四个层面的系统性金融状态指标，分别度量货币市场风险、银行业风险、资产价格波动风险和外部冲击和传染风险状况；第二，是系统性金融风险综合指数的合成。将第一步中得到的四个风险压力指数序列进行权重加权平均，得到系统性金融风险综合指数；第三，是运用1999年1月至2019年12月的月度数据，对系统性金融风险综合指数进行实证检验，来检验本书提出的系统性金融风险综合指数设计方法的合理性。

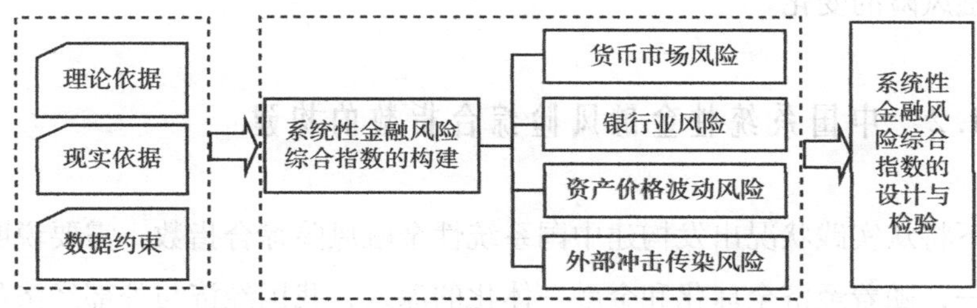

图5-1 中国系统性金融风险综合指数的设计

5.1.1 中国系统性金融风险状态衡量方法选择

次贷危机之后，全球金融界和学术界更加注重对系统性金融风险衡量方法的研究，提出了许多新的模型和方法。目前国内学术界关于系统性金融风险衡量方法的研究主要有CoVaR方法（高国华、潘英丽，2011；李志辉、樊莉，2011；白雪梅、石大龙，2014）、MES方法（范小云、王道平和方意，2011；赵进文、张胜保和韦文彬，2013）、Shapley Value法（贾彦东，2011；张娜娜、陈超，2012）。虽然这些方法在国内得到了应用和推广，然而，由于上述方法大部分是基于市场数据对系统性风险进行测量，这种方法对市场的有效性与数据的可靠性要求较高，而我国金融市场出现较晚，金融体系尚未成熟，与欧美发达国家相比存在较大差距，因而无法证实上述风险管理方法在我国的有效性和准确性。另外，上述方法虽然能够较好的评估我国系统性金融风险的现状，但是不能准确刻画出系统性金融风险与各种宏观因素之间的相关性，也不能对系统性金融风险的发展趋势做出判断，缺乏预警功能。

中国系统性金融风险的衡量，不仅需要结合我国金融体系和宏观经济的特点，而且还要兼顾测度所需数据的可得性。我国金融体系具有制度上的特殊性，国家主导的金融体系，使系统性金融风险的生成根源以及传染机制有其独特的一面，因此在实证分析时需要考虑来自金融制度方面的风险因素。另外我国金融业发展历程短暂，数据收集不够全面，且样本容量有限，在一定程度上限制了各种测度方法的可行性和准确性，给我国系统性金融风险的定量分析带来许多困难。综合上述分析，本书通过构建系统性金融风险指数来衡量我国系统性金融风险的变化。

5.1.2 中国系统性金融风险综合指数的构建

以下将从实践状况出发构建中国系统性金融风险综合指数，需要说明：

第一，随着经济全球化和金融一体化的深入，我国经济与外部经济的联系日益紧密，汇率和国际收支是联系国内外经济的主要纽带。在内外部经济环境日益复杂的条件下，无论系统性金融风险因国内因素诱发还是国际因素诱发，均有可能引发货币贬值、外资撤离和国际储备减少。通过对债务风险形成的潜在路径分析可知，债务风险主要表现为一国清偿能力下降，外汇储备不足。目前，我国拥有世界上最大规模的外汇储备，外债规模比较合理，截至 2019 年末，我国外债余额为 20708.1 亿美元，外债负债率为 15.37%，低于国际公认的 20% 的负债率安全线，在全球范围来看也一直处于低度风险。但是我国外债结构不太合理，短期外债较多，在汇率波动的情况下，造成容易外汇储备的大幅波动，从而引发风险。在此前提下，本书以汇率和外汇储备为核心设计货币市场风险压力指数。

第二，目前我国金融体系以银行为主体，银行体系是我国最有可能发生系统性金融风险的领域，主要是因为当前房地产市场和地方政府债务所隐藏的风险通过银行信贷集中于银行体系。一旦银行体系风险由外而内发生，即货币贬值、国际收支恶化引发国内金融动荡，银行体系是否陷入危机决定了整体风险的影响深度。

第三，资产价格暴跌是系统性金融风险的先行或伴随状态。由于基于非宏观基础渠道（心理和信息）的传染速度要远远快于基于宏观基础（金融和贸易联系）渠道的传染速度。因此，以股票市场为代表的证券市场对风险反应极快，能够领先于风险暴发伴随风险发生。另外，随着我国房地产市场的快速发展，房地产价格出现泡沫，房地产价格的剧烈波动，将通过银行信贷影响金融体系的稳定。因此，应将资产价格波动纳入系统性金融风险指标的监测范围。

第四，随着我国对外开放程度的提高，我国实体经济和金融体系受国际冲击和传染风险的影响越来越大。以我国进出口为例，全球金融危机发生前，我国进出口总额占 GDP 的比重从 2000 年的 39.58%上升到 2006 年的 66.52%，受美国金融危机的影响之后，这个比重下降到 2008 年的 59.84%，截至 2019 年底我国进出口总额占 GDP 的比重为 44.57%。随着我国金融市场对外开放程度的提高，进出我国的国际资本日益频繁，在我国金融市场化改革不断推进条件下，我国金融市场受国外金融市场影响的程度越来越深，中国股市与世界主要股市的联动程度大大增强。所以，无论是从实体经济角度还是从金融市场角度分析，国际冲击和传染都将成为我国金融系统性风险的新来源。

基于以上分析，在参考相关文献研究的基础上，增加外部冲击和传染风险指数，通过构建货币市场风险指数、银行体系风险指数、资产价格波动风险指数和外部冲击和传染风险指数，分别应用等权重和因子分析法合成系统性金融风险综合指数。

5.1.2.1　货币市场风险指数

(1) 货币市场风险指数构建方法

Kaminsky，Lizondo 和 Reinhart（1997）把货币危机定义为："一国货币由于受到外部冲击而出现大幅贬值，或外汇储备大幅减少的现象。"这个定义既包含了对一国货币固定汇率的冲击也涵盖也一国货币被迫突破汇率区间所进行的大幅贬值①。Goldstein，Kaminsky 和 Reinhart（2000）通过构建由汇率和外

① Kaminsky G，Lizondo S，Reinhart C M. Leading indicators of currency crises［J］. Policy Research Working Paper Series，1997，75（1）：1.

汇储备变动所构成的外汇市场波动指数，该指数由汇率的变动率和外汇储备变动率加权而得，权重的确定满足两个组成部分有相同的样本波动性的条件①。Eichengreen，Rose 和 Wyplosz（1996）加入利率因素，将货币危机认定为汇率变动、利率变动和外汇储备变动的加权均值超出他们平均值的 2 倍标准差的情况②。

本书使用外汇市场风险指数来衡量货币市场风险，用 EMP（Exchange Market Pressure）表示。通常情况下，外汇市场风险发生过程是国际资本突然撤离引发本国货币急剧贬值，因此，很多研究结果都用外汇突然贬值作为外汇市场风险发生的基准③。但是，在外汇市场风险发生的时候，政府一般有两种选择：第一个选择是放弃固定汇率体制或外汇市场干预，使本国货币贬值并由市场决定新的汇率；第二个选择是通过提高利率和减少外汇储备来干预外汇市场，使汇率保持在一个适当的水平，但是这会造成国内经济萎缩，而且对本国货币大幅度下降的预期也会导致经济的不稳定。因此，外汇市场风险指数的构造要综合考虑汇率突然贬值、利率上升和外汇储备的减少这三个方面来衡量外汇市场风险的状况。

外汇市场风险指数的构建方法有三种：第一种是 Eichengreen，Rose 和 Wyplosz（1996）利用名义汇率、名义利率和外汇储备总额与货币总量变量来构造外汇市场风险指数 EMP，具体计算公式如式（5-1）④。

$$EMP_t = \frac{1}{\sigma_{ER}}\frac{\Delta ER_t}{ER_t} + \frac{1}{\sigma_{IR}}[\Delta(IR_t - IR^*_{t-1})] - \frac{1}{\sigma_{RES}}\left(\frac{\Delta RES_t - \Delta RES^*_t}{RES_t}\right) \quad (5-1)$$

其中，EMP_t 代表外汇市场风险指数，ER 是名义汇率，采用的是直接标价法下以美元为基准货币的名义汇率，IR 和 IR^* 分别表示本国和基准货币国家的名义利率。RES_t 和 RES^*_t 分别表示本国和基准货币国家的外汇储备总额与货币总量之比。σ_{ER}、σ_{IR} 和 σ_{RES} 分别表示名义汇率、名义利率和外汇储备总额与货币总量之比的标准差。

---

① Goldstein M, Kaminsky G, Reinhart C. Assessing Financial Vulnerability: An Early Warning System for Emerging Economies [J]. Mpra Paper, 2000.

②④ Eichengreen, Barry, Andrew Rose, and Charles Wyplosz. Contagious Currency Crises: First Tests [J] Scandinavian Journal of Economics, 1996, 98 (4), pp. 463-484.

③ 牟晓云. 外汇危机预警模型及在我国的实证研究 [D]. 长春：吉林大学，2004.

第二种是 Sachs，Tornell 和 Velasco（1996）构造的外汇市场风险指数 EMP，具体计算公式如式（5－2）①。

$$EMP_t = \frac{\Delta ER_t}{ER_t} + \frac{\sigma_{ER}}{\sigma_{IR}}\Delta IR_t - \frac{\sigma_{ER}}{\sigma_{RES}}\left(\frac{\Delta RES_t - \Delta RES_t^*}{RES_t}\right) \tag{5-2}$$

其中，ER 是本国的名义汇率，IR 为本国的名义利率。RES_t 为本国的外汇储备。σ_{ER}、σ_{IR} 和 σ_{RES} 分别表示名义汇率、名义利率和外汇储备总额的标准差。

第三种是 Kaminsky，Lizondo 和 Reinhart（1997）构造的外汇市场风险指数 EMP，计算公式如式（5－3）②。

$$EMP_t = \frac{\Delta ER_t}{ER_t} + \frac{\sigma_{ER}}{\sigma_{IR}}\Delta IR_t - \frac{\sigma_{ER}}{\sigma_{RES}}\left(\frac{\Delta RES_t - \Delta RES_t^*}{RES_t}\right) \tag{5-3}$$

其中，ER 是本国的名义汇率，IR 为本国的名义利率。RES_t 为本国的外汇储备。σ_{ER}、σ_{IR} 和 σ_{RES} 分别表示名义汇率、名义利率和外汇储备总额的标准差。

通过比较可以发现，第一种外汇市场风险指数构造方法利用国内外名义利率差额和外汇储备与货币总量之比的变化率差额，第二种和第三种仅用国内名义利率和外汇储备，而且后两种实质只差一个常数因子，因此对外汇市场风险的识别是等价的。另外，以上三种构造方法都是使用名义变量，在后续的研究中也出现以实际变量构造外汇市场风险指数，无论是采用名义变量还是实际变量，主要由一国的汇率和利率形成机制决定。而且，名义汇率和名义利率的权数为正，外汇储备的权数为负，这与前面的分析一致，即货币贬值、利率上升或外汇储备减少都会增加外汇市场风险指数。

（2）中国货币市场风险指数的构建

本书根据我国的实际情况，以上述三种方法为基础构建货币市场风险指数。与上述三种构建方法不同的是，本书采用实际变量来构造货币市场风险指数。主要是因为，长期以来，我国实行盯住美元的人民币汇率机制和人民币存贷款利率决定的非市场机制，使得名义汇率和利率呈现阶梯状，如图 5－2 所示，考察名义变量的变化意义不大。因此本书选择实际汇率和实际利率变量，

① Sachs J, Tornell A, Velasco A. The Mexican peso crisis: Sudden death or death foretold? [J]. Journal of International Economics, 1996, 41 (3): 265－283.

② Kaminsky G, Lizondo S, Reinhart C M. Leading indicators of currency crises [J]. Policy Research Working Paper Series, 1997, 75 (1): 1.

如图5-3所示，应用第三种方法来构建货币市场风险指数，来反映我国货币市场的实际风险状况。

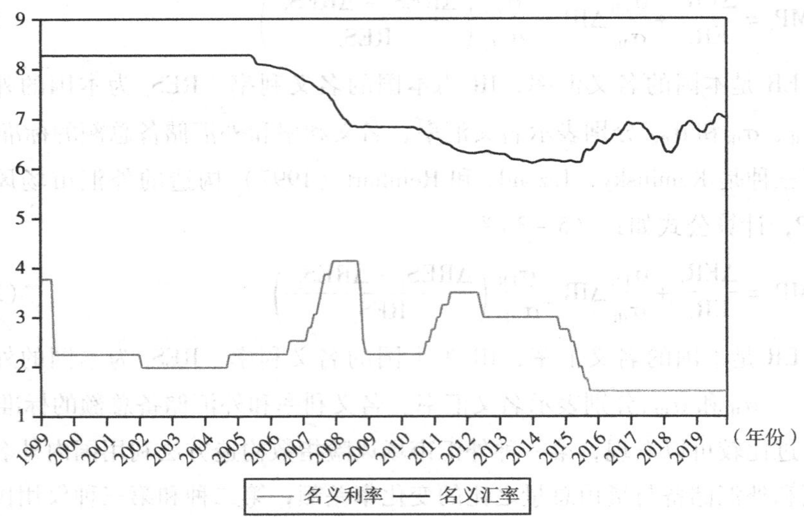

图5-2　1999年1月~2019年12月人民币名义汇率和名义利率

资料来源：Wind数据库

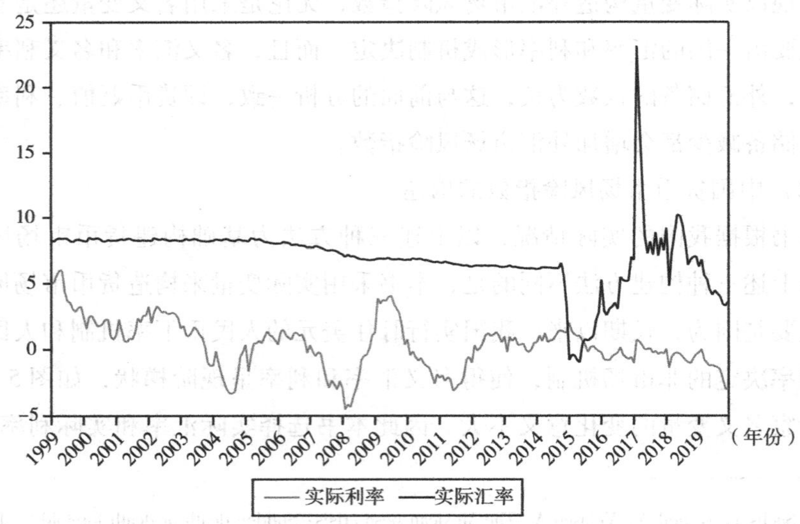

图5-3　1999年1月~2019年12月人民币实际汇率和实际利率

资料来源：Wind数据库

本书构建的货币市场风险压力指数由实际汇率（RER）①、实际利率（RIR）和外汇储备（RES）构成，具体计算公式如下：

$$EMP_t = \omega_{RER}\left(\frac{RER_t - RER_{t-1}}{RER_{t-1}}\right) + \omega_{RIR}(RIR_t - RIR_{t-1}) - \omega_{RES}\left(\frac{RES_t - RES_{t-1}}{RES_{t-1}}\right) \quad (5-4)$$

其中 RER 是实际汇率，RIR 为实际利率。RES_t 为外汇储备。ω_{RER}、ω_{RIR} 和 ω_{RES} 分别为实际汇率、实际利率和外汇储备的权数，由每个变量的标准差的倒数来确定，权数的选择使实际汇率、实际利率和外汇储备的条件方差相等，如式5-5所示。

$$\omega_i = \left(\frac{1}{\sigma_i}\right) \Big/ \left(\frac{1}{\sigma_{RER}} + \frac{1}{\sigma_{RIR}} + \frac{1}{\sigma_{RES}}\right) \quad (5-5)$$

其中，σ_{RER}、σ_{RIR} 和 σ_{RES} 分别为实际汇率、实际利率和外汇储备的条件方差。

5.1.2.2 银行体系风险指数

（1）银行体系风险衡量方法研究

银行作为我国金融体系的主体，是金融风险最为集中的领域。因此，银行体系风险越高，爆发系统性金融风险的可能性也就越大。判断银行体系风险是否发生主要有两种方法：一种是事件研究的方法，主要是基于对一些风险事件识别来判断银行体系风险是否发生。例如，通常通过识别银行资产质量是否恶化或是否发生银行挤兑等事件来判断是否发生银行体系风险。虽然该方法常用于风险的预测，但用这种方法识别银行体系风险比较困难，主要是因为银行挤兑通常无法直接观测到，一旦银行挤兑大规模发生，表明银行所持有的资产质量已出现了长期恶化，而直接度量资产质量的市场化指标通常是无法获得的。另外，在预测风险时常会有一些限制，如对数据频率的限制，在预测银行风险时，对于年度数据来说预测银行风险是可能的，但对月度数据而言操作较难，因此该方法实际操作性不强。另一种衡量方法是构造银行体系风险指数。在构造银行体系风险指数时，由于衡量银行业风险的变量很多，传统构造方法集中

---

① 以美元对人民币汇率表示，计算方法为：$s = (P^*/P) \times FE$，其中 FE 表示名义汇率（人民币/美元），P^* 和 P 分别表示美国和中国的消费物价指数。

于银行的资产负债表信息，如不良贷款比率、收入和盈利能力，流动性和资本充足率等。然而，给定的资产负债表信息只能获得相对低频的数据，而且往往伴随显著的滞后。越来越多的研究试图从金融市场上获得信息来衡量银行体系稳健性。如，Illing 和 Liu（2006）采用银行部门衡量相对股票回报波动的 β 作为测度银行业风险的向量，其计算为：$\beta=\frac{cov(r,m)}{var(m)}$这里 r 和 m 分别是银行部门指数和总市场指数的年总回报率，当 β 大于 1 时，银行股的总回报率波动在过去的年份中比总市场回报波动大，这样，银行部门的相对风险更大①。Huang，Zhou 和 Zhu（2009）利用信用违约掉期（CDS）利差和单个银行股票价格等市场信息衡量银行体系风险。以市场信息为基础构造银行体系风险指数有两个主要的优点：能获得即时的最新数据，而且通常是前视的，因为资产价格变化反映了市场对重点企业未来绩效变化的预期。然而，由于中国股票市场历史较短，一些银行特别是国有商业银行缺乏足够长的时间序列数据，这给以市场信息为基础构造银行体系风险指数带来困难②。Hagen 和 Ho（2003）将货币市场风险指数应用于银行体系风险识别③，他们通过将中央银行贷款与商业银行存款之比的变动和货币市场利率变动进行加权平均构建货市场风险指数，当所构建的货币市场风险指数超过 3% 时视为发生银行体系风险。马辉（2009）选取存贷款比例，实际利率和货币供应量等相关变量构造银行风险指数④。

原则上，银行体系风险衡量需要用到的指标包括监管体系质量、银行不良贷款水平、资本金比率、部门信贷集中度及银行对外汇和利率风险的暴露等，但是由于这些指标难以获得可靠数据，因此在构建银行体系风险时即要考虑变量适用性又要考虑数据可得性。

鉴于此，本书将借鉴 Hagen 和 Ho（2003）、马辉（2009）的研究，构建银行业风险指数来识别我国银行体系的风险状况。

---

① Illing，M.，Liu，Y，"Measuring financial stress in a developed country：An application to Canada"[J]. Journal of Financial Stability，2006，2（3）：243－265.

② Shao J L，Huang T Z，Zhou S. Global Asymptotic Robust Stability and Global Exponential Robust Stability of Neural Networks with Time－Varying Delays.［J］. Neural Processing Letters，2009，30（3）：229－241.

③ Jurgen von Hagen，Tai－kuang Ho. Twin crises：A reexamination of empirical links［J］. ZEI b，Center for European Integration Studies，University of Bonn，2003，1：1－41.

④ 马辉．中国金融风险指标体系构建与预警研究［D］．长春：吉林大学，2009.

（2）中国银行体系风险指数的构建

我国是一个银行主导型国家，银行系统在金融体系中处于绝对主体的地位。截至2013年底，银行业金融机构总资产突破148万亿元，占金融行业总资产规模的比重高达90%以上。当前及今后很长一段时间内，我国金融业所面临的最大风险主要集中在银行体系。随着经济转型的深入和国家宏观调控的加强，房地产领域银行信贷在房价调控过程中的安全回收风险，以及地方政府投融资平台以政府信用、土地抵押方式形成的到期银行债务偿还风险，都对银行业的健康发展构成威胁。因此，银行体系风险主要表现在信贷市场，经济高涨时期过度投资导致的信贷盲目扩张，在经济低迷时期易形成金融机构较高的不良贷款率，因此保持适度信贷供给非常重要。基于此，本书采用贷款与存款比例（RLD）、存贷利率差（IRS）和贷款余额（CI）来构造银行体系风险指数。

在高储蓄率背景下，我国银行体系风险主要来自信贷过度扩张和利润变动，因此不考虑存款变动率。存贷款比例衡量信贷过度膨胀带来的风险，另外该指标的高低也可以反映银行业在应对流动性风险方面的能力大小；对于存贷利差而言，利差扩大意味银行风险下降，但利差过大并不一定是好事，这意味企业还款能力下降，违约风险上升，银行吸收存款困难。另外，贷款余额（CI）反映银行业所面临的信用风险状况。一般而言，不良贷款率一直是衡量银行业信用风险的首选指标；然而，我国不良贷款率的大幅下降主要归功于政府对国有银行不良贷款的剥离。因此，将不良贷款率作为信用风险的代理变量，并不能真实地反映我国银行业信用风险的大小。考虑到信贷的迅速扩张必然导致银行业面临更高的信用风险，这里主要用贷款余额（CI）的变动情况来反映银行业所面临的信用风险状况。

银行体系风险指数BRP（Banking Risk Pressure）公式为：

$$BRP_t = \omega_{RLD}\left(\frac{RLD_t - RLD_{t-1}}{RLD_{t-1}}\right) + \omega_{IRS}\left(\frac{IRS_t - IRS_{t-1}}{IRS_{t-1}}\right) - \omega_{CI}\left(\frac{CI_t - CI_{t-1}}{CI_{t-1}}\right) \tag{5-6}$$

BRP_t 是反映贷款与存款比例RLD的变化、存贷利率差IRS的变化和贷款余额（CI）变化的银行体系风险指数。为了消除季节因素，贷款余额采用同比变化率。权数 ω_{RDL}、ω_{IRS} 和 ω_{CI} 是每个变量的权数，计算方式同货币市场风险指数的权数计算相同。

5.1.2.3 资产价格波动风险指数

(1) 资产价格泡沫对经济的影响分析

资产价格泡沫是指资产价格的过快上涨，资产价格波动幅度较大，是金融开放和金融自由化过程中出现的一种经济现象，是产生经济危机的重要根源。资产价格泡沫一旦破灭，经济危机就有可能随之而来。Mishkin（2001）认为，资产价格影响国民经济的方式主要有四种渠道①：一是“托宾的 q 理论”。资产价格上涨导致企业的投资支出增加，从而带动总需求的上涨，提高经济产出水平；二是通过企业的资产负债表效应。资产价格上升会导致企业的净资本增加，从而使商业银行和其他金融中介机构更愿意向企业发放贷款，形成更高的社会投资支出；三是通过家庭的资产负债表效应。家庭持有的股份和非金融资产占家庭财富总额的比重日益提高，资产价格的上涨会导致家庭部门的资产负债表更加健康，家庭部门会增加对耐用品的购买，从而提高整个社会的总需求；四是通过家庭部门的财富效应。Allen 和 Gale（2000）研究表明金融危机经常伴随着资产价格中出现的泡沫，风险转移能增加投资者的资产回报，也造成投资者投机性投资哄抬资产价格使其远高于基本价值，金融自由化使这种投机性投资的借贷量极度膨胀，与代理问题相互作用，导致资产价格的泡沫出现，资产价格泡沫的破灭最终导致金融危机②。马辉等（2008）实证检验了中国股市和房地产市场的财富效应，结论表明中国股票市场和房地产市场均存在财富效应，但是房地产市场的财富效应要远大于股票市场③。

居民持有的资产组合一般由金融资产和非金融资产两部分构成。其中金融资产主要包括股票、债券、银行存款、保险单和养老金等，其主要部分是股票资产。非金融资产最主要构成部分是房地产资产。股票市场和房地产市场是金融泡沫的最主要载体，泡沫的破灭将对经济系统产生破坏性影响。股市泡沫风险和房地产市场泡沫风险往往同时发生，日本 20 世 90 年代的危机就发生在股

---

① Mishkin, Federic S: The Transmission Mechanism and the Role of Asset Prices in Monetary Policy [R]. NBER Working Paper, No. 867, 2001.

② Allen F, Gale D. Bubbles and Crises [J]. Economic Journal, 2000, 110 (460): 236 -255.

③ 马辉，陈守东，才元. 当前我国房地产泡沫的实证分析 [J]. 经济研究参考，2008 (34): 25 -33.

市泡沫和房地产市场泡沫同时破裂后，与1991年价格顶峰期相比土地价格下跌超过90%，股票价格暴跌了80%，价格泡沫的破灭给日本经济带来了沉重打击，日本经济经历了低迷的10年，直至今天仍未走出低谷。此次美国次贷危机刚开始仅仅是房地产市场泡沫的破灭，但是此后逐渐演变成股市的暴跌，金融机构的倒闭。沉痛的教训告诉我们对一国资产价格指标的监测不容忽视。

（2）中国资产价格波动风险指数的构建

中国的资产价格波动风险也主要表现在股票和房地产市场上。我国股票市场从设立至今，投机性强，蕴藏着大量风险。如图5－4所示，1994～2001年上半年，我国股票市场经历了大幅上涨，涨幅在2倍以上。随后2001年下半年至2005年，我国股市经历四年熊市，持续低迷。2005年股权分置改革的推进，2006年上证综指从年初1161.06点大幅飙升，到2007年10月达到6124.04点的高位，涨幅5倍多。然而2008全球金融危机年以来股市一落千丈，最高跌幅达到65%。另外，对于房地产价格而言，1998年住房制度改革以来，我国房地产市场进入新一轮的发展周期，虽然个别年份出现小幅波动，但是总体上至2019年2月为止一直是处于稳定上升趋势。股市和房地产市场价格变化情况如图5－4所示。

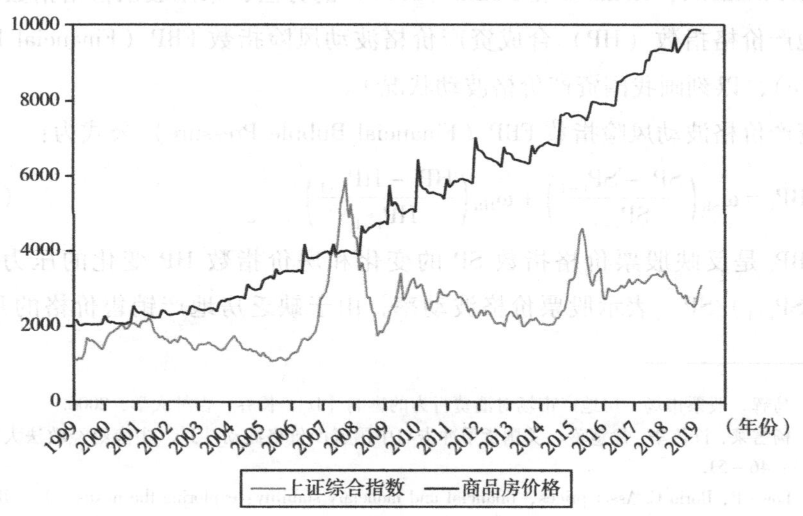

图5－4 1999年1月～2019年2月股票价格指数和商品房价格变化

资料来源：Wind数据库

资产价格大幅波动既是金融风险的重要表征，同时也是金融风险的来源之一。伴随我国金融市场的不断扩大及完善，资产价格波动对金融风险的影响也越来越大。格林斯潘（1999）认为，资产价格波动主要表现为股票市场和房地产市场价格波动，但股票价格与房地产价格波动相互联系的，日本的泡沫危机以及美国的次贷危机都验证了该论点①。因此，本书考察资产价格波动风险时，需要共同考察股票市场和房地产市场。

根据现有的文献，Callen（1991）最早以财富估计为基础构建资产价格指数；随后 Borio（1994）和 Arthu（2000）在考察股票、家庭财富和商业财富三种不同资产序列的基础上，以估计私人部门财富的份额作为权重构建综合资产价格指数；另外，从 1993 年开始，国际清算银行（BIS）在其年报中公布主要国家的资产价格指数，这为相关研究提供了重要的数据来源②。构造股票和房地产资产价格波动指数的好处至少有两点：一是可以提供私人财富变化向量；二是可以粗略地衡量一国总体资产价格的波动。另外，Borio 和 Lowe（2002）研究表明，股票和房地产资产价格指数与单个资产价格序列相比，更能解释不同资产价格序列之间的内在联系，同时也能弥补单个资产指数的异质性③。由于本研究的目的是分析资产价格的波动性，在考虑数据可得性的情况下，本书借鉴 Gerdesmeier，Reimers 和 Roffia（2011）的方法，采用股票价格指数（SP）和房地产价格指数（HP）合成资产价格波动风险指数 FBP（Financial Bubble Pressure），以刻画我国资产价格波动状况④。

资产价格波动风险指数 FBP（Financial Bubble Pressure）公式为：

$$FBP_t = \omega_{SR}\left(\frac{SP_t - SP_{t-1}}{SP_{t-1}}\right) + \omega_{HR}\left(\frac{HP_t - HP_{t-1}}{HP_{t-1}}\right) \tag{5-7}$$

FBP_t 是反映股票价格指数 SP 的变化和房价指数 HP 变化的压力指数。$(SP - SP_{t-1})/SP_{t-1}$ 表示股票价格波动率，由于缺乏房地产销售价格的月度数

① 马辉．股票市场、房地产市场对消费行为的影响［D］．长春：吉林大学，2006.

② 杨雪莱，许传华，徐慧玲．美国货币冲击与中国资产价格波动［J］．中南财经政法大学学报，2010（3）：46－51.

③ Lowe P，Borio C. Asset prices，financial and monetary stability：exploring the nexus［J］．Bis Working Papers，2002.

④ Gerdesmeier D，Reimers H E，Roffia B. Early Warning Indicators for Asset Price Booms［J］．Review of Economics & Finance，2011，1：1－19.

据，本书以国内公布的商品房销售额除以商品房销售面积得到商品房销售价格HP，$(HP-HP_{t-1})/HP_{t-1}$表示房屋价格波动率。权数ω_{SR}和ω_{HR}是每个变量的权数，计算方法同货币市场风险指数的权数计算相同。

5.1.2.4　外部冲击和传染风险指数

(1) 外部冲击和传染对经济的影响

随着经济全球化和金融一体化的加深，外部冲击和传染风险会通过溢出效应对其他国家或地区产生影响。主要表现在以下四方面。

一是货币政策效果方面。当一国以宽松货币政策带来的流动性充裕以刺激经济增长，缓解产出下降的局势，由于短期价格黏性，实际利率会由于货币供给增加而下降，当期商品价格相对于未来预期下降，因此国内产品需求及进口需求均会增加。因此，在此种情况下，使本国货币与外国货币之间原本的反向关联转变为正向关联，一国货币的流动性溢出至其他国家或地区。

二是信贷机制方面。外部流动性冲击通过信贷渠道影响银行体系稳健性，主要是通过银行贷款和资产负债表改变信贷供给，从而影响实体经济投资和经济发展。由于市场信息不对称，当货币政策改变货币供给量，则信贷配给均衡也随之变化。因此，货币流动性的波动会使得金融机构改变其贷款规模或结构，该影响过程是直接通过金融机构体系内信贷市场改变银行的存贷结构，从而影响银行体系稳健性和实体经济投资与发展。

三是影响资产价格。从现实情况来看，外部流动性冲击会使投机性资本进入我国股票市场或房地产市场，追逐相对有限的产品或资产，促使资产价格泡沫产生，进而风险增加。当外部资本在市场上兴风作浪，加之我国资本市场发展时间段、监管不太完善，容易造成资本市场价格剧烈波动，破坏正常交易秩序，甚至引发影响整个金融体系的危机。

第四是影响宏观经济运行。当外部流动性冲击给包括我国在内的世界主要经济体都带来经济形势不景气，从而导致消费者信心指数持续走低，进一步给实体经济生产和运营蒙上灰色的阴影，国内增长率也随之降低。与此同时，外部流动性涌入新兴市场，导致国内货币供给持续增加，物价上涨，引起通货膨胀。而羊群效应可能会进一步导致泡沫的形成，市场流动性出现瞬间逆转的情况，产生泡沫破灭风险。

总之，在外部冲击和风险传染的影响下，包括货币政策效果、信贷机制和资产价格以及各项宏观经济指标都受到影响。因此，亟须重视外部冲击和传染的影响。

（2）中国外部冲击和传染风险指数的构建

外部冲击和传染风险反映了危机期间国内经济和金融市场与国际经济和金融市场存在的显著的跨市场联系，是通过国与国之间的贸易联系和金融联系产生的。Kaminsky 和 Reinhart（2000）考虑了四个冲击跨境传染渠道，两个金融市场渠道，包括通过国外银行借出和全球分散化资产组合；两个贸易渠道，包括商品和服务贸易，以此为基础构造了反映传染的指标，并认为国家间的日股票回报相关性为 35 个百分点或更高时存在传染①。Forbes 和 Rigobon（2001）将传染解释为危机事件后国际资产（金融股票）间的相关性显著增加②。Aloui，Aissia 和 Nguyen（2011）将传染视为资产价格跨市场协动的特例③。

本书不严格区分冲击风险和传染风险，所衡量的外部冲击和传染风险指数是指中国金融市场与国际市场的关联性，即表示在多大程度上国际市场可以影响中国的金融稳定，这一指数越高，表明中国金融市场越容易感染外部风险，反之则表明中国金融体系与外部金融市场的联系不大，它表明了国际市场对中国整体金融风险的影响程度，也是国内金融风险的重要来源。由于存在资本管制，目前中国系统性金融风险受到外部冲击和传染的影响更多是通过心理和预期渠道，以股票市场之间的关联性表现出来。因此我们采用相关性定义来衡量中国金融市场与国际市场间的关联度。这里选择几个典型的股票市场来综合外部冲击和传染风险构造指数，主要考虑与我国股票市场联系紧密的一些市场，如美国、日本和香港股票市场，通过计算中国股票市场与美国、日本和香港股票市场的各自相关性来衡量外部冲击和传染风险。

---

① Goldstein M，Kaminsky G，Reinhart C. Assessing Financial Vulnerability：An Early Warning System for Emerging Economies［J］. Mpra Paper，2000.

② Forbes K，Rigobon R. 2001，No Contagion，Only Interdependence：Measuring stock Market Comovements［J］. Journal of Finance，2001，57（5）：2223 – 2261.

③ Aloui R，Aïssa M S B，Nguyen D K. Global financial crisis，extreme interdependences，and contagion effects：The role of economic structure?［J］. Journal of Banking & Finance，2011，35（1）：130 – 141.

外部冲击和传染风险指数实际表征了国内金融市场受外部市场波动影响的程度，即是否易于传染外部金融风险。外部冲击和传染风险指数 ERP（External Risk Pressure）公式为：

$$ERP_t = \omega_{USC}Cor_{USC} + \omega_{JC}Cor_{JC} + \omega_{HC}Cor_{HC} \tag{5-8}$$

其中，Cor 表示国内股票市场与国际主要股票市场的回报相关性，相关性越高，说明我国股市场受外部冲击和传染风险的影响越大。权数 ω_{USC}、ω_{JC}和 ω_{HC} 是每个变量的权数，计算方法同货币市场风险指数的权数计算相同。

5.1.3 系统性金融风险综合指数的合成

5.1.3.1 系统性金融风险综合指数的合成

将货币市场、银行体系、资产价格波动和外部冲击与传染四个风险指数序列合成系统性金融风险综合指数 SFCP，用以刻画整个金融体系的风险状态。

在系统性金融风险综合指数的计算中，首先需要对各个变量进行标准化处理，这样可以消除不同变量之间由于量级和量纲的不同所带来的影响，使各个变量指标具有可比性，标准化公式：

$$Z_{ij} = \frac{X_{ij} - \overline{X_j}}{S_j} \quad (j = 1, 2, \cdots, 21) \tag{5-9}$$

其中，Z_{ij} 为第 i 个样本的第 j 个指标的标准化值，$\overline{X_j}$ 与 S_j 表示第 j 个指标的均值与标准差。将标准化后的各个指数合成系统性金融风险综合指数。

$$SFCP = EMP_t + BRP_t + FBP_t + ERP_t \tag{5-10}$$

合成系统性金融风险综合指数的另一个关键问题是权数的确定。本书分别运用等权重加权平均法和因子分析法两种赋权方法合成系统性金融风险综合指数。

（1）等权重加权平均法合成系统性金融风险综合指数

SFCP 指标向量 Xt =（EMPt，BRPt，FBPt，ERPt)'，如式（5-11）做等权重加权平均，得到系统性金融风险综合指数：

$$SFCP_t = \frac{1}{4}\sum_{j=1}^{4}\left(\frac{X_{it} - \mu_i}{\sigma_i}\right) \quad i = 1, 2, 3, 4 \tag{5-11}$$

其中，Xt =（EMPt，BRPt，FBPt，ERPt）' X_{it} 为第 i 个风险指数在 t 时期的值，μ_i 为第 i 个风险指数均值，σ_i 为第 i 个风险指数的标准差。

等权重加权平均法是文献中最常用的赋权方法，此种方法合成的系统性金融风险综合指数将每一个风险指数视为相同的重要性，这种方法的优点是简单易操作，但是由于金融体系中潜在风险具有不同的重要性，因此对整个金融体系中比较重要的风险所造成的影响应有所侧重。

（2）因子分析法合成系统性金融风险综合指数

因子分析法合成系统性金融风险综合指数是将 4 个风险指数通过主成分分析法提取公共因子，得到各风险指数的方差贡献率，将方差贡献率作为各个风险指数的权数合成系统性金融风险综合指数。

$$SFCP = \beta_1 EMP_t + \beta_2 BRP_t + \beta_3 FBP_t + \beta_4 ERP_t \quad (5-12)$$

其中，$\beta_1 \cdots \beta_4$ 为各个风险指数通过因子分析所得到的方差贡献率。

因子分析法合成的系统性金融风险指数，将根据方差的贡献大小进行赋权，因此每个风险指数表现出不同的重要性。

5.1.3.2　系统性金融风险综合指数实证分析

本节运用 1999 年 1 月 ~2019 年 12 月相关指标变量数据，通过计算货币市场、银行体系、资产价格波动和外部冲击与传染四个风险指数，分别运用等权重分析法和因子分析法合成系统性金融风险综合指数，衡量 1999 年 1 月以来，特别是衡量最近一段时期我国系统性金融风险状况，同时也可以将实证结果与我国实际情况进行比较来验证本书系统性金融风险综合指数的合理性。

考虑数据可得性和我国经济的实际情况，本书选择 1999 年 1 月 ~2019 年 12 月的月度数据构建货币市场、银行体系、资产价格波动和外部冲击与传染四个风险指数。数据分别来源于 Wind 数据库、中经网数据库和中宏数据库等。

（1）各个风险指数变量指标的统计描述

各个风险指数指标变量的统计特征见表 5 -1。

表5－1　　中国系统性金融风险综合指数构成部分描述性统计指标

统计指标	均值	中值	最大值	最小值	标准差	偏度	峰度	JB统计量	概率
RER	－0.0317	－0.06	2.6	－2	0.5894	0.2851	2.0428	44.2977	0.0000
RIR	－0.0311	－0.003	3.0522	－4.6436	0.0258	－4.7195	80.0963	65344.26	0.0000
RES	0.0125	0.0102	0.063	－0.0407	0.0011	0.0874	0.1962	0.6097	0.7372
RLD	0.1833	0.0047	0.7938	－0.0269	0.1833	1.1634	－0.6304	60.2494	0.0000
IRS	0.0016	0.0000	0.99	－0.27	0.0044	11.0647	162.3419	269797.4	0.0000
CI	0.0309	0.0294	1.8588	－0.5959	0.0309	1.9048	4.2640	330.5871	0.0000
SP	0.0066	0.0059	0.3206	－0.2463	0.0049	0.1612	2.0482	41.8997	0.0000
HP	0.0064	0.0004	0.1396	－0.1061	0.0022	1.0865	3.5444	166.1074	0.0000
CorUSC	0.0982	0.0694	0.9512	－0.7274	0.0215	0.2905	0.0253	3.5033	0.1735
CorJC	0.2277	0.2132	0.9519	－0.6261	0.0208	0.1215	－0.3971	2.4035	0.3007
CorHC	0.3406	0.3784	0.8685	－0.6810	0.0197	－0.8950	0.5761	36.3128	0.0000

由上述统计描述可知，除外汇储备（RES）、中美股市相关性（CorUSC）和中日股市相关性（CorJC）等序列显著不服从正态分布，其他数据均在1%的显著性水平下具有正态分布特征，说明所选指标变量直观表现相对稳定，标准差都不大，离散波动情况较好。

（2）各个风险指数实证分析

根据5.1.2节所描述各个风险指数的构建方法计算出各个风险指数数值，并绘制各个风险指数的波动图。

第一，货币市场风险指数。本书构建的货币市场风险指数如图5－5所示。

由货币市场风险指数的构建方法可知，货币市场风险主要是由实际利率、实际汇率和外汇储备的变动所引起的。图5－5展示了1999年1月～2019年12月期间我国货币市场风险的变化情况，总体上来看，与我国的实际情况相吻合。货币市场风险的放大主要是由实际利率大幅下降、实际汇率过度贬值和外汇储备大规模减少所引起。由图5－5可以看出，在1999年1月～2019年12月期间，共有两个时间期间我国货币市场风险加大。第一是2009年期间，主要由实际利率下降所引起，实际利率下降了接近1个百分点。在2009年2月货币市场风险上升之前，我国实际利率于2019年2月开始一直出现下降趋

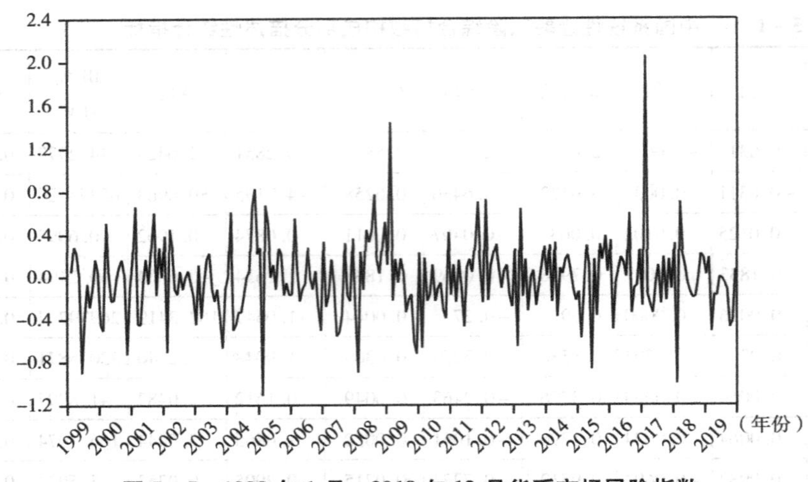

图 5-5　1999 年 1 月 ~ 2019 年 12 月货币市场风险指数

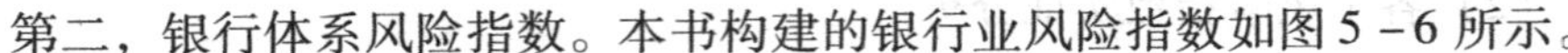

势，下降幅度到达 5%，这成为我国货币市场波动的主要原因。从全球金融危机爆发的前后可以看出，虽然在金融危机爆发当月，我国外汇储备并没有出现明显下降，但在下个月便出现一定程度的减少，同时实际利率也呈现持续下降态势。第二是 2016 ~ 2017 年货币市场风险加大的原因主要是外汇储备的下降。2016 年初至 2017 年底，外汇储备下降了 1.5%，实际汇率和实际利率有一定的波动，但未有明显的下降情况。

第二，银行体系风险指数。本书构建的银行业风险指数如图 5-6 所示。

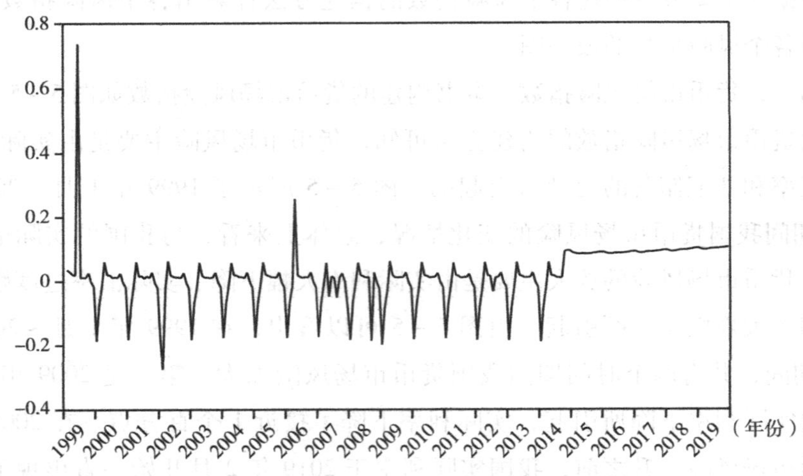

图 5-6　1999 年 1 月 ~ 2019 年 12 月银行体系风险指数

由上图中可见，中国的银行业在所选时段内的大部分时间是基本稳定的，只有少数月份出现了明显的脆弱性，1999 年 6 月出现了银行体系风险的急剧上升，主要由于在此期间我国银行贷款余额大幅增加所导致信贷风险和流动性风险增加。中央银行运用货币政策进行宏观调控，制定了银行体系流动性风险监管指标，控制信贷规模的扩张。随后，银行体系脆弱性明显下降。2007 年美国次贷危机爆发后，我国银行体系的流动性风险也上升，银行体系风险具有明显的上升趋势。从 2007 年年末到 2009 年，银行风险表现极为明显，这与 2007 年次贷危机和随后的金融危机爆发是密切相关的。在 2015 年之后，银行体系风险保持稳定，没有很大的变化。

第三，资产价格波动风险指数。本书构建的资产价格波动风险指数如图 5 – 7 所示。

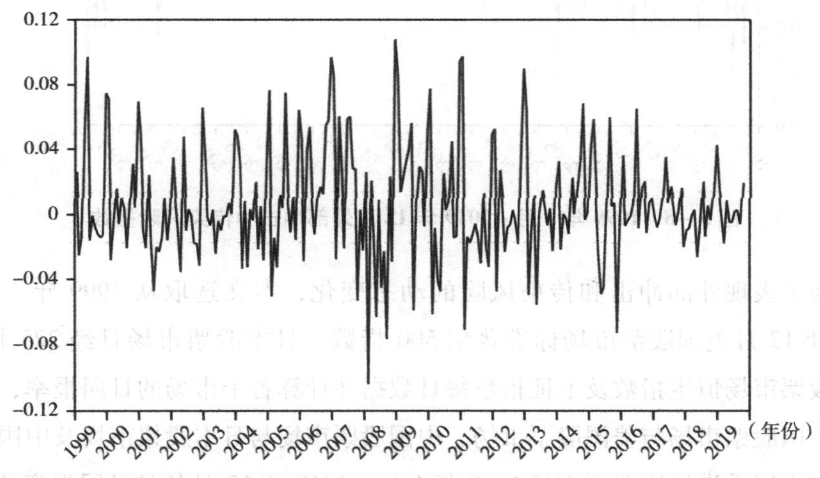

图 5 – 7　1999 年 1 月 ~ 2019 年 12 月资产价格波动风险指数

由资产价格波动风险指数定义可知，股票价格暴跌和房价大幅波动是导致风险压力上升的直接原因。1999 年资产价格波动风险指数上升的原因是 1999 年 7 月当月股指出现暴跌，累计跌幅达 21.45%，2001 年资产价格波动风险指数上升是因为 2001 年 3 月当月股价下跌达 9.2%，2007 ~ 2008 年资产价格波动风险增加是股市和房价共同作用的结果，房地产价格在 2007 年上半年也出现了大幅波动，2008 年 10 月当月股价暴跌 24.7%，随后股市处于低迷，进入熊市状态。从图5－7可以看出，自2005年汇率形成机制改革以后，我国房地产价格和股票价格波动的幅度明显加大，忽上忽下，直到近三年状态趋于平缓。

第四，外部冲击和传染风险指数。本书构建的外部冲击和传染风险指数如图5－8所示。

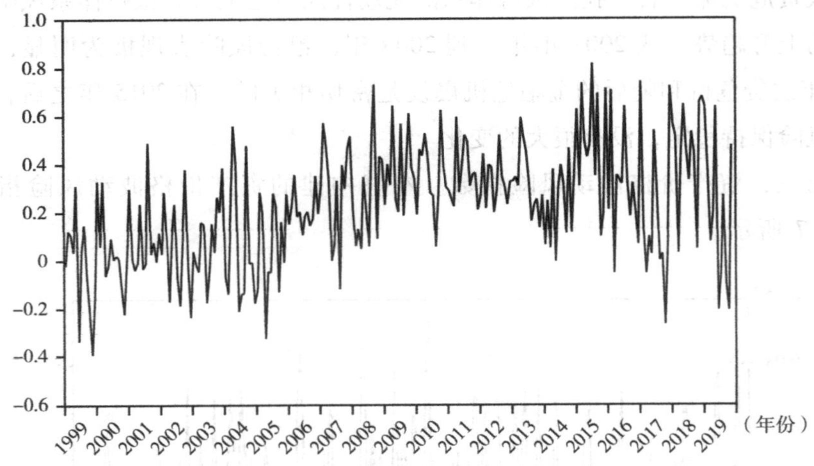

图5－8 1999年1月～2019年12月外部冲击和传染风险指数

为了表现外部冲击和传染风险的动态变化，本文选取从1999年1月～2019年12月美国股票市场标准普尔500指数、日本股票市场日经225指数、香港股票市场恒生指数及上证指数每日数据并计算各个市场的日回报率，分别得到中国股票市场与美国股票市场、中国股票市场与日本股票市场及中国股票市场与中国香港地区股票市场1999年1月～2019年12月各月日回报率的相关性。当股票市场的日回报率的相关性超过35%则视为存在明显的跨市场联系①。图中股票市场的日回报相关性超过35%则视为存在明显的跨市场联系，冲击和传染风险较强。显然2007年以前，只在少数月份出现了显著的跨市场联系，次贷危机暴发的2007～2009年间出现了明显的传染性，2008年10月传染风险到达高峰。2015～2019年，冲击和传染风险波动幅度大，且常存在极

① 许传华，杨雪莱．通货膨胀与中国金融风险预警［J］．武汉金融，2011（2）：20－22.

其明显的跨市场现象。

第五，系统性金融风险综合指数。在得到货币市场风险、银行体系风险、资产价格波动风险和外部冲击和传染风险各个指数变量后，将这些指数通过相同权重和因子方差贡献率权重合成为系统性金融风险综合指数，虽然确定权数的方法不同，从图5-9可以看出，两种方法所合成的系统性金融风险综合指数对整体风险的判断基本一致，如下图5-9所示。但是，方差贡献率作为权重更能反映重要市场风险对整个金融体系风险的贡献和影响。后文将以方差贡献率作为权重的系统性金融风险综合指数展开讨论和研究。

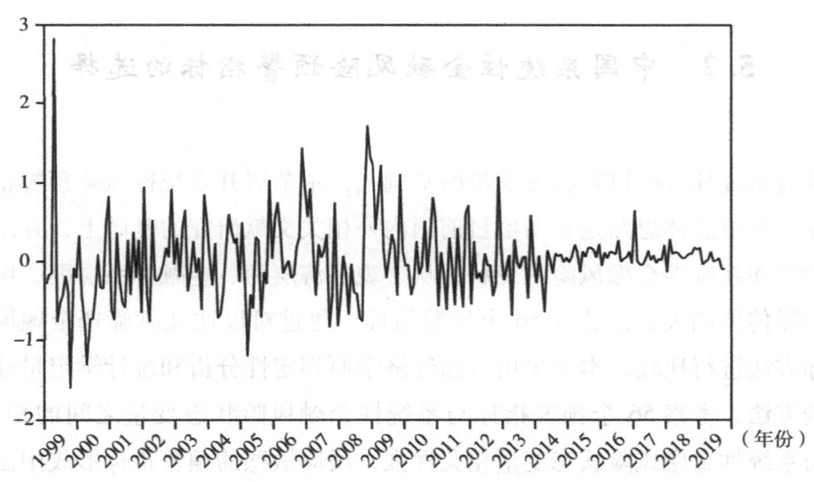

图5-9　1999年1月~2019年12月系统性金融风险综合指数

各个指数的方差贡献分别为：货币市场风险指数的方差贡献率为24.83283%，银行业风险指数的方差贡献率为34.05307%，资产价格波动风险指数的方差贡献率为24.83283%，外部冲击与传染风险指数的方差贡献率为14.48698%，其中银行业风险指数的方差贡献率最高，这是因为我国是一个银行主导型国家，银行系统在金融体系中处于绝对主体的地位。银行作为重要的金融机构是重要的金融风险来源，银行业风险越高，一国的金融风险也就越大。

从系统性金融风险综合指数来看，1999年6月我国系统性金融风险出现了较大的波动，主要是由于我国银行体系风险的急剧上升，当时银行体系信贷规模扩张，信贷风险和流动性风险加大。2000～2005 年，我国金融体系较为稳定，没有出现较大的风险①。从 2006 年年末到 2009 年年初金融体系表现出了明显的不稳定，这与万晓莉（2008）、陈守东等（2009）的结论基本一致，而 2007～2009 年的极度风险也与全球金融危机爆发的事实相符，2009 年中有的月份表现出了风险，2013 年上半年系统性金融风险综合指数出现波动，主要是由于金融体系出现流动性紧张，加大了系统性金融风险，但在财政政策和货币政策的宏观调控作用下，系统性金融风险明显呈下降趋势。2014～2019 年，系统性金融风险趋于平稳，波动不大。

5.2 中国系统性金融风险预警指标的选择

在对系统性金融风险状态衡量的基础上，本节展开系统性风险预警指标选择研究。本节总体思路是在借鉴目前国内外相关文献研究的基础上，并结合目前我国潜在系统性金融风险的现状，从宏观经济层面、金融体系层面、国际冲击和国际传染四大层面选取 56 个预警指标。通过对以往文献筛选金融风险预警指标方法进行比较，本书采用依据经济学原理定性分析和统计学定量建模相结合的方法，考察 56 个预警指标与系统性金融风险状态变量之间的相关性，选择与系统性金融风险状态变量相关性强，反应敏感的预警指标形成中国系统性金融风险预警指标体系。

研究步骤如图 5－10 所示，具体而言：首先，依据系统性金融风险相关文献研究并结合目前我国潜在系统性金融风险的现状，在考虑数据可得性的情况下，从宏观经济层面、金融体系层面、国际冲击和国际传染等四大方面选取系统性金融风险预警指标。其次，对初步选择的 56 个预警指标与我国系统性金融风险状态变量，运用格兰杰因果关系检验从时间先后因果关系的角度筛选预警指标，然后再运用多元逐步回归的方法从相关性的角度进行指标筛选。最后，系统性金融风险预警指标体系的确认。通过对预警指标的筛选，得到与系

① 陈守东，田艳芬，邵志高，等．国际金融危机对我国银行体系脆弱性的冲击效应［J］．重庆工商大学学报（西部论坛），2009（4）：60－72.

统性金融风险状态变量显著相关的指标，构成风险预警指标体系。

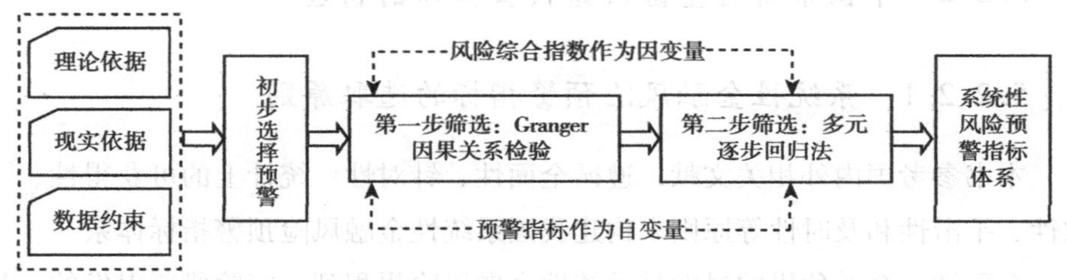

图5-10　中国系统性金融风险预警指标体系的构建

5.2.1　中国系统性金融风险预警指标选择依据

系统性金融风险预警离不开预警指标，预警指标的选择是建立系统性金融风险预警机制最关键的部分，它决定系统性风险预警机制的有效性。恰当地选择指标不仅能正确评价当前金融体系的运行状态，而且还能准确预测未来发展趋势并及时反映金融调控的效果。由于系统性金融风险预警机制容纳和处理信息的有限性，因此选择相关性强、灵敏度高的风险预警指标是系统性金融风险预警机制研究的重要内容。

系统性金融风险预警指标的选择不仅要考虑经济的合理性，还要考虑数据的可得性。目前，大量的文献研究中已提出许多金融风险预警指标，这些指标的提出大都以经济的合理性为基础，依据金融风险理论进行指标选择。在进行预警指标选择时，还要考虑数据的可得性。由于变量指标数据的频率越高对风险预警和预测的精度越高，对现实决策的指导意义更强，但是有的预警指标只有年度和季度数据，若选择月度数据则会舍弃这些指标或利用数据频率转换的方法将年度或季度数据转换为月度数据。另外，在选择指标时还要考虑指标的性质。大部分预测指标为宏观经济指标和金融部门稳健性指标，但是金融部门稳健性指标并不适用于金融风险预警和预测，主要是因为金融稳健指标如不良贷款率和资本充足率获取数据较难，只有最近时间的数据才可获取，而且这些指标属于一致或滞后指标，不是先行指标。

5.2.2 中国系统性金融风险预警指标的初选

5.2.2.1 系统性金融风险预警指标的选取原则

本书参考国内外相关文献，遵循全面性、针对性、统计上的可获得性、一致性、平滑性和及时性等原则来构建我国系统性金融风险预警指标体系。

全面性。金融危机的暴发是系统性金融风险累积到一定阶段所引发的，是国内经济金融状况和国际经济环境综合变化的结果。因此系统性金融风险预警指标的选择要具有全面性，既要包括国内经济金融脆弱性方面指标，又要考虑国际经济金融环境变化所带来的外部冲击和风险传染的影响。

针对性。进行系统性金融风险预警指标的选择在考虑全面性的基础上，还要具有针对性，并非要将全部相关指标一概纳入预警指标体系，而是要选择关系密切且重要的，在指标影响结果的过程中属于关键性因素的那些指标。

统计上的可获得性。预警指标的数据可以通过可靠的方式进行收集获得，并具备如误差小等必要的统计条件，满足数据处理和调整的需要。

一致性。预警指标的波动需与经济金融运行周期相符，在金融经济景气波动发生变化时，指标的波动状况要发生相应的变化，或提前、或延迟一段时间表现出来，并且能以稳定的时滞发生这种变化。

平滑性。为了满足风险预测的需要，所选预警指标的月度数据需达到较稳定的状态，即月度变化的误差要尽可能小。因为不规则波动较少的指标更能满足预测的要求。

及时性。要求所选预警指标数据的公布必须及时合理，能够在要求的时限内取得，满足实时监测金融体系运行情况的需要。

5.2.2.2 系统性金融风险预警指标的初选

改革开放以来，我国虽然没有出现大规模的金融危机，但是我国存在许多潜在的风险隐患。在构建系统性金融风险预警指标体系时，一方面基于当前国内潜在的经济金融风险状况，另一方面也要考虑国外冲击和国际金融风险的传染因素。由于我国存在金融干预，金融市场化程度不高，国内经济金融领域爆发危机的可能性较小，多数风险来源于国外冲击和国际金融危机的传染和蔓延。因此，本书结合我国自身的特点，综合考虑国内风险因素和国际金融风险因素，以及各预警指标的经济意义及数据的可得性的基础上，将系统性金融风险预警指标分为反映国内经济金融潜在风险状况的预警指标、反映全球经济环境变动冲击和传染风险的预警指标，前者包括宏观经济层面风险指标和金融体系层面风险指标；后者包括国际传染风险指标和国际冲击指标，从而构建一个具有实时性、针对性和国际视野的金融风险预警指标体系（见表5－2）。

表5－2　中国系统性金融风险备选预警指标

分类	一级指标	二级指标	三级指标（备选）	数据说明
国内系统性金融风险预警指标	宏观经济层面	实体经济	GDP 增长率（X1）	GDP 同比增长率
			固定资产投资增长率（X2）	固定资产投资同比增长率
			工业增加值增长速度（X3）	工业增加值同比增长率
			通货膨胀率（X4）	消费物价指数同比增长率
			货币供应增长率（X5）	M2 同比增长率
			消费者信心指数（X6）	我国消费者信心指数
		公共财政	财政收支余额占比（X7）	财政收支余额占 GDP 的比重
			财政收入占比（X8）	财政收入占 GDP 的比重
			财政预算支出占比（X9）	财政预算支出占 GDP 的比重
			国债负担率（X10）	国债累计余额占国内生产总值的比重
			国债依存度（X11）	当年国债发行额占财政支出的比重
		房地产市场	房地产开发综合景气指数（X12）	我国房地产开发综合景气指数
			房地产价格（X13）	房屋销售额/销售面积
			房地产投资占比（X14）	我国房地产投资 GDP 的比重
			房地产开发贷款占比（X15）	房地产开发贷款占国内信贷的比例
	金融体系层面	银行体系	贷存比例（X16）	银行各项贷款余额与各项存款余额的比值
			实际利率（X17）	一年期存款利率减通货膨胀率
			国内信贷占比（X18）	国内信贷余额占 GDP 的比重
			存贷利差（X19）	一年期存款利率与一年期贷款利率的差额
			M2 占比（X20）	M2 占 GDP 的比重
			同业拆借加权平均利率（X21）	银行间同业拆借市场加权平均利率（30 天）
			同业拆借交易额（X22）	我国银行间同业拆借交易额（天）

续表

分类	一级指标	二级指标	三级指标（备选）	数据说明
国内系统性金融风险预警指标	金融体系层面	外汇市场	外汇占款增长率（X23） 实际汇率（X24） 实际汇率高估[1]（X25） 国家外汇储备增长率（X26）	外汇占款同比增长率 名义汇率×(美 CPI/中 CPI) 实际汇率与其经过 HP 滤波趋势项的差额 国家外汇储备同比增长率
		股票市场	股票价格指数（X27） 股票成交额（X28） 股票成交量（X29） 股票市盈率（X30） 证券化率（X31）	上证综合指数 当月股票成交额 当月股票成交量 上证 A 股市盈率 股票市价总值占 GDP 的比重
国外系统性金融风险预警指标	国际传染层面	国际贸易渠道	进出口额之比（X32） 出口增长率（X33） 对外贸易依存度（X34）	进口额/出口额 出口额同比增长率 进出口总额占 GDP 的比重
		国际资本流动渠道	外商直接投资占比（X35） 国内外实际存款利率差（X36） 短期国际资本（X37） 短期国际资本占比（X38）	外商直接投资 FDI 占 GDP 的比重 中国和美国一年期存款实际利率的差[2] 外汇储备—贸易差额—实际利用外资 短期国际资本占 GDP 的比重
		国际收支渠道	经常项目差额占比（X39） 短期外债占比（X40） 短期外债与外汇储备之比（X41） 金融自由化指数（X42） 外债负债率（X43） 外债偿债率（X44） 外债债务率（X45）	经常项目差额占 GDP 的比重 短期外债占 GDP 的比重 短期外债与外汇储备的比率 货币供应量（M2）与外汇储备之比 外债余额占 GDP 的比重 外债本息占商品和劳务出口收入的比重 外债余额与商品和劳务出口收入的比率
		预期渠道	美国 PMI（X46） 欧元区综合 PMI（X47）	美国制造业采购经理指数 欧元制造业采购经理指数
	国外冲击层面	外部冲击	全球流动性变动率（X48） 外部经济增长率（X49） 美国工业产出变动（X50） 美元利率波动（X51） 美国一年期国债利率（X52） 美元指数变动率（X53） 美国证券市场股价指数（X54） 国际原油价格（X55） 国际黄金价格（X56）	货币供应量[3]同比增长率 GDP 同比平均增长率 工业产出同比增长率 1 年期美元 LIBOR 利率 一年期美国国债利率 美元指数月度变化率 道琼斯股价指数 布伦特原油价格 黄金价格指数

① 实际汇率高估 =（实际汇率 − 实际汇率趋势）/实际汇率趋势，实际汇率趋势用 HP 滤波方法得到

② 美国一年期存款利率用一年期美国财政部债券的利率数据

③ 指美国、欧元区和日本

5.2.2.3　系统性金融风险预警指标的解释

(1) 国内系统性金融风险预警指标

国内金融风险预警指标主要从宏观经济层面和金融体系层面进行选择。宏观经济层面风险指标主要包括实体经济风险指标、公共财政风险指标和房地产市场风险指标。

实体经济指标最能够直观反映经济金融运行状况，实体经济过热或者衰退都可能是危机爆发的前兆。一般情况下，用 GDP 增长率和工业增加值增长率来反映经济增长情况，两个指标一般是同向变动的关系，当增长率较大时，说明国家经济运行状况良好，国民收入增加，消费能力增强。相反，如果二者均较小甚至为负，则意味着该国经济发展过慢可能进入衰退阶段。固定资产投资相关指标反映经济运行的周期状况，与银行不良贷款直接相关。当经济过热时，投资过度膨胀，银行体系不良贷款大量出现，导致经济运行风险加大。通货膨胀率通常是衡量宏观经济稳定的重要标志，通货膨胀严重则意味着经济金融运行风险加大。M2 占比反映一国货币供给情况。M2 持续增长容易导致通货膨胀，从而影响经济运行。消费者信心指数来衡量消费者对未来经济的预期，在信息不对称的情况下，投资者心理预期的变动会导致股票价格暴跌，出现波动风险。

财政收支指标反映了政府部门财政收支状况和政府债务负担状况。财政收支余额占比反映国家宏观经济的稳健运行状况及财政政策的走向。财政收入占比反映国家的宏观调控能力及可持续发展指标。国债负担率着眼于国债的存量，是衡量国民经济承受能力的指标。国债依存度反映一个国家的财政支出在一定时期内对发行国债的依赖程度。当一个国家的债务依存度过高时，表明了这个国家财政状况比较脆弱。

房地产市场相关指标反映了房地产市场的发展状况。本书选取房地产开发综合景气指数反映房地产市场风险状况，依据经济周期波动理论和景气指数原理，房地产开发综合景气指数集中反映土地、资金和市场需求等方面的合成指数，能先行地反映房地产业景气状况。房屋销售价格增长过快都意味着房地产泡沫加剧，房地产开发投资占比这可以衡量房地产行业扩张程度，显示房地产业与实体经济的偏离程度，也可以作为房地产泡沫的指示指标。该比值绝对值越大，说明房地产市场的发展与实体经济发展偏离程度越大。

金融体系风险指标主要反映银行、股票市场和外汇市场等方面的风险。在很多国家，货币市场风险由货币过度扩张所引起由于信贷快速增长导致银行体系风险相关①。存贷比例反映了银行运营资金总量的控制能力。较高的贷存比例，意味着银行没有足够的流动性来应对外来冲击，银行体系的脆弱性增加。实际利率可以反映一国资金供求状况及对外资流入的吸引力。一国银行实际利率提高会降低资金的供给，增加银行的经营成本，是银行体系陷入困境；另外，实际利率增加会增大外资流入的吸引力，引发国际资本的大量流入，从而受到外部冲击引发风险的可能性增大；而且实际利率也经常用于衡量金融机构的稳健性，一国银行实际利率的提高会使增加贷款违约比例提高，引发银行体系的波动。国内信贷占比衡量一国的信贷扩张规模，信贷规模的扩张一方面增加流通中的货币量，造成通货膨胀压力；另一方面，信贷规模的扩张会增加银行体系不良资产规模的扩大，引发银行坏账的概率加大。存贷款比例衡量信贷过度膨胀带来的风险，另外该指标的高低也可以反映银行业在应对流动性风险方面的能力大小；对于存贷利差而言，利差扩大意味银行风险下降，但利差过大并不一定是好事，这意味企业还款能力下降，违约风险上升，银行吸收存款困难。银行间同业拆借市场加权平均利率该指标具有较强的定价能力和良好的市场声誉。其波动特征反映金融系统货币供求的均衡状态，利率越高表明借贷成本越大，货币流动性差，缺乏活力，增加金融危机风险。一国银行同业拆借交易额越大表明银行间资金短期流动越频繁，金融环境运行状态良好，金融风险越低。

外汇占款比率反映央行基础货币投放情况的指标。我国金融机构资金运用主要为各项贷款、有价证券及投资和外汇占款等方面，如果金融机构在外汇占款和证券投资方面的资金比例上升，就会降低在各项贷款方面的比例，因此大量外汇占款抑制企业的生产和投资，导致经济增长率的下降。实际汇率和实际汇率高估是反映一国币值稳定程度和汇率风险状况的指标，一国货币高估会增

① 刘国风．国际投机资本流动引致我国金融风险研究［D］．天津：天津大学，2011.

加金融体系的脆弱性，使一国丧失外部市场的竞争力，引发经济衰退。国家外汇储备同比增长率衡量中央银行外汇储备充足程度①。

股票市场风险相关指标反映一国金融市场的稳定程度。股票市场市盈率主要用于衡量一国股票市场泡沫含量的指标，股票市场市盈率越高，说明股票市场泡沫越大，风险越高。证券化率是衡量一个国家证券市场发展程度和发展状况的重要指标。

（2）国际系统性金融风险预警指标

国际金融风险预警指标主要从金融风险传染和国外冲击两方面进行指标的选取。

风险传染主要包括从国际贸易渠道、国际资本流动渠道、国际收支渠道、预期传染渠道进行指标的选择。国际贸易渠道相关指标主要为反映一国外贸稳定的指标，金融风险传染理论表明，一国的对外贸易是风险传染的主要渠道，而且伴随着风险的发生，一国出口会出现急剧下降。国际资本流动渠道相关指标主要反映一国对国际资本的依赖程度，当一个国家对国际资本的依赖程度越高，其受外资冲击的影响就越严重，当外资出现迅速撤离时，将会对国内经机构造成严重影响。国际收支渠道相关指标主要反映一国对外经济部门的竞争力。经常项目差额占比过大，说明国际收支严重失衡，如果经常项目长期逆差，并占GDP比例较高，会导致外汇储备减少引发货币市场风险。短期外债占比，用来衡量一国资本流入结构是否合理，短期外债比重越大，说明目前面临的还债压力越大。金融自由化指数反映资本流入程度，金融自由化指数越高，资本流入程度越高。外债负债率反映一国的负债能力和给经济造成的负担水平，也反映了金融体系承担外债的风险大小。预期渠道方面，主要选取美国PMI和欧元区PMI，PMI是公认的监测经济运行的及时、可靠的先行指标，选取美国PMI主要基于中美经贸关系的紧密程度和美国的国际影响力。选取欧元区PMI以反映欧债危机对我国造成的影响。欧债危机对我国的主要传染渠道是国际贸易和预期。首先，我国的出口增长率在一定程度上可以反映欧债危机对我国的影响。欧盟是我国最大的贸易伙伴之一，人民币对欧元升值趋势明

① 郭栋．基于动态Logit模型的中国系统性金融危机预警研究［D］．长春：吉林大学，2013.

显，对欧盟的贸易出口增速回落；另外欧债危机也使其他主要贸易伙伴国如美国和日本的进口需求萎缩，进一步增强我国的出口压力。其次，对欧洲经济乃至世界经济形势悲观预期也是导致危机传染的重要原因，需在原有预期渠道的预警指标基础上增加欧元区 PMI。

国外冲击风险指标主要反映国际经济环境变化对我国经济带来的影响。伴随着经济、金融全球化，各个国家的经济金融与外界联系日益紧密。2007 年以来，由美国次债危机引发的全球金融危机，对我国经济和金融产生一定的影响。美国作为全球最大的经济实体，其经济的稳定运行对其他国家的经济有着重要影响。美元利率波动、美国 1 年期国债利率、美元指数和美国证券市场股价指数反映美国货币币值的变化和美国股票价格的波动经济对我国经济的影响。国际原油价格变化率对世界经济的影响巨大。原油价格上升导致一国进口原油成本上升而引起该国外汇储备流失，支付能力下降，进而影响经济发展，其对经济的冲击作用机制为：一方面，原油价格上升会导致一国生产及生活成本上升，投资下降，经济增长速度下降；另一方面，原油价格上升还会导致一国国内通胀预期加强，影响股市、房市以及汽车市场，导致经济泡沫破灭，最终引起金融动荡①。黄金价格指数反映黄金价格走势。

5.2.2.4 数据的来源与说明

本书所选取的预警指标数据来源于 IMF、WIND 数据库、中国证监会、中经网数据库、中宏数据库和《中国统计年鉴》。本书在考虑到数据的可得性的前提下选取 1999 年 1 月 ~2019 年 12 月的月度数据进行实证分析，对于没有月度数据的指标，如国内生产总值（GDP）只有累计季度数据，首先使用差分方法得到每季度的数据，然后利用 Quadratic - match Sum 方法进行频度转换，经转换得到 GDP 月度数据。对于缺失的月度数据，如果前后有数值，取前后两月平均值填充序列。对于包含季节因素的时间序列数据，采用 X - 12 季节调整方法剔除季节因素。另外，由于我国存在金融管制，根据雷达、赵勇（2008）②，外商直接投资、国内外实际存款利差等都和实际资本账户管制有密切的联系，

① 王东东．我国金融风险预警指标体系构建及风险度量［D］．合肥：安徽大学，2012.

② 雷达，赵勇．中国资本账户开放程度的测算［J］．经济理论与经济管理，2008（5）：5 - 13.

因此这几个指标能在一定程度上反映资本账户的管制程度。在数据进行处理和分析之前需要对数据进行标准化处理（如公式5-9），消除量级和量纲的影响。

5.2.3 中国系统性金融风险预警指标的筛选

5.2.3.1 中国系统性金融风险预警指标筛选方法

一般情况下，我们在获得系统性金融风险状态代理变量，并初步确定了系统性金融风险预警指标之后，需要对所选指标进行进一步的筛选，这样做的优点是：一方面可以减少指标个数，寻找与系统性金融风险状态代理变量联系紧密的指标，便于系统性金融风险预警模型的应用；另一方面，可以剔除预警指标之间的多重共线性问题，有利于提高系统性金融风险预警的有效性。

Kaminsky，Lizondo，Reinhart（1997）在其著名的KLR信号法模型中采用了噪音信号比方法（Noise - Signal Ratio）通过确定每个预警指标的阈值来进行指标的筛选①。目前这一方法主要是用于评价预警效果，很少用于筛选指标，主要是因为在预警指标较多的情况下，此方法的工作量巨大，筛选指标比较麻烦，操作性不强。Frankel和Rose（1996）在其FR模型中，以参数估计值来进行预警指标的筛选，这种方法同样不适用于预警指标较多的情形②。Abaid（2003）在利用Markov状态转换模型进行货币危机预警研究中，利用单变量线性回归法将货币危机的状态变量作为因变量，危机预警指标作为自变量之间进行回归，选择参数估计统计量显著的指标作为预警指标。具体做法为，建立货币危机的状态变量与危机预警指标之间的线性回归方程，运用单变量线性回归方法对货币危机的状态变量与被选预警指标分别进行回归，在给定置信

① Kaminsky G, Lizondo S, Reinhart C M. Leading indicators of currency crises [J]. Policy Research Working Paper Series, 1997, 75 (1): 1.

② Frankel J. A., A. K. Rose. Currency Crashes in Emerging Markets: An Empirical Treatment [J]. Journal of International Economics, 1996 (41): 351-366.

区间水平下，选取参数估计值显著的预警指标①。张伟（2004）在 Abaid（2003）的基础上也使用单变量线性回归方法筛选指标，与 Abaid（2003）不同的是张伟（2004）以名义汇率月变化率作为因变量，将预警指标进行标准化处理后作为自变量，运用单变量线性回归方法进行逐一回归，根据预警指标参数估计值的显著性来确定预警指标②。

单变量线性回归方法的优点是直接建立危机状态代理变量与预警指标之间的线性联系，并依据估计参数的统计特征筛选指标，但这一方法是将预警指标一次一个进入回归模型，没有考虑到预警指标之间的相关关系，而由于预警指标之间可能存在多重共线性，从而可能造成回归结果失真或难以准确估计。而马辉（2009）认为，在运用单变量线性回归方法之前需要对预警指标和危机状态代理变量之间的因果关系进行先验性判断，否则回归结果可能是伪回归，t 检验统计量失真③。

本书在借鉴前人研究的基础上，首先，运用格兰杰因果关系检验方法检验系统性金融风险状态代理变量与预警指标之间的单向因果关系，找出与系统性金融风险状态代理变量存在先后因果关系的指标；其次，再运用多元逐步回归的方法剔除预警指标之间的多重共线性，筛选与系统性金融风险状态代理变量相关性较强的指标。格兰杰因果关系检验由 Granger（1969）开创，是判断一个变量是否是引起另一个变量变化的原因的检验方法，经常用于分析经济时间序列之间的因果关系④。马辉（2009）采用 Granger 因果关系检验方法，从时间先后因果关系角度选择预警指标。他对备选指标和危机变量分别进行两两 Granger 因果关系检验，根据检验结果挑选稳健性最好且两者存在单向 Granger 因果关系的影响危机变量的指标进入模型。逐步回归法是选择自变量最优子集的方法。通过优化某一统计量来选择最优子集，一般为最大 t 值准则和最小 p 值准则，通过逐步添加或逐步删除变量，反复建模，找到上述统计量最优的模

① Abiad M A. Early warning systems：A survey and a regime - switching approach［M］. International Monetary Fund，2003.

② 张伟．体制转换模型能预测货币危机吗？［J］．经济研究，2004（7）：18 -26.

③ 马辉．中国金融风险指标体系构建与预警研究［D］．长春：吉林大学，2009.

④ Granger C W J. Investigating Causal Relations by Econometric Models and Cross - Spectral Methods［J］. General Information，1969，37（3）：424 -438.

型，该模型的自变量就是全部备选变量的最优子集。

与以往研究比较，本书方法既能甄别预警指标与状态代理变量发生的时间次序，也考虑了预警指标之间的相关关系，消除预警指标之间的多重共线性，增强了预警指标对状态代理变量的解释能力，同时借助成熟的计量软件可以处理大批量数据。

步骤如下：首先，在对系统性金融风险状态代理变量和风险预警指标变量序列进行单位根检验基础上，将平稳的预警指标序列与系统性金融风险状态代理变量序列分别进行两两格兰杰因果关系检验，选择对系统性金融风险状态代理变量存在显著单向格兰杰因果关系影响的预警指标。其次，是将系统性金融风险状态代理变量与通过格兰杰因果关系检验的风险预警指标变量建立多元逐步回归模型，选择估计参数显著性最强的指标为最终预警指标，进入预警模型。

5.2.3.2　中国系统性金融风险预警指标的筛选

(1) Granger 因果关系检验

为了确定两组变量的因果关系，需要对两组变量再进行格兰杰因果关系检验。格兰杰因果关系检验能够检验序列变量之间在统计上的因果关系。针对变量 Y 和 X，其因果关系可以由以下两个方程检验：

$$Y_t = \alpha_0 + \sum_{k=1}^{n} \alpha_k X_{t-k} + \sum_{k=1}^{n} \beta_k Y_{t-k} + \varepsilon \tag{5-13}$$

$$X_t = \lambda_0 + \sum_{k=1}^{n} \lambda_k Y_{t-k} + \sum_{k=1}^{n} \theta_k X_{t-k} + \mu \tag{5-14}$$

式中 α_0 和 λ_0 是常数项，α_k、β_k、λ_k 及 θ_k 为待估参数，ε 和 μ 是无关扰动项，且均值为 0、方差为有限值。针对式（5-13），零假设为：$\alpha_k=0$，$k=1, 2, \cdots, n$，备择假设为：α_k 至少有一个不为 0。针对式（5-14），零假设为：$\lambda_k=0$，$k=1, 2, \cdots, n$，备择假设为：至少存在一个 λ_k 不为 0。使用 F 检验，若式（5-13）中的参数 α_k 整体显著不为 0，则认为 X 不会对 Y 产生格兰杰影响；同理，若式（5-14）中的参数 λ_k 整体显著不为 0，则认为 Y 不会对 X 产生格兰杰影响。

格兰杰因果检验判定的并非真正的因果关系，而是依据“因先果后”的准则验证变量之间的统计意义上的因果性，即如果一个变量总是先于另一个变量发生，或一个变量总是出现在另一变量之后，则先发生的变量为“原因”，而后发生的变量为“结果”。

进行格兰杰因果关系检验的一个前提条件是要求经济时间序列必须为平稳序列，否则可能会出现“虚假回归”的结果（周建、李子奈，2004）①。因此在进行格兰杰因果关系检验之前，首先应对系统性金融风险状态变量和风险预警指标变量序列进行平稳性检验。判断一个经济序列是否平稳的方法有两种：一种方法是运用序列自相关分析图来判断，这种方法比较粗略，实用性较差；另一方法是运用单位根检验的方法来判断时间序列的平稳性，这种方法比较正式，在单位根检验时常用 ADF 检验来判断时间序列的平稳性。本书运用 ADF 检验对系统性金融风险状态代理变量和风险预警指标变量序列的平稳性进行检验，结果显示各序列在5%的显著水平下为 I(0) 或 I(1) 序列（检验结果见附录1），因此满足 Grange 因果关系检验前提。此外，Holst 等（1994）曾给出一个应用 Markov 状态转移模型的充分条件是二阶平稳，因此本书的指标序列同时满足后文的 Markov 状态转移模型建模条件②。

运用 Granger 因果关系检验过程中，在确定入选指标个数的原则上，重点考虑是选取在多个滞后阶数下均能对风险状态代理变量有单向 Granger 原因的指标，通常情况下，将显著性水平定为5%，如果是在5%显著性水平下最终能够拒绝原假设的指标，那么均可以列入指标体系当中。考虑到不同滞后阶数将会对 Granger 因果关系检验结果产生较大影响，因此选取不同滞后阶数对风险状态代理变量和各处理后的预选预警指标进行两两 Granger 因果关系检验。鉴于指标数量较为庞大，本书中只是给出了与风险状态代理变量存在显著 Granger 因果关系的预警指标，指标的单位根检验和不存在任何类型因果关系的预警指标见附件。检验结果见表5-3：

① 周建，李子奈．Granger 因果关系检验的适用性［J］．清华大学学报：自然科学版，2004（3）：358-361.

② Holst U，Lindgren G，Holst J，et al. Recursive Estimation in Swithing Autoregressions with a Markov Regime［J］．Journal of Time，1994，15（5）：489-506.

表5-3 中国系统性金融风险预警指标格兰杰因果关系检验筛选结果

指标	系统性金融风险格兰杰检验结果			指标	系统性金融风险格兰杰检验结果		
	N=1	N=2	N=3		N=1	N=2	N=3
x2	0.0396	0.1307	0.2231	x31	0.3229	0.0148	0.0211
x5	0.0377	0.1284	0.2468	x33	0.0171	0.0424	0.0890
x7	0.0000	0.0000	0.0000	x38	0.2510	0.0458	0.1177
x9	0.0001	0.0004	0.0021	x41	0.5454	0.8323	0.0437
x11	0.0341	0.0274	0.0532	x42	0.0444	0.1253	0.3141
x12	0.3883	0.0138	0.0162	x45	0.1219	0.0244	0.0321
x16	0.0176	0.0708	0.2245	x46	0.0248	0.0290	0.0766
x18	0.7669	0.0259	0.0293	x49	0.0044	0.0206	0.0966
x19	0.0119	0.0044	0.0126	x50	0.0091	0.0401	0.1442
x20	0.9511	0.0348	0.0496	x51	0.1742	0.3911	0.0429
x30	0.0879	0.0067	0.0216				

（2）逐步回归分析法

在建立回归模型时必须考虑的一个重要问题就是自变量的选择。通常根据所要研究问题，结合相关理论寻找出所有对因变量可能会有影响的因素。如果某些重要的变量遗漏了，回归的结果将肯定不好；如果自变量过多，不仅会增大计算量，也会加大出现多重共线性的可能性，而多重共线性将会导致参数估计不精确、不稳定，甚至出现失真结果。逐步回归分析法一方面可以对多重共线性进行检验，另一方面，也是筛选自变量的一种有效方法。具体过程如下：

设候选的自变量集合为 $S=\{x_1, \cdots, x_m\}$，从中选出一个子集 $S_1 \subset S$，设 S_1 中有 n 个自变量（$n=1, \cdots, m$），文中选取 F 统计量的最小 P 值准（小于 P 值，说明因变量 y 对自变量 x 有显著的线性关系，回归方程是显著的）则作为衡量变量选择的一个数量标准。将由 S 和因变量 y 构造的回归模型 $y=\beta_0+\beta_1x_1+\cdots+\beta_mx_m+u$，并将 p 值最大的变量剔除，设被剔除的变量为 x_m，在这种情况下，我们将建立因变量 y 与剩余 m-1 个变量的回归模型 $y=\beta_0+\beta_1x_1+\cdots+\beta_mx_{m-1}+\varepsilon$，将 p 值最大的变量剔除，之后，我们利用向前的 p 值准则进而来检查所有被剔除的变量，将 p 值小于所规定的显著性水平 β 的变量重新引入模型中，至此完成逐步回归的一步。接着，再将回归的方程中 p 值最大的变量剔除，紧接着，我们利用向前 p 值准则检查剔除的变量，我们将这个操作过程反复进行后，直到回归方程中的所有自变量系数所对应 p 值全部小于规定的显著性水平 α。

令表 5 - 3 的初选预警指标作为自变量 X，以风险压力指数为因变量 Y，分别进行逐步回归法回归。回归模型为：

$$Y_t = \beta_0 + \beta_1 x_1 + \cdots + \beta_m x_m + \mu_t \quad (5-15)$$

式中，Y 是风险压力指标，x_1，$\cdots x_m$ 为预警初选指标，β_0 为常数项，β_1，$\cdots \beta_m$ 为预警指标 x 的回归参数，μ 为随机扰动项。回归结果见表 5 - 4：

表 5 - 4　中国系统性金融风险预警指标多元逐步回归筛选结果

自变量	参数估计值	标准差	t 统计量	t 统计量的收尾概率
X2	0.5924	0.1521	3.8950	0.0001
X7	0.2152	0.0799	2.6929	0.0078
X12	0.2884	0.0829	3.4776	0.0006
X18	0.4489	0.0887	5.0612	0.0000
X30	-0.3951	0.1297	-3.0459	0.0027
X34	0.2932	0.0880	3.3316	0.0011
X41	-1.2692	0.2572	-4.9352	0.0000
X46	-0.3034	0.0700	-4.3367	0.0000
X51	0.6386	0.1378	4.6352	0.0000

5.2.4　中国系统性金融风险预警指标的确认

依据预警指标选择原则，在很大程度上选取的预警指标和风险状态代理变量具有较强的相关关系；介于本书的研究样本时间序列有 252 个，如果让较多预警指标带入预警模型当中，很可能会出现参数数量较多，造成模型无法估计的结果。通过格兰杰因果关系检验和多元逐步回归进行指标筛选，最终选择指标如下：固定资产投资增长率（X2）、财政收支余额占比（X7）、房地产开发综合景气指数（X12）、国内信贷占比（X18）、股票市盈率（X30）、对外贸易依存度（X34）、短期外债与外汇储备之比（X41）、美国 PMI（X46）和美元利率波动（X51）等指标。根据各预警指标的解释，确定各个预警指标的预期符号（见表5－5）。

表5－5　　　　　　　中国系统性金融风险预警指标

预警指标	数据说明	预期符号
固定资产投资增长率（X2）	固定资产投资同比增长率	+
财政收支余额占比（X7）	财政收支余额占GDP比重	+
房地产开发综合景气指数（X12）	我国房地产开发综合景气指数	—
国内信贷占比（X18）	国内信贷余额占GDP比重	+
股票市盈率（X30）	上证A股市盈率	+/—
对外贸易依存度（X34）	进出口总额占GDP比重	+
短期外债与外汇储备之比（X41）	短期外债与外汇储备的比率	+
美国PMI（X46）	美国制造业采购经理指数	—
美元利率波动（X51）	1年期美元LIBOR利率	+

注："+"表示该预警指标与系统性金融风险呈正比关系，"—"表示该变量与系统性金融风险呈反比关系，"+/—"表示该变量与系统性金融风险关系不确定。

综上，我们在本书中要选取的指标，一方面要具备统计的敏感性，另一方面也符合了客观的经济规律。另外，不同风险预警指标进行了交叉，进一步证明了系统性金融风险形成的复杂性。

第 6 章

中国系统性金融风险预警机制指标应用：实证分析

第 5 章设计了我国系统性金融风险综合指数，并在此基础上构建了一个相对完善的预警指标体系。而我们构建的预警指标体系到底能否起到敏锐地捕捉系统性金融风险的变化，需要在实证研究当中得以进一步的检验。利用金融风险综合指数预警有两种思路：一种是设定阈值并将金融风险综合指数转化为离散变量，借助受限因变量模型直接预警金融风险状态；另一种是将连续状态的风险综合指数作为内生变量植入预警模型，直接预警风险综合指数的转换概率，进而设定阈值并预报金融风险状态变化。因此，本章分别从系统性金融风险综合指数的离散和连续两种状态预测我国系统性金融风险发生的概率。

6.1 中国系统性金融风险预警模型的选择

在已有的金融风险预警研究成果中，早期的预警模型主要有 Rose 和 Frankel（1996）提出 FR 概率模型（probit/logit model）、Kaminsky，Linzondo 和 Reinhart（1996）提出的 KLR“信号分析法”模型、Sachs，Tornell 和 Velasco（1996）建立的 STV 横截面回归模型。随着数量经济学的发展，金融风险预警模型得到不断的改进和创新，主要有离散选择模型（Frankel & Rose，1997；Bussiere & Fratzscher，2002）、DCSG 危机预警系统模型（Andrew & Pattillo，1999）、Logit 模型（Kumar，2002）、体制及状态转移模型（Martinez－Peria，2002；Abiad，2003；张伟，2004）、人工神经网络模型（Artificial Neural Network）（Fratzscher，2002；Click 等，2005；Lin 等，2006）。

本章综合以上文献研究，从离散状态和连续状态两方面进行中国系统性金融风险预警。中国系统性金融风险离散状态预警选择 Logit 模型，主要是因为：首先，Logit 预警方法对新兴市场国家的风险具有较高的预警能力，且在实践中具有较强的可操作性；其次，Logit 模型能够比较容易地预测出金融风险的发生概率，和其他预警方法相比，Logit 模型预测金融风险的能力比较强，预测金融风险的精确度也比较高；最后，Logit 模型综合考虑了多个预警变量间交互关系对系统性金融风险的影响，较容易衡量预警指标超出其阈值时影响程度的大小①。

中国系统性金融风险连续状态预警选择 Markov 状态转移模型。主要是因为基于 Markov 状态转移模型建立系统性金融风险预警系统可以很好地克服传统经典模型存在的诸多问题。首先，Markov 状态转移模型不必人为地设定阈值来确定金融风险的高低等级，也不用事先预估高风险可能出现的时间，而是通过状态变量在高低风险之间的平滑转换来确定所处的风险等级，且运用最大似然估计模型，便可得出高风险出现的具体时间段；其次，Markov 状态转移模型的因变量运用连续的金融风险状态代理变量，避免转化为 0～1 变量而造成的信息损失；最后，Markov 状态转移模型通过状态转移变量反映了高风险和低风险状态之间转换的动态性。Berg 和 Coke（2004）指出，金融危机预警是一个自回归过程，在危机发生前预警系统应该不止一期发出危机预警，一般的静态模型很难模拟出这种动态性，而 Markov 状态转移模型通过状态转移变量刻画危机和非危机状态间的动态转换，增加了预警的有效性②。

鉴于此，本书将选取 Logit 模型和 Markov 状态转移模型进行中国系统性金融风险预警。

① 王小霞．中国金融风险预警研究［M］．北京：中国社会科学出版社，2015，102－103.

② Coke R. N.，Berg，A. Autocorrelation－Corrected Standard Errors in Panel Probits：An Application to Currency Crisis Prediction. IMF Working Papers 04/39，International Monetary Fund.，2004.

6.2 基于Logit模型的系统性金融风险离散状态预警

本节使用Logit模型对离散状态的系统性金融风险进行预警，具体过程如图6-1所示，步骤如下：首先，将5.2.4节选择的预警指标作为Logit模型的自变量；其次，将金融风险综合指数转化为离散的虚拟变量，作为Logit模型的因变量；最后，对Logit模型进行回归，并预测我国近期系统性金融风险发生的概率，并对预警结果进行评价。

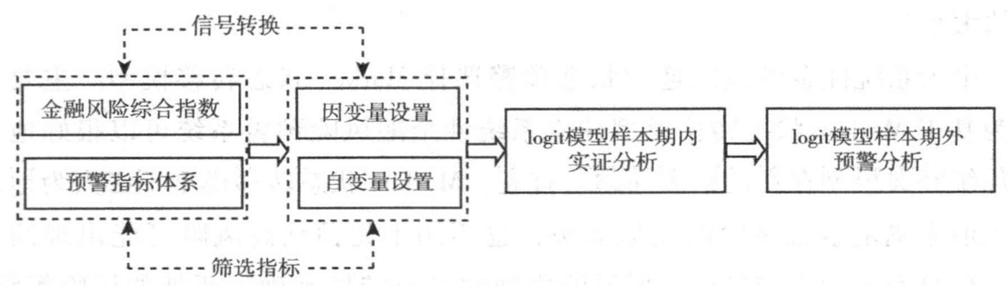

图6-1 基于Logit模型中国系统性金融风险预警分析过程

6.2.1 Logit模型

在金融危机预警领域，IMF已经将Frankel和Rose（1996）、Kumar，Moorthy和Perraudin（2002）等学者发展的受限因变量模型确定为金融危机预警的两类标准预警模型之一。国内，陈守东等（2006）对Logit模型进行深化研究并推广使用①，马德功、张畅、马敏捷（2007）等学者认为采用Logit模型预警我国的金融风险是比较合适的②。

① 陈守东，赵大坤，迟宪良．运用二元选择模型建立我国的金融预警模型［J］．学习与探索，2006（1）：237-239.

② 马德功，张畅，马敏捷．货币危机预警模型理论与中国适用［J］．上海金融，2007（12）：10-13.

1973 年 McFadden 首次提出了 Logit 模型，因为模型采用的是 logistic 概率分布函数，所以得名“逻辑回归”模型（Logistic regression）。模型一般形式如下：$p_i = F(y_i) = F(\alpha + \beta x_i) = \frac{1}{1 + e^{-y_i}} = \frac{1}{1 + e^{-(\alpha + \beta x_i)}}$ (6-1)

对于给定的 x_i，p_i 表示相应个体做出某种选择的概率。

对（6-1）式作如下变换，$p_i(1 + e^{-y_i}) = 1$ (6-2)

对（6-2）式除以 p_i 并减 1 得：$e^{-y_i} = \frac{1}{p_i} - 1 = \frac{1 - p_i}{p_i}$ (6-3)

取倒数后，再取对数，可得 $y_i = \log\left(\frac{p_i}{1 - p_i}\right) = \alpha + \beta x_i$ (6-4)

由上式知回归方程的因变量是对数的某个具体选择的机会比。Logit 模型的一个重要优点是把在［0，1］区间上预测概率问题转化为在实数轴上预测一个事件发生的机会比问题。Logit 累积概率分布函数的斜率在 $p_i = 0.5$ 时最大，在累积分布两个尾端的斜率逐渐减小。说明相对于 $p_i = 0.5$ 附近的解释变量 x_i 的变化对概率的变化影响较大，而相对于 p_i 接近 0 和 1 附近的 x_i 值的变化对概率的变化影响较小。

Logit 模型采用极大似然法来估计参数。首先分析 α 和 β 两个参数，对于式（6-4），在样本中 p_i 是观测不到。相对于 x_i 的值，只能得到因变量 y_i 取值为 0 或 1 的信息。寻找样本观测值最有可能发生条件下的 α 和 β 的估计值是极大似然估计法的出发点。从样本分析来看，假设第一种选择发生了 n 次，第二种选择发生了 N-n 次。如果我们设采取第一种选择的概率是 p_i。那么采取第二种选择的概率就是 $(1 - p_i)$。将样本数据重新进行排列，将前 n 个观测值作为第一种选择，第二种选择为后 N-n 个观测值，则似然函数为：

$$L(\alpha,\beta) = P(y_1, y_2, \cdots, y_N) = P(y_1)P(y_2)\cdots P(y_N) = p_n(1 - p_{n+1})\cdots(1 - p_N) = \prod_{i=1}^{n} p_i y_i \prod_{i=n+1}^{N}(1 - p_i) \quad (6-5)$$

对数似然函数是：

$$\log L(\alpha,\beta) = \sum_{i=1}^{n} \log p_i + \sum_{i=n+1}^{N} \log(1 - p_i) \quad (6-6)$$

分别对 α 和 β 求偏导数，并令其为 0，即：

$$\begin{cases} \dfrac{\partial \log L}{\partial \alpha} = \sum\limits_{i=1}^{n} \dfrac{1}{p_i} \dfrac{\partial p_i}{\partial \alpha} - \sum\limits_{i=1}^{n} \dfrac{1}{p_i} \dfrac{\partial p_i}{\partial \alpha} - \sum\limits_{i=1}^{N} \dfrac{1}{1-p_i} \dfrac{\partial p_i}{\partial \alpha} = 0 \\ \dfrac{\partial \log L}{\partial \alpha} = \sum\limits_{i=1}^{n} \dfrac{1}{p_i} \dfrac{\partial p_i}{\partial \alpha} - \sum\limits_{i=1}^{n} \dfrac{1}{p_i} \dfrac{\partial p_i}{\partial \alpha} - \sum\limits_{i=1}^{N} \dfrac{1}{1-p_i} \dfrac{\partial p_i}{\partial \alpha} = 0 \end{cases} \tag{6-7}$$

便可求到 α 和 β 的极大似然估计值。α 和 β 两个参数的极大似然估计量不仅具有渐近有效性、一致性，并且均呈现渐近正态。

6.2.2 Logit 预警模型变量设置

6.2.2.1 Logit 预警模型因变量构建

二元 Logit 回归模型指的是因变量分为二分类变量时的回归分析。一般情况下，在对金融风险进行预警过程中，首先，需要将系统性金融风险状态代理变量转化 0/1 变量的风险信号；其次，将风险信号与预警指标进行 Logit 回归分析，来预测金融风险。所以，我们运用二元 Logit 模型进行金融风险预警的第一项工作就是构建 0/1 因变量序列。构建二元 Logit 预警模型通常分为两步，分别是确认风险事件和构建因变量 y。

第 5 章我们已经设计了我国系统性金融风险综合指数，风险综合指数起到的作用是衡量系统性金融风险连续变化状态，但不能直接认定是否发生了风险，还需要对系统性金融风险综合指数设定阈值，将风险状态变量转化为 0/1 虚拟变量，从而才能认定是否发生了金融风险。研究中，大都设定当风险指数超过其均值的若干倍标准差时视为发生风险，国内学者如陈守东等（2006）为了详细划分警情严重程度，还尝试同时设定不同标准差倍数为临界值来界定风险的发生，但是临界值过低可能导致风险的过度识别，临界值设定过高则会遗漏一些重要风险，两种情况均会降低预警效果①。本书在借鉴许传华等（2012）做法基础上，采用 2 倍标准差阈值进行风险事件（FR）

---

① 陈守东，赵大坤，迟宪良．运用二元选择模型建立我国的金融预警模型［J］．学习与探索，2006（1）：237－239.

的识别①。为此，本书以下仅介绍以系统性金融风险综合指数超过其均值的2倍标准差作为阈值来识别风险的发生，即

$$FR=\begin{cases}1 & \text{if} \quad y>\bar{y}+2\times SD \\ 0 & 其他\end{cases} \tag{6-8}$$

其中y为系统性金融风险综合指数，$\bar{y}$ 和SD为系统性金融风险综合指数y的均值和标准差。

在确认风险事件的基础上，依据风险窗口构建因变量y。参考已有研究成果，不难发现大多数的研究成果将风险事件发生前风险窗口期内的因变量取1，其他取0。但是，应该注意到的是，因为预警提前时间的不同，那么风险窗口期设置也会不相同。陈守东等（2006）将风险发生之后的3个月内的因变量也取为1②。

在广泛参考了国内外大量相关文献和现有国际标准的基础上，将尝试预测在未来6个月或12个月内出现系统性金融风险的概率，为此将风险窗口期分别设定为6个月和12个月，若t期发生系统性金融风险，则t之前6个月或12个月及之后2个月内各期Y均为1，其他时期Y为0。如图6－2和式（6－9）所示：

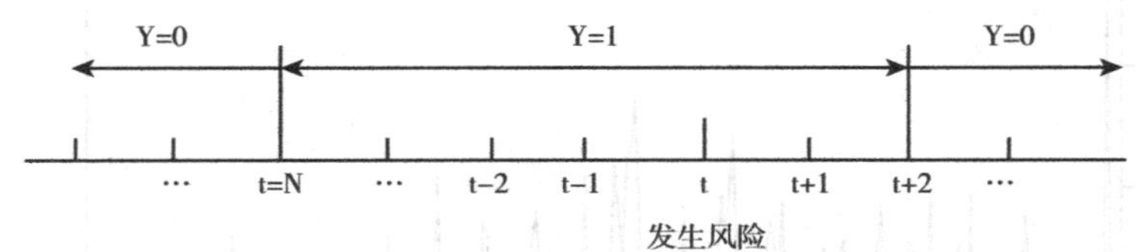

图6－2　二元Logit模型因变量设置

$$Y_{t+k}^{N}=\begin{cases}1 & k=-N,-(N-1),\cdots,0,1,2 \quad \text{s.t.}\ FR_t=1 \quad N=6或12 \\ 0 & 其他\end{cases} \tag{6-9}$$

① 许传华，徐慧玲，杨雪莱．我国金融风险预警模型的建立与实证研究［J］．经济问题，2012（2）．

② 陈守东，赵大坤，迟宪良．运用二元选择模型建立我国的金融预警模型［J］．学习与探索，2006（1）：237－239.

6.2.2.2 Logit 预警模型自变量的构成

将第 5 章所筛选的风险预警指标体系作为自变量进入预警模型，主要包括固定资产投资增长率（X2）、财政收支余额占比（X7）、房地产开发综合景气指数（X12）、国内信贷占比（X18）、股票市盈率（X30）、对外贸易依存度（X34）、短期外债与外汇储备之比（X41）、美国 PMI（X46）和美元利率波动（X51）等指标，其中预警指标的预期符号除了房地产开发综合景气指数（X12）、美国 PMI（X46）为负、股票市盈率（X30）符号不确定之外，其他预警指标的预期符号均为正。

6.2.3 Logit 预警模型实证分析

6.2.3.1 Logit 预警模型因变量设置：系统性金融风险预警信号

我国系统性风险综合指数突破临界值共有 1999 年、2007 年和 2009 年三次。如图 6-3 所示。

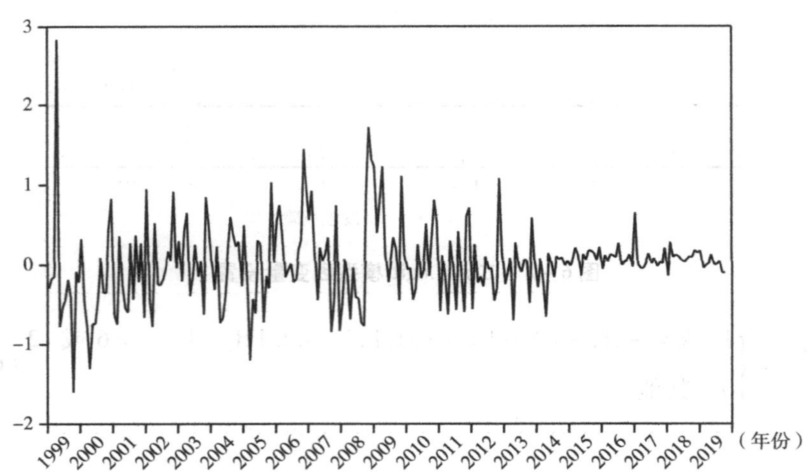

图 6-3 1999 年 1 月 ~2019 年 9 月中国系统性金融风险综合指数变化趋势

由于系统性金融风险综合指数是由货币市场、银行体系、资产价格波动和外部冲击与传染各个风险指数变动加权而得，所以系统性金融风险综合指数的变化直接是由货币市场、银行体系、资产价格波动和外部冲击与传染各个风险指数变化所导致。1999 年我国系统性风险综合指数突破临界值主要是由于银行体系风险和资产价格波动风险所导致。这主要是因为 1999 年股市暴跌和银行间流动性急剧收缩造成的。2006 ~ 2007 年主要是因为资产价格波动和货币市场风险导致系统性金融风险增大。2007 年我国股票市场和房地产市场出现大幅波动，导致系统性金融风险大幅上升。2009 年主要是由于货币市场风险、银行体系风险、资产价格波动风险和外部传染风险交织在一起导致系统性金融风险上升。2008 年 10 月和 2009 年 1 月我国外汇储备出现两次大幅减少，降幅分别为 1.36% 和 1.68%，从而导致 2009 年 2 货币市场风险大幅上升；另外，2009 年 2 月实际银行间同业拆借加权利率比前月上涨了 2.63%；而且 2007 年美国暴发的次贷危机对我国的经济和金融产生了巨大影响。

根据前文设置，将风险窗口期设定为 6 个月、12 个月，假设在 t 期发生了系统性金融风险，那么将 t 之前 6 个月或 12 个月及其之后两个月内各期 Y 均为 1，其他时期 Y 为 0，得出系统性金融风险状态代理变量的风险信号。如图 6 - 4 和图 6 - 5 所示。

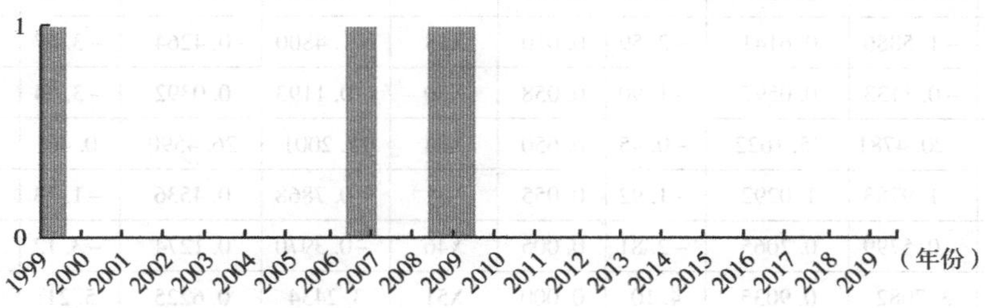

图 6 - 4　1999 年 1 月 ~ 2019 年 12 月中国系统性金融风险 6 个月风险信号

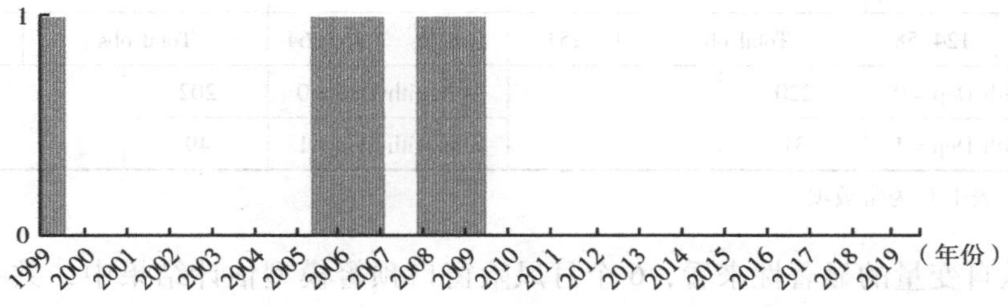

图 6 - 5　1999 年 1 月 ~ 2019 年 12 月中国系统性金融风险 12 个月风险信号

6.2.3.2 基于二元 Logit 预警模型估计

将系统性金融风险预警指标作为自变量，将式（6－1）和式（6－2）设定的 Y 作为因变量，代入下面的 Logit 模型：

$$Y_t^N + \log\left(\frac{p_i}{1-p_i}\right) = \alpha + \beta_1 x_1 + \beta_2 x_2 + \cdots + \beta_N x_N \quad (6-10)$$

基于 Logit 模型的系统性金融风险预警的估计结果见表 6－1。从表中可见，两个风险窗口 Logit 模型估计结果 McFadden R^2 的值较高，分别为 0.6781 和 0.8635，均大于 0.6，说明模型整体有一定的解释能力。而绝大多数作为自变量的预警参数估计值都非常显著，表明预警指标对风险信号的解释力很强。

表 6－1　　中国系统性金融风险二元 Logit 模型估计结果

系统性金融风险 6 个月风险窗口					系统性金融风险 12 个月风险窗口				
自变量	估计值	标准误差	z 值	概率	自变量	估计值	标准误差	z 值	概率
X2	0.5627	0.1479	3.80	0.000	X2	0.4411	0.0861	5.13	0.000
X7	0.0008	0.0020	0.40	0.689	X7	0.0009	0.0015	0.61	0.541
X12	－0.6577	0.3213	－2.05	0.041	X12	－0.3294	0.1525	－2.16	0.031
X18	－1.5886	0.6141	－2.59	0.010	X18	－1.4800	0.4264	－3.47	0.001
X30	－0.1133	0.0597	－1.90	0.058	X30	－0.1193	0.0392	－3.04	0.002
X34	－20.4781	45.1622	－0.45	0.650	X34	12.2001	26.4590	0.46	0.645
X41	－1.9783	1.0292	－1.92	0.055	X41	－0.7868	0.4536	－1.73	0.083
X46	－0.5799	0.2065	－2.81	0.005	X46	－0.3970	0.1274	－3.12	0.002
X51	3.7082	0.9035	4.10	0.000	X51	3.2434	0.6225	5.21	0.000
C	83.1419	33.8728	2.45	0.014	C	43.5703	15.3682	2.84	0.000
McFadden R^2		0.6781	AIC	0.2562	McFadden R^2		0.8635	AIC	0.005
LR 值	124.58	Total obs		251	LR 值	158.64	Total obs		251
Obs with Dep＝0		220			Obs with Dep＝0		202		
Obs with Dep＝1		31			Obs with Dep＝1		49		

注：表中 C 为常数项。

从自变量的显著性来看，6 个月风险窗口预警模型估计结果中，共有七个预警指标在 10% 的置信水平下比较显著，分别为：固定资产投资增长率

（X2）、房地产开发综合景气指数（X12）、国内信贷占比（X18）、股票市盈率（X30）、短期外债与外汇储备之比（X41）、美国 PMI（X46）和美元利率波动（X51）；在12个月风险窗口预警模型估计结果中，也共有七个预警指标在10%的置信水平水平下比较显著，分别为：固定资产投资增长率（X2）、房地产开发综合景气指数（X12）、国内信贷占比（X18）、股票市盈率（X30）、短期外债与外汇储备之比（X41）、美国 PMI（X46）和美元利率波动（X51）。说明固定资产投资增长率（X2）、房地产开发综合景气指数（X12）、国内信贷占比（X18）、股票市盈率（X30）、短期外债与外汇储备之比（X41）、美国 PMI（X46）和美元利率波动（X51）等指标对中国系统性金融风险的影响较大，对系统性金融风险预警能力较强；财政收支余额占比（X7）和对外贸易依存度（X34）这两个预警指标无论是对6个月风险窗口预警模型还是12个月的风险窗口预警模型的解释能力都比较弱，对中国系统性金融风险无显著的影响效果。

最后，我们根据 Logit 模型得到了系统性金融风险概率估计的结果，画出各月份的风险概率图，如图6-6和图6-7所示。与图6-4和图6-5系统性金融风险信号相比，系统性金融风险预警概率与实际状况总体相符。

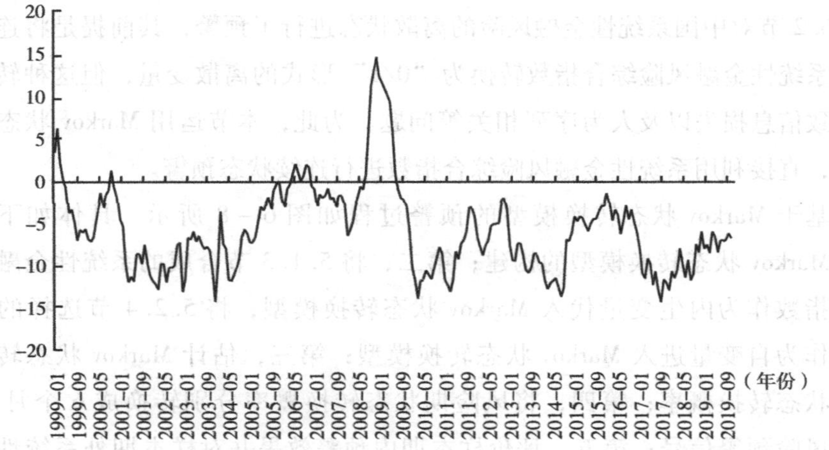

图6-6　基于 Logit 模型中国系统性金融风险6个月预警概率估计

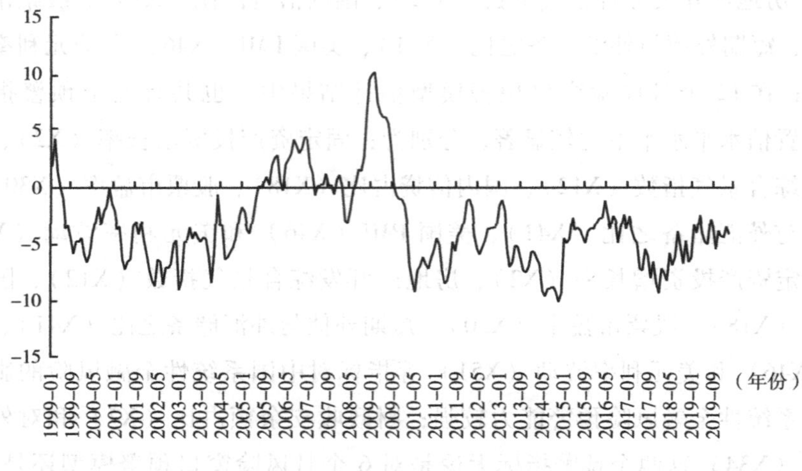

图 6－7　基于 Logit 模型中国系统性金融风险 12 个月预警概率估计

6.3　基于 Markov 状态转换模型的系统性金融风险连续状态预警

6.2 节对中国系统性金融风险的离散状态进行了预警，其前提是将连续状态的系统性金融风险综合指数转换为“0/1”形式的离散变量，但这种转换可能导致信息损失以及人为序列相关等问题。为此，本节运用 Markov 状态转换模型，直接利用系统性金融风险综合指数进行连续状态预警。

基于 Markov 状态转换模型的预警过程如图 6－8 所示，具体如下：第一，Markov 状态转换模型的构建；第二，将 5.1.3 节合成的系统性金融风险综合指数作为内生变量代入 Markov 状态转换模型，将 5.2.4 节选择的预警指标作为自变量进入 Markov 状态转换模型；第三，估计 Markov 状态转换模型的状态转换概率；第四，将风险期状态转换概率分别转换成 6 个月和 12 个月风险预警信号；第五，评价样本期内预警效果并对样本期外系统性金融风险进行预测。

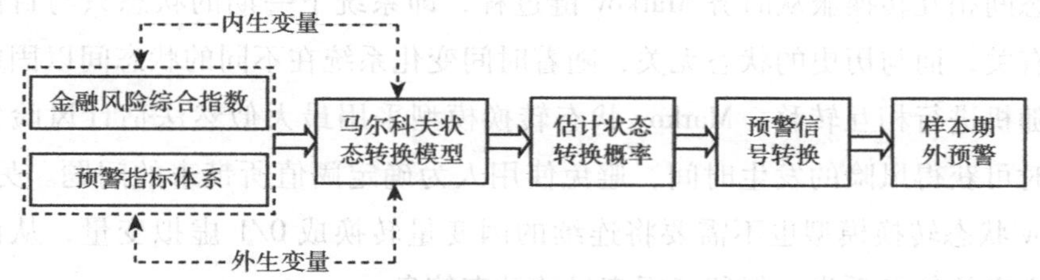

图6-8 基于Markov状态转换模型中国系统性金融风险预警分析过程

6.3.1 Markov 状态转换模型

Hamilton（1990）将 Markov 状态转换引入时间序列模型，由此形成了 Markov 状态转换模型（Markov Regime Switching Model），该模型的核心基本思想是，虽然不能直接观察到变量所处状态，但变量的取值却依赖于其所处的状态①。具体将该模型应用到金融风险预警当中，尽管不能直接观察到金融体系是否处于有风险的状态，但可观测的宏观经济变量的取值却依赖于不可观测的状态变量，也就是说，金融体系所处的状态不同，金融风险综合指数的大小就会存在显著的差异。Markov 状态转换模型其中包含了多个结构方程，能够呈现出时间序列变量在不同状态下的变化及转换过程，又因不同结构之间的相互转换，从而这类模型能够捕捉到时间序列变量更为复杂的动态演化过程。正因 Markov 状态转换模型在处理非线性时间序列分析中优越的表现，迄今已经广泛运用于经济周期、信贷、利率、股价、汇率及石油价格波动等许多研究领域。

Markov 状态转换模型放松了样本总体在整个样本期间内服从单一分布的假设，认为样本的生成机制可以采用不同的过程，而这种生成机制又取决于不同的系统状态。在同一状态下，样本呈现出一致性，服从单一分布。但是不同的状态之间，样本相互区别，服从不同的分布。同时与有些方法人为划分状态不一样，Markov 状态转换模型假定系统状态是不能被直接观测到的，而且不

① J. D. Hamilton. Analysis of Time Series Subject to Changes in Regime [J]. Journal of Econometrics, 1990 (45): 39-70.

同状态间相互转换服从时齐 Markov 链过程，即系统下一期的状态只与目前的状态有关，而与历史的状态无关，随着时间变化系统在不同的状态间以固定的概率随机进行相互转移。Markov 状态转换模型采用最大似然法估计风险发生概率时可获得风险的发生时间，避免使用人为确定阈值所带来的问题。另外，Markov 状态转换模型也不需要将连续的因变量转换成 0/1 虚拟变量，从而减少了样本的信息丢失，保留了因变量的动态信息。

本书借鉴 Abaid（2003）和张伟（2004）年的研究方法，以时变概率 Markov 状态转换模型为基础进行研究。以系统性金融风险综合指数为因变量 y，以系统性金融风险预警指标为自变量 x，建立 Markov 状态转换模型。根据已有研究，通常将金融运行状态分为风险期和平静期，本书确定模型的状态数目为两个，即低风险和高风险两个状态。根据 AIC 准则，系统性金融风险综合指数在 1 阶滞后是最恰当的。因此，本书设定滞后一阶、两状态 Markov 状态转换模型，即系统性金融风险综合指数服从一阶、两状态的自回归过程。

$$y_t = \mu_{S_t} + \beta x_t + f_{S_t} y_{t-1} + \varepsilon_{S_t} \tag{6-11}$$

式（6－11）中，y_t 表示 t 时期中的系统性金融风险综合指数，S_t 表示不可观察的状态变量，取值 0 或 1，$S_t=0$ 表示金融体系运行处于低风险期，$S_t=1$ 表示金融体系运行处于高风险期。μ_{S_t} 表示 t 时期当金融处于 S_t 状态时 y_t 的条件均值。x_t 为状态 S_t 下外生变量即系统性金融风险预警指标，β 是相应的回归系数，但不具有状态转移特征。ε_{S_t} 为随机扰动项，服从均值为 0，方差为 $\varepsilon_{S_t}^2$、各期相互独立的正态分布。由方程（6－11）可得，当系统性金融风险处于 S_t 时，则：

$$y_t \mid S_t \sim N(\mu_{S_t} + \beta x_t + f_{S_t} y_{t-1},\ \sigma_{S_t}^2) \tag{6-12}$$

记 y_t 关于 S_t 条件概率密度记作 h_t，则：

$$h_t = \begin{bmatrix} f(y_t \mid S_t = 0; x_t, y_{t-1}; \theta) \\ f(y_t \mid S_t = 0; x_t, y_{t-1}; \theta) \end{bmatrix} = \begin{bmatrix} \dfrac{1}{\sqrt{2\pi\sigma_0}} \exp\left\{ \dfrac{-[(y_t - \mu_0) - \beta x_t - \phi(y_{t-1} - \mu_0)]^2}{2\sigma_0{}^2} \right\} \\ \dfrac{1}{\sqrt{2\pi\sigma_1}} \exp\left\{ \dfrac{-[(y_t - \mu_1) - \beta x_t - \phi(y_{t-1} - \mu_1)]^2}{2\sigma_1{}^2} \right\} \end{bmatrix} \tag{6-13}$$

其中，θ＝（β，μ_0，μ_1，σ_0^2，σ_1^2，f_0，f_1）代表条件密度的参数向量。

模型对 S_t 的变动引入一阶 Markov 概率转移状态，金融体系运行状态的转换只与其前一期状态有关，即 S_t 的取值只与 S_{t-1} 有关，并且由 S_{t-1} 到 S_t 的转变是依据一定概率变化的，即潜伏变量 S_t 的状态转换是通过转换概率矩阵实现的：

$$P_t\begin{bmatrix} p_{00}^t = pr(S_t=0 \mid S_{t-1}=0; x_{t-1}) = F(x_{t-1}); p_{01}^t = pr(S_t=0 \mid S_{t-1}=1; x_{t-1}) = 1-F(x_{t-1}) \\ p_{10}^t = pr(S_t=1 \mid S_{t-1}=1; x_{t-1}) = 1-F(x_{t-1}); p_{11}^t = pr(S_t=1 \mid S_{t-1}=1; x_{t-1}) = F(x_{t-1}) \end{bmatrix} \tag{6-14}$$

上面概率矩阵是从第 t-1 期状态 i 转换到第 t 期状态 j 的概率（i，j=0，1）。F 为累计概率分布函数，一般假设其服从对数正态分布，x_{t-1} 为外生变量。

此处目标是估计从基期到 t 期的参数向量 θ 和转换概率矩阵 P_t，然后推断出某一时期因变量处于某种状态的条件概率。独立同分布下，关于 S_t 的推断仅依赖于 x_t 和 y_t。令 $P\{S_t=j \mid y_t, x_{t-1}; \theta\}$ 表示关于 S_t 从基期到 t 期已获取的数据和总体参数 θ 的推断。这些条件概率 $P\{S_t=j \mid y_t, x_{t-1}; \theta\}$，j=1，2 列成一个（2×1）向量 ξ_t。关于时期 t 的最优推断和预测可通过下面两个方程的迭代求得。

$$\xi_{t|t} = \frac{\xi_{t|t-1}\psi\eta_t}{1'(\xi_{t|t-1}\psi\eta_t)} \tag{6-15}$$

$$\xi_{t+1|t} = P \times \xi_{t|t} \tag{6-16}$$

其中，η_t 表示（2×1）向量，其第 j 个元素为条件概率密度，如式（6-13）所示。P 为式（6-14）所示的转换概率矩阵。ψ 表示两个向量的点乘，1′表示元素均为 1 的（2×1）的行向量。给定初始值 $\hat{\xi}_{t|0}$ 和总体参数 θ 的假定值，在 t=1，…，T 时迭代计算出每一 t 时期的 $\hat{\xi}_{t|t}$ 和 $\hat{\xi}_{t-1|t}$ 值。

我们运用最大似然法估计参数向量 θ。将各个时期边际密度函数 $P\{S_t=j \mid y_t, x_{t-1}; \theta\}$ 的对数值加总可以得到对数似然函数 LL（θ）。

$$LL(\theta) = \sum_{t=1}^{T} \log f(y_t \mid x_t, y_{t-1}; \theta) \tag{6-17}$$

其中，$f(y_t \mid x_t, y_{t-1}; \theta) = 1'(\xi_{t|t-1}\psi\eta_t) f(y_t \mid x_t, y_{t-1}; \theta)$。通过似然最大化条件，可以估计出 $\hat{\theta}$。与此同时，任一时期处于两种状态的条件概率 $P\{S_t=j \mid y_t, x_{t-1}; \hat{\theta}\}$ 的预测值也被估计出来。

6.3.2 Markov 状态转换模型信号转换设定

传统的预警模型（如二元 Logit 模型）在模型估计之前已经确定了风险预测窗口期，从而在设定概率阈值后，根据估计的风险发生概率可以判断未来一段时期内是否会发生风险，即发出“0/1”预警信号。Markov 状态转换模型只能进行向前一步预测，从而无法直接与传统模型比较预警效果。为此，Abaid（2003）依据 Markov 链的性质提出了将状态转换短期概率预测转换更长时期的概率预测方法。假定决定风险概率的基本面因素不发生变化，转换公式如下①：

$$\text{Pr（n 月后发生风险）} = 1 - [1 - \text{Pr（1 月后发生风险）}]^{n} \qquad (6-18)$$

本节仍然设定 6 个月和 12 个月共两个预测时间窗口。按照上述方法，若下月发生风险的概率为 10%，则未来 6 个月内发生危机的概率是 $1-(1-10\%)^{6}=47\%$，未来 12 个月内发生风险的概率为 $1-(1-10\%)^{12}=72\%$。

6.3.2.1 系统性金融风险预警信号转换

根据式（6－18），将 Markov 状态转移模型估计的高风险期（State1）转换平滑概率转化为 6 个月和 12 个月风险预警概率，如图 6－9 和图 6－10 所示。

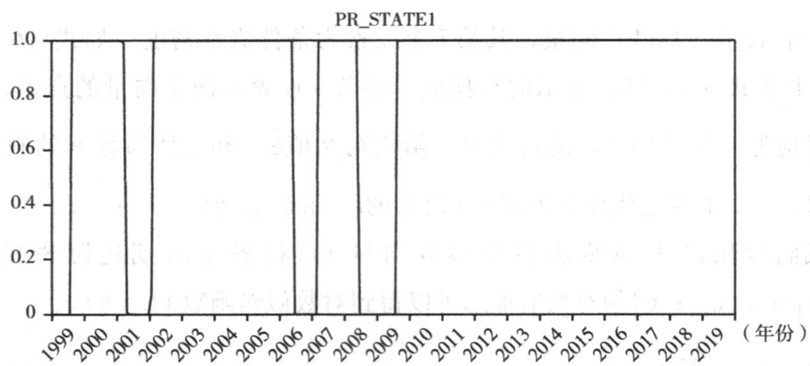

图 6－9 基于 Markov 状态转换模型中国系统性金融风险 6 个月预警转换概率

① Abiad M A. Early warning systems: A survey and a regime－switching approach [M]. International Monetary Fund, 2003.

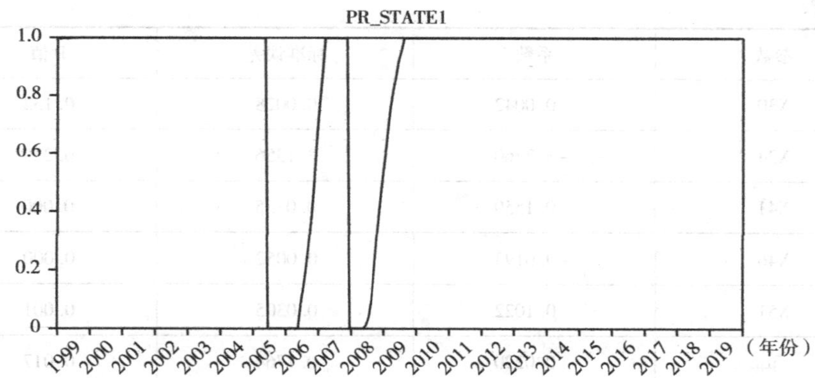

图6-10 基于Markov状态转换模型中国系统性金融风险12个月预警转换概率

图6-11和图6-12分别是系统性金融风险6个月和12个月的预警概率模拟曲线。与二元Logit模型估计所得的风险概率相比，此处风险概率变化趋势大体相同，但风险概率变化较为剧烈，这一现象与前面模型估计结果中的风险状态相差（State1）不太显著，结论一致。

6.3.3 Markov状态转换模型实证分析

6.3.3.1 Markov状态转换模型的估计

将预警指标体系作为自变量，将系统性金融风险综合指数作为因变量，利用1999年1月~2019年12月的相关数据对Markov状态转换模型进行估计，估计结果见表6-2。

表6-2 系统性金融风险Markov状态转换模型估计结果

参数	系数	标准误差	P值
X2	0.0142	0.0064	0.025
X7	0.0002	0.0001	0.789
X12	-0.0067	0.0088	0.449
X18	-0.0753	0.0306	0.014

续表

参数	系数	标准误差	P 值
X30	-0.0042	0.0028	0.132
X34	-3.7760	3.1356	0.229
X41	-0.1559	0.0335	0.000
X46	-0.0193	0.0052	0.000
X51	0.1022	0.0305	0.001
μ_0	0.0220	0.1764	0.017
μ_1	0.7083	0.2613	0.051
σ_0^2	0.2223	0.2613	0.007
σ_1^2	0.5037	0.2317	0.003
P_{00}	0.8980		
P_{11}	0.0153		
S_0持续期	10.3263		
S_1持续期	4.6999		
LR 最大似然值	-154.7271		

由表 6-2 可知，样本期内，系统性金融风险在低风险期（State0）状态下的条件均值 μ_0 为 0.0220，条件方差 σ_0^2 为 0.2223，在高风险期（State1）状态下的条件均值 μ_1 为 0.7083，条件方差 σ_1^2 为 0.5037。这表明，低风险期的系统性金融风险的条件均值低于风险期的条件均值且相对而言波动更低，而均值越高则系统性金融风险综合指数越大，条件方差的值越大则金融运行越不平稳。因此，上述结果意味着模型所假设的低风险期和高风险期两种状态与现实相符。

进一步看，μ_0、μ_1、σ_0^2 和 σ_1^2 估计值对应的 P 值分别为 0.017、0.051、0.007 和 0.003，即低风险期状态（State0）的条件均值和条件方差都在 5% 显著性水平下通过检验，高风险期状态（State1）的条件均值和条件方差都在 10% 显著性水平下通过检验，说明低风险期状态比高风险期状态的效果更加显著。另外表6－2还显示，自变量的参数估计值均在10%显著性水平上通过了检验，表明自变量能很好地解释系统性金融风险指数的变化，其中固定资产投资增长率（X2）、国内信贷占比（X18）、短期外债与外汇储备之比（X41）、美国PMI（X46）和美元利率波动（X51）等指标在5%显著性水平上通过了检验，而且预警指标的符号与预期符号一致，说明预警指标的解释能力较强。财政收支余额占比（X7）、房地产开发综合景气指数（X12）、股票市盈率（X30）、对外贸易依存度（X34）的风险预警效果较弱。

表6－3是系统性金融风险转移的概率矩阵表，由表可见，系统性金融风险在低风险期和高风险期都存在一定的持续性。如果t期处于低风险期，那么t＋1期处于低风险期状态的概率为0.8980，仅有0.1020的概率转到高风险状态；如果t期处于高风险期，那么t＋1期处于高风险状态的概率为0.9847，仅有0.0153的概率转到低风险状态，而且低风险状态的持续性更强。其中，在同一状态或状态的持续期D（S_i）为：

$$D(S_i)=\frac{1}{1-p_{ii}} \qquad (6-19)$$

表6－3　基于Markov状态转换模型中国系统性金融风险转移矩阵

状态	低风险状态（State0）	高风险状态（State1）
低风险状态（State0）	0.8980	0.1020
高风险状态（State1）	0.0153	0.9847

由表6－3所示，由低风险向低风险转换的概率P_{00}为0.8980，平均持续10.33个月，由高风险向高风险转换的概率P_{11}为0.9847，平均持续4.67个月。

另外，系统性金融风险在不同状态下的转换情况可以利用预警模型的平滑概率清楚显现出来。图6－11和图6－12给出了Markov状态转换模型在的低风险期和高风险期的Markov状态转移概率。从两个时期的平滑概率可以发现我国系统性金融风险在所研究的样本区间内，绝大多数时间都处于低风险期，很少的时间处于高风险期。

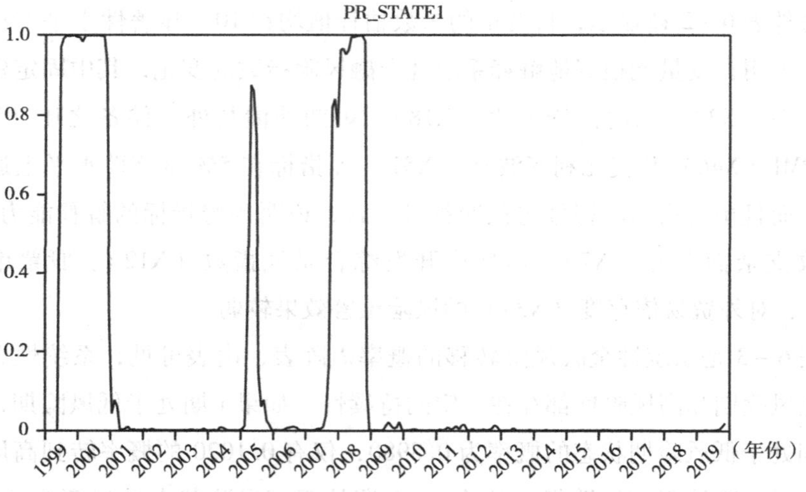

图 6 - 11　中国系统性金融风险低风险期状态（State0）的平滑概率

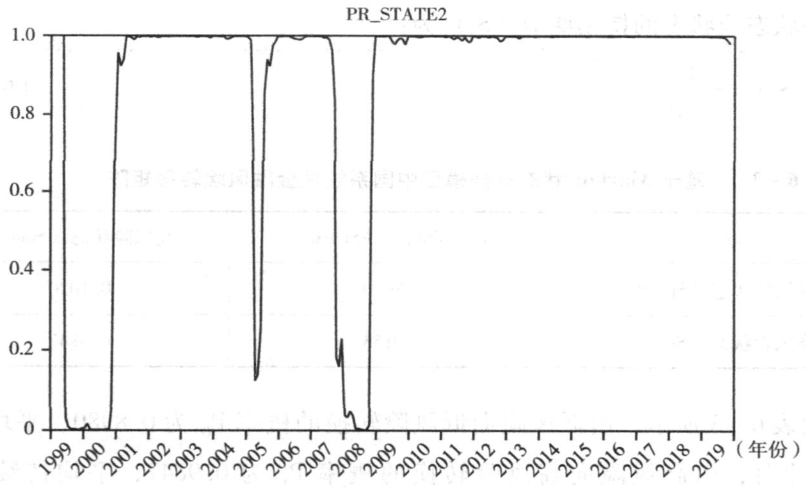

图 6 - 12　中国系统性金融风险高风险期状态（State1）的平滑概率

6.4　中国系统性金融风险预警效果评价与预测

考虑到样本期是 1999 年 1 月 ~2019 年 12 月，在 6 个月的风险预测条件下，2019 年 7 月 ~2019 年 12 月的风险信号需要延伸至 2020 年 6 月才能得到完全验证，而在12个月风险预测条件下，2019年1月~2019年12月的风险信号需要延伸至2020年12月才能得到完全验证。因此6个月和12个月预警模型的样本期内效果评价分别针对的是1999年1月~2019年6月和1999年1月~2018年10月，而样本期外预警分别针对2019年7月~2019年12月和2019年1月~2019年12月两个期间。

6.4.1 中国系统性金融风险预警效果评价

我们研究系统性金融风险预警一方面为了得到预警结果，另一方面对构建的预警模型的预警性能进行评价。评价预警模型可以进一步检验预警结果的可靠性，也可比较不同预警模型的优劣。目前，广泛采用的风险预警评价法之一是由Kaminsky、Linzondo和Reinhart（1997）提出的噪声—信号比方法（Noise－Signal Ratio NSR）①。该方法最大的优势之一就是评价预警模型时，可以确定最优概率阈值。考虑到Logit模型预警结果是连续状态的风险概率，对是否发出风险信号并没有确定。为此还需要进一步确定概率阈值P，当某一时期估计概率大于P时，视为出现风险信号。

根据前文将风险窗口期分为6个月或12个月。一般情况下，依据NSR法，在既定概率阈值下，假设t时期发出了风险信号，未来6个月或12个月内风险状态存在下面的四种组合（见表6－4）：

表6－4　　基于噪声—信号比方法的风险预警信号状态设置

风险状态	6个月或12个月内发生风险	6个月或12个月内未发生风险
发出预警信号	A	B
未发出预警信号	C	D

其中：

（1）A为正确信号，表示发出预警信号，并且在未来6个月或12个月内确实发生风险；B是错误信号，即噪声，表示预测风险发生，但未来6个月或

① Kaminsky G, Lizondo S, Reinhart C M. Leading indicators of currency crises［J］. Policy Research Working Paper Series, 1997, 75（1）: 1.

12 个月内并没有发生风险；C 表示没有发出预警信号，但未来发生了风险；D 表示指标没有预测风险发生，并且未来的确没有发生风险。

(2) (A + D)/(A + B + C + D) 为样本期内预警模型发出正确信号的概率。A/(A + B) 为发生系统性金融风险的条件概率，即预测风险发生信号中的正确概率。A/(A + C) 表示正确识别风险的概率，即发生风险中被正确识别风险的概率。显然，以上三个概率越高，模型预测效果越好。

(3) [1 - A/(A + C)] 表示风险发生但模型没有提前发出预警信号的概率，称为第一类错误。B/(B + D) 表示发出错误信号（噪声）的百分比，即风险没有发生，但模型提前发出了错误信号的概率，称为第二类错误。显然，这两个比率越低，模型预测效果越佳。

显然，设定不同阈值则预测效果不同。对于既定样本和模型，阈值 P 设置较低，可能会降低第一类错误，但也会提高第二类错误，反之则相反。因此，设定临界值概率时要在第一类错误和第二类错误之间进行权衡。为此，设定噪声—信号比：

$$\text{噪声—信号比} = \frac{\text{噪声百分比}}{\text{信号百分比}} = \frac{B/(B + D)}{A/(A + C)} \tag{6-19}$$

噪声—信号比越小，则预测能力越强，使得噪声—信号比最小的 P 即最优临界概率。因此，最优阈值是使噪声—信号比达到最小值的阈值。

由于本书还将风险当期及其之后两期也视为发出预警信号，出于提前预知风险的目的，本书将风险之前的正确信号 A 视为有效信号，令其为 E，进一步设置 E/A，用于评价正确信号中的有效正确信号概率。

6.4.1.1 二元 Logit 模型预警效果评价

设定 50%，60%，70%，80%，90% 五个概率阈值，针对系统性金融风险模拟概率评价模型预警效果，并依据 NSR 法确定最优概率阈值。同时给出正确信号概率、发生风险的条件概率、正确识别风险概率、有效正确信号概率、错误信号概率、噪声信号（NSR）比六个评价指标。其中前四个指标值越高，表明模型预测效果越好，后两个指标值越低则预测效果越好。依据噪声—信号比（NSR）最低原则，并综合其他指标表现，最终确定系统性金融风险的 6 个月预警最优概率阈值为 80%，12 个月预警最优概率阈值为 70%。评价结果见表6-5，表6-6。

表6-5 系统性金融风险的二元 Logit 模型6个月预警效果评价

评价指标 \ 临界概率	6个月预警评价结果				
	50%	60%	70%	80%	90%
A	20	20	17	19	14
B	2	2	2	2	2
C	10	10	10	11	13
D	219	219	219	219	219
E	15	18	16	17	11
(A+D)/(A+B+C+D)	0.9522	0.9522	0.9516	0.9482	0.9395
A/(A+B)	0.9091	0.9091	0.8947	0.9048	0.8750
A/(A+C)	0.6667	0.6667	0.6296	0.6333	0.5185
1-A/(A+C)	0.3333	0.3333	0.3704	0.3667	0.4815
B/(B+D)	0.0090	0.0091	0.0091	0.0091	0.0126
噪声—信号比	0.0138	0.0236	0.0144	0.0143	0.0175
E/A	0.7500	0.9000	0.9412	0.8947	0.7857

注：正确信号概率是（A+D）/（A+B+C+D）、发生风险的条件概率是 A/(A+B)，正确识别风险概率是 A/(A+C)、有效正确信号概率是 E/A、错误信号概率是 B/(B+D)、噪声—信号比是错误信号概率与正确识别风险概率之比；若不同临界概率时计算的 NSR 相等，则选择其他指标值更佳的概率作为最优概率阈值；下同。

表6-6 系统性金融风险的二元 Logit 模型12个月预警效果评价

评价指标 \ 临界概率	12个月预警评价结果				
	50%	60%	70%	80%	90%
A	24	21	24	24	21
B	11	10	9	9	9
C	6	6	6	6	6
D	210	211	212	212	212
E	20	19	19	18	15
(A+D)/(A+B+C+D)	0.9323	0.9355	0.9402	0.9402	0.9395
A/(A+B)	0.6857	0.6774	0.7273	0.7273	0.7000
A/(A+C)	0.8000	0.7778	0.8000	0.8000	0.7778
1-A/(A+C)	0.2000	0.2222	0.2000	0.2000	0.2222
B/(B+D)	0.0498	0.0452	0.0407	0.0407	0.0407
噪声—信号比	0.0622	0.0582	0.0509	0.0509	0.0524
E/A	0.8333	0.9048	0.7917	0.7500	0.7143

由表6－5可知，基于最优概率阈值80%，系统性风险压力6个月预测正确信号概率为94.82%，发生风险的条件概率为90.48%，正确识别风险的概率为63.33%，有效信号概率为73.91%，错误信号概率为1.43%。由表6－6可知。基于最优阈值70%，系统性风险压力12个月预测正确信号概率为94.02%，发生风险的条件概率为72.73%，正确识别风险的概率为80.00%，有效信号概率为79.17%，错误信号概率为4.07%。

相比之下，就正确信号概率而言，系统性风险压力6个月预警效果略优于12个月预警效果。6个月预警的发生风险条件概率、有效正确信号概率高于12个月预警对应概率，而6个月预警的错误信号概率低于12个月预警的错误信号概率。可见，12个月预警容易造成第二类错误，即风险没有发生但模型提前发出了错误信号。综上，系统性风险6个月预警总体好于12个月预警。

6.4.1.2 Markov状态转移模型预警效果评价

表6－7　系统性金融风险的Markov状态转移模型6个月预警效果评价

临界概率 评价指标	6个月预警评价结果				
	50%	60%	70%	80%	90%
A	28	26	26	25	22
B	12	12	11	12	10
C	13	14	12	14	18
D	136	137	139	138	139
E	19	18	18	17	15
(A+D)/(A+B+C+D)	0.8677	0.8624	0.8730	0.8624	0.8519
A/(A+B)	0.7000	0.6842	0.7027	0.6757	0.6875
A/(A+C)	0.6829	0.6500	0.6842	0.6410	0.5500
1－A/(A+C)	0.3171	0.3500	0.3333	0.3590	0.4500
B/(B+D)	0.0811	0.0805	0.0733	0.0800	0.0671
噪声—信号比	0.1187	0.1239	0.1100	0.1248	0.1220
E/A	0.6786	0.6923	0.6923	0.6800	0.6818

表 6-8 系统性金融风险的 Markov 状态转移模型 12 个月预警效果评价

评价指标 \ 临界概率	12 个月预警评价结果				
	50%	60%	70%	80%	90%
A	25	22	20	20	18
B	20	20	16	15	13
C	7	8	10	12	15
D	138	139	143	143	143
E	18	16	15	15	18
(A+D)/(A+B+C+D)	0.8579	0.8519	0.8624	0.8579	0.8519
A/(A+B)	0.5556	0.5238	0.5556	0.5714	0.5806
A/(A+C)	0.7813	0.7333	0.6667	0.6250	0.5455
1-A/(A+C)	0.2188	0.2667	0.3333	0.3750	0.4545
B/(B+D)	0.1266	0.1258	0.1006	0.0949	0.0833
噪声—信号比	0.1620	0.1715	0.1509	0.1519	0.1528
E/A	0.7200	0.7273	0.7500	0.7500	1.0000

根据表 6-7 中系统性金融风险的 6 个月预警效果可知，在 70% 的最优概率阈值下，系统性风险 6 个月预测正确信号概率为 87.3%，发生风险的条件概率为 70.27%，正确识别风险的概率为 68.42%，有效信号概率为 69.23%，错误信号概率为 7.33%，噪声—信号比为 0.11。由表 6-8 中系统性金融风险的 12 个月预警效果可以看出，系统性风险 12 个月预测正确信号概率为 86.24%，发生风险的条件概率为 55.56%，正确识别风险的概率为 66.67%，有效信号概率为 75%，错误信号概率为 10.06%，噪声—信号比为 0.1509。

相比之下，系统性风险 6 个月预警的正确信号概率、发生风险条件概率以及正确识别风险信号的概率都高于 12 个月风险预警对应指标，而且前者的错误信号概率和噪声—信号均低于后者相应指标，只有有效信号概率略低于 12 个月预警有效信号概率。因此，总体上系统性金融风险 6 个月预警效果明显好于 12 个月预警效果。12 个月预警的错误信号概率与噪声—信号比过高，表明了这类预警更容易发生误报风险的错误，即易导致第一类错误。

6.4.1.3 中国系统性金融风险预警效果比较

比较而言，Logit 模型预警总体效果更好。在系统性金融风险预警方面，

Logit 模型6个月预警正确信号概率、发生风险概率、正确识别风险概率均优于 Markov 模型6个月预警相应概率；Logit 模型12个月预警模型中，除了正确识别风险概率略低于 Markov 状态转换模型12个月预警相应概率，其他各项概率显著优于后一模型预警相应概率。

进一步看，Abaid（2003）在将 Markov 模型状态转换平滑概率转换为预警概率时指出，这一转换方法［见式（6－18）］是假定决定风险概率的基本面因素不发生变化，但若基本面因素恶化，则转换后的概率会低估风险发生的实际概率，反之则会高估风险发生的实际概率①。因此，这一问题可能就是导致 Markov 状态转换模型预警效果不如 Logit 模型，尤其是导致错误信号率较高的原因之一。另外，Markov 状态转换模型适于刻画足够长时期内经济金融时间序列的显著变化，必要前提是有足够长的样本区间，如 Abaid（2003）的样本区间是1972年1月～1999年12月，张伟（2004）的样本区间是1978年1月～2002年5月，朱钧钧等（2010）的样本区间为1980年1月～2008年12月②。从这一角度看，本书样本区间跨度相对较短，这可能也是导致风险状态转换不显著及其预测效果不佳的另一个重要原因。

但根据 Markov 状态转换模型估计结果，低风险期与高风险期的状态转换概率可以清晰地刻画不同时期风险高低程度及其变化趋势，从而可以与 Logit 模型预警进行优势互补。

6.4.2 中国系统性金融风险样本外预警

6.4.2.1 Logit 模型样本外预警结果

基于以上确定的最优概率阈值，分别对样本期外6个月和12个月的风险发生概率进行预测。表6－9和表6－10分别给出了由 Logit 模型预测的风险概率。

---

① Abiad M A. Early warning systems: A survey and a regime－switching approach［M］. International Monetary Fund, 2003.

② 朱钧钧，谢识予，朱弘鑫，等．基于状态转换的货币危机预警模型——时变概率马尔可夫转换模型的 Griddy－Gibbs 取样法和应用［J］．数量经济技术经济研究，2010（9）：118－132.

表 6-9　　二元 Logit 模型样本期外 6 个月预警结果

信号时间	风险预警概率	预警覆盖时间
2019 年 7 月	0.001094	2019 年 8 月 ~2020 年 1 月
2019 年 8 月	0.064905	2019 年 9 月 ~2020 年 2 月
2019 年 9 月	0.000059	2019 年 10 月 ~2020 年 3 月
2019 年 10 月	0.000071	2019 年 11 月 ~2020 年 4 月
2019 年 11 月	0.000061	2019 年 12 月 ~2020 年 5 月
2019 年 12 月	0.000066	2020 年 1 月 ~2020 年 6 月

表 6-10　　二元 Logit 模型样本期外 12 个月预警结果

信号时间	风险预警概率	预警覆盖时间
2019 年 1 月	0.002426	2019 年 2 月 ~2020 年 1 月
2019 年 2 月	0.004047	2019 年 3 月 ~2020 年 2 月
2019 年 3 月	0.005014	2019 年 4 月 ~2020 年 3 月
2019 年 4 月	0.002811	2019 年 5 月 ~2020 年 4 月
2019 年 5 月	0.034381	2019 年 6 月 ~2020 年 5 月
2019 年 6 月	0.005463	2019 年 7 月 ~2020 年 6 月
2019 年 7 月	0.003817	2019 年 8 月 ~2020 年 7 月
2019 年 8 月	0.004336	2019 年 9 月 ~2020 年 8 月
2019 年 9 月	0.004456	2019 年 10 月 ~2020 年 9 月
2019 年 10 月	0.000344	2019 年 11 月 ~2020 年 10 月
2019 年 11 月	0.000346	2019 年 12 月 ~2020 年 11 月
2019 年 12 月	0.000414	2020 年 1 月 ~2020 年 12 月

6.4.2.2　Markov 状态转换模型样本外预警结果

根据 Logit 模型和 Markov 状态转换模型样本外预警结果可知，从未来 6 个月预警可知，2014 年 4 月 ~2014 年 9 月的预测概率代表 2014 年 5 月 ~2015 年 3 月发生风险的概率。从概率数值可知，预测概率未突破最优概率阈值 80%。从未来 12 个月预警可知，2013 年 11 月 ~2014 年 9 月的预测概率代表 2013 年 12 月 ~2015 年 9 月发生风险的概率。从概率数值可知，预测概率未突破最优概率阈值 70%。综上结果，可以推断，未来一段时间内我国发生系统性金融风险的概率较低，见表 6-11 和表 6-12。

表 6 - 11　　Markov 状态转换模型样本期外 6 个月预警结果

信号时间	风险预警概率	预警覆盖时间
2019 年 7 月	0.000686	2019 年 8 月 ~ 2020 年 1 月
2019 年 8 月	0.001317	2019 年 9 月 ~ 2020 年 2 月
2019 年 9 月	0.001646	2019 年 10 月 ~ 2020 年 3 月
2019 年 10 月	0.003129	2019 年 11 月 ~ 2020 年 4 月
2019 年 11 月	0.010198	2019 年 12 月 ~ 2020 年 5 月
2019 年 12 月	0.01955	2020 年 1 月 ~ 2020 年 6 月

表 6 - 12　　Markov 状态转换模型样本期外 12 个月预警结果

信号时间	风险预警概率	预警覆盖时间
2019 年 1 月	0.000406	2019 年 2 月 ~ 2020 年 1 月
2019 年 2 月	0.000238	2019 年 3 月 ~ 2020 年 2 月
2019 年 3 月	0.000403	2019 年 4 月 ~ 2020 年 3 月
2019 年 4 月	0.000389	2019 年 5 月 ~ 2020 年 4 月
2019 年 5 月	0.000666	2019 年 6 月 ~ 2020 年 5 月
2019 年 6 月	0.000485	2019 年 7 月 ~ 2020 年 6 月
2019 年 7 月	0.001315	2019 年 8 月 ~ 2020 年 7 月
2019 年 8 月	0.000511	2019 年 9 月 ~ 2020 年 8 月
2019 年 9 月	0.000728	2019 年 10 月 ~ 2020 年 9 月
2019 年 10 月	0.000408	2019 年 11 月 ~ 2020 年 10 月
2019 年 11 月	0.000279	2019 年 12 月 ~ 2020 年 11 月
2019 年 12 月	0.00051	2020 年 1 月 ~ 2020 年 12 月

虽然中国未来短时间内发生金融风险的概率很低，但由于系统性金融风险具有累加性和滞后性，中国经济还有许多不稳定和不确定因素。当前全球经济状况复杂化，经济复苏的基础尚不稳固，外部冲击增加，这些因素极大阻碍中国经济的发展。此外国内产能过剩、地方政府债务规模庞大，房地产价格上升等因素增大了中国系统性金融风险的累积。因此，需要对中国系统性金融风险进行预警，根据中国金融体系实际运行情况选择适当的宏观政策，加强对金融市场的管理，保持货币信贷适度增长，努力稳定价格总水平，从而保持中国经济平稳快速发展、调整经济结构和抵御外部金融风险对中国经济的冲击。

第 7 章

防范中国系统性金融风险的对策建议

由系统性金融风险样本期外预警结果可知，当前及未来一段时间我国发生系统性金融风险的概率较低，中国金融体系总体稳健，金融风险总体可控，但稳中有险、稳中有忧，潜在的系统性金融风险不容忽视。为了能够有效地进行系统性金融风险预警，在建立完整的预警指标体系的基础上，还需建立一套完整的配套措施，包括合理的法律法规、有效的运作机制、适当的组织架构以及完善的信息系统等；同时，由于系统性金融风险的形成原因十分复杂，系统性金融风险的防范和化解也涉及许多方面的内容，现针对中国目前潜在系统性金融风险状况和现有金融风险预警机制提出以下政策建议。

7.1 重点防范我国系统性金融风险的累积

由我国系统性金融风险现状和风险预警实证分析可知，目前我国存在潜在的系统性金融风险，主要是由于国外经济政治形势不稳和国内经济金融运行风险加大。当前我国金融领域风险集中表现为房地产市场风险升高、地方债务负担严重、影子银行与民间借贷问题突出和国际收支呈现逆转迹象。因此，当前我国应该以化解局部地区或重点领域风险为切入点，防范潜在系统性金融风险累积、蔓延与升级。

7.1.1 促进房地产市场平稳健康发展

随着我国房地产行业的过热发展和房地产信贷规模的过度扩张，金融机构共同风险敞口过度集中的风险成为我国当前系统性金融风险防范的首要目标。尽管当前中国房地产市场低迷还不至于导致经济崩盘，但主要房地产指标全线下滑，持续处于负增长区间，国内主要城市房地产市场普遍处于价滞量缩，这种状况对中国经济金融的影响必须高度关注，房地产下行已成为中国经济、金融的一大风险点。因此应引导房价有序回落，防范房地产市场风险集中，促进房地产市场平稳健康发展。

首先，是以利率、信贷、税收、土地等为主要内容，继续实施差别化调控政策，增加有效住房供给，优化住房供应结构。一是区域性差别政策，对房价上涨过度或调控效果不显著的地区实施更加严厉的调控政策，对其他地区维持当前政策不变；二是供给方差别政策，对高档住房和其他类型商品房实施从紧政策，对保障性住房与普通住房实施优惠政策，对存在违规经营的房地产开发商实施从紧政策；三是需求方差别政策，对中低收入、自主型购房实施宽松政策，对高收入、投机与投资型购房实施从严政策。

其次，是严密监测房地产市场风险，及时做好风险防控预案，防范房地产市场急剧收缩引发的系统性金融风险。一是供给方风险防控，主要是密切关注房地产开发企业资金来源与负债偿还状况，特别要监测房地产企业信托业务风险。加大对房地产在建项目工程进展监测，重点监测经营可能恶化与债务偿还困难的房地产企业，增加对符合调控方向的房地产企业资金支持，拓宽该类企业资金来源，引导不符合调控方向的房地产企业有序退出市场，保护购房者和债权人合法利益；二是需求方风险防控，主要是从银行角度加强对购房贷款审查力度，杜绝高风险投机性购房者入市，密切监测已经发放的房地产贷款偿还状况；定期展开房产贷款风险压力测试，加大力度防范信贷风险。严格审批以土地和住房为抵押的贷款，加强对于此类抵押贷款检查，及时要求贷款人补充抵押品。

7.1.2　防控民间借贷风险

当前民间借贷风险凸显与政策紧缩形势下中小企业资金链趋紧密切相关。金融抑制与企业自身特点决定了我国中小企业在正规金融体系中的边缘地位，融资困难成为长期困扰中小企业经营的难题。这一状况迫使中小企业转向民间借贷市场获取生产经营资金。但民间借贷具有高利贷性质，并且对于市场资金供求变化极为敏感。随着近期货币信贷持续收紧，民间借贷利率不断升高，中小企业经营环境恶化，由此出现了以温州为典型的民间借贷市场危机。在此形势下，近期我国政府应及时采取有效措施加大对中小企业政策扶持力度，严控民间借贷市场风险升级。

首先，是加大对中小企业政策扶持。一是金融支持，增加对中小企业授信额度，实行贷款优惠利率，简化贷款审批程序，降低金融服务费用，同时加强贷款监管和最终用户监测，确保资金用于企业正常的生产经营；对以中小企业为主要客户的存款类金融机构执行较低存款准备金率，放宽对其再贴现、再贷款审批标准，通过定向公开市场操作提高其超额准备金水平；鼓励金融机构加快金融创新，扩大中小企业融资途径；对中小企业金融服务的采取差异化监管政策，适当提高对中小企业贷款不良率的容忍度。二是财政支持，加强对中小企业财税政策支持和引导，适当减免经营困难的企业相关税费，提高税收起征点、放宽征税条件；扩大地方性财政小企业贷款风险补偿资金的总量和使用范围，进一步优化中小企业服务，防范和化解金融风险。

其次，是严控民间借贷市场风险升级。一是全面检查民间借贷高发地区金融机构业务活动，严控正规金融机构资金借道民间借贷流入投机市场；二是合理引导民间借贷资金流向，防止资金脱离实体敬意和正常的生产经营活动；三是加强对重点地区民间借贷市场监管，建立民间融资风险预警机制，及时发现警情；四是严厉打击非法金融活动，打击和取缔非法集资等行为。

7.1.3　警惕政府债务风险

当前，中国政府性债务风险总体可控，短期内爆发全面债务危机的可能性较小，但部分地区由于经济发展水平较低、产业结构单一、存在明显产能过剩、融资能力较弱致使其偿债压力较大，存在着暴发债务危机的可能性。为此，国务院要求严格规范地方政府性债务管理机制，加强总量风险控制，优化贷款结构，逐步化解存量风险。显然，这是中国经济进入新常态后，积极稳妥化解地方政府性债务风险的必然要求。首先，加强对地方政府融资的监管。一方面对政府融资平台债务进行清查，评估债务风险水平；另一方面对地方政府融资平台债务从融资、负债使用、还款等各个层面进行分类管理，制订相应措施，商业银行通过改善还款方式和其他途径加强地方政府融资平台的风险防范。其次，发展地方政府融资平台债务项目现场检查，做好建设项目后续资金跟进，停止新的实际收入和实际收入不高的建设项目；提高税收效率，增加收入，严格控制一般性支出和财政浪费，改善地方政府财政收入和支出情况；适当减少地方政府或国资委的股份债券，扩大市场，规范融资渠道。

7.2 充分重视外部冲击和传染风险

7.2.1 加强短期跨境资本流动的监测

由于国外经济形势不稳，国内经济运行风险加大。近期国际金融市场对于美元避险需求增加，致使人民币汇率贬值预期加强，外资流入逆转可能性升高。资本短期内大举撤出可能进一步加剧国内房地产与股票市场不稳定，同时也会极大提升短期外债风险。当前我国应严密监测短期跨境资本流动，确保外资有序进出。具体包括：一是密切关注国际经济形势发展，紧盯离岸市场人民币汇率走向，加强跨境资金流动监测和预警，及早制订跨境资金异常流动应对预案。二是及时分析和研判外汇收支形势，全面梳理和查找异常跨境资金流动渠道。三是重点加强“热钱”可能违规流入的重点渠道、重点主体的检查，严厉打击违规资金流出、流入以及违法违规外汇交易活动。四是加强结售汇与外债管理，具体包括：加强外商投资企业资本金和外债结售汇管理；加强出口收结汇联网核查，严格执行登记贸易信贷管理制度；严格限制外资房地产企业借用外债，规范境外机构和非居民个人境内购房外汇管理；加强个人分拆购结汇和服务贸易外汇流出流入管理；加强银行短期外债管理，削减银行短期外债指标；拓宽企业境外投资金融渠道，实施灵活性的个人结售汇管理制度。

7.2.2 促进国际金融合作

通过系统性金融风险预警结果可知，目前系统性金融风险的外部冲击和传染主要来自美元利率波动所带来的冲击，主要是因为次贷危机暴发以来，以美国为代表的世界主要发达经济体为了刺激经济发展，实行宽松货币政策，不断调低利率和发行货币，导致全球流动性规模持续扩张，并溢出至中国和其他新兴市场国家，对其国内经济造成负面冲击和影响。目前对于降低外部流动性冲击来源风险，从2008年年底开始，我国政府开始致力于重构中国的国际金融战略，其核心思路是降低中国经济增长对美元的依存度，具体包括人民币国际化、东亚区域货币金融合作、国际货币体系改革几个方面。因此，在全球经济一体化的背景下，国际协作显得尤为重要。我国正在致力于通过全球货币金融合作和货币体系改革，促使世界经济在秩序中稳定发展。从而避免部分国家为刺激国内经济而导致全球流动性泛滥的现象，对国内经济稳定发展有重要意义。

7.3 完善中国系统性金融风险预警机制

7.3.1 构建分层次的系统性金融风险预警机制

系统性金融风险预警机制的建设在适应我国现行经济金融管理体制需要的前提下分层次进行，实行由宏观、中观和微观三个不同层次的预警系统所构成的监测预警系统。宏观预警系统主要负责全国范围内金融风险的监测和预警，监测国际金融风险走势，对中观和微观预警系统实行管理和领导，并及时接受来自中观层和微观层监测系统的各种信息，对其进行处理后将防范系统性金融风险的各种决策和措施及时传输出去。中观层预警系统作为区域性系统具体负责本辖区金融机构的监测预警，及时将各种风险信息和对策措施传送到辖区内各级政府部门和各金融机构中去，并接受宏观预警系统的领导和管理。微观预警系统即地区金融预警系统的职能是根据监管部门发布的预警监管指令，加强对辖区内金融风险的监测和预警，将各种信息及时输送到辖区内政府部门和金融机构中去。宏观、中观和微观三级预警系统构成网络体系、协调动作，实行垂直的风险监测预警。借鉴世界各国金融风险防范经验，结合我国金融业的风险情况，各层次金融风险预警体系都需要加强相关主体的协调，共同建立风险预警指标体系。

7.3.2 建立和完善系统性金融风险评估体系

风险管理由风险识别、风险衡量、风险防范和风险化解四个环节组成，每个环节都离不开风险评估。而我国现存的风险评级机构和评级指标体系在客观性、独立性、公正性和专业性上都存在需要进一步改进的地方。为此应从以下几方面着手，建立和完善我国的系统性金融风险评估体系。首先，健全有效、灵敏、科学的金融预警指标体系。通过定期考核各种金融风险指标以及金融风险指标体系的动态变化来反映金融机构风险分散程度，通过跟踪关注有可能引发金融危机的风险因素，及时发现不利变化的预警信号，以制定抑制风险的可行性措施；其次，开发、完善金融风险测评模型。通过国际上的实践经验可以知道，建立完善的风险测评模型，可以对金融风险进行有效的分析、预警和防范。我国应重视对金融预警模型的研究开发，现阶段，我国采取的金融模型（动态信息融合法、基于案例推理的 CBR 模型、BP 神经网络模型和压力测试）在理论和方法上均存在一定局限性，我们可以通过完善预警模型，对金融机构风险进行分析、预警，提高金融监管的准确性。

7.3.3 加强系统性金融风险预警的制度性建设

完善系统性金融风险预警机制还应当加强我国系统性金融风险预警的制度

性建设。系统性金融风险预警不能只局限于某些宏观经济数据，也不能局限于某些金融指标。系统性金融风险预警系统的首要目标是把许多分散，零星的信息组织到一起，向风险防范指挥部门提供决策的信息基础。这套系统要全面地监测国民经济和金融体系的状态以及金融市场的变化。金融风险预警系统需要金融机构、政府部门和企业之间建立良好的、有效的制度体系。建立这样一个体系，首先，需要明确职能机构的权责划分，用新的法律框架规定预警机制中的各层职能机构等能够行使什么权利，要承担什么责任，与相应的部门如何协调等；其次，加强金融风险预警的制度性建设还包括规范我国金融行为准则，要求所有市场参与者，包括中央银行、各商业银行、政府部门和其他机构等，在参与金融市场运作过程中，通过开发推广和实施规范的金融行为准则，提高透明度和监管质量，增加政策的可计量性和可信度。

7.4 加强完善金融监管体系

完善的金融监管体系是防范金融风险的屏障，是维护国家金融安全的最直接、最有效策略。

7.4.1 完善金融监管体制与监管模式

首先，完善金融监管体制。目前我国实行的是以“一行三会”为框架的分业监管体制。“一行”即中国人民银行，承担总调度责任，“三会”分别为银监会、证监会和保监会，各自负责对该行业的监管。“一行三会”通过联席会议制度相互约束，相互协调。但当前混业经营已经成为国际金融业发展主流，与此同时金融创新所催生的大量金融衍生品也越来越具有混业特征。在此背景下，我国现行分业监管体制极易造成监管真空，明显滞后于国际金融发展和实践需要。为此，在短期内，我国应该完善“一行三会”之间的信息共享制度，从金融行业的整体监管上入手，促进金融监管当局之间协作，加强宏观审慎监管和微观审慎监管的互补与协调。从长远看，应该推进金融监管机构改革，建立一个立体化、层次分明、协调有效的混业监管体制，不断完善监管方法，提高监管技术，满足混业经营和金融创新发展条件下的金融监管需要。

其次，完善金融监管模式。金融危机经验教训表明，单个金融机构的健康运转并不能保证整个金融系统运行稳定，以单个金融机构为对象的微观审慎监管体系无法防范系统性金融风险。全球金融危机以来，以整个金融系统为对象的宏观审慎监管日益受到各国金融监管部门重视。IMF 指出货币政策制定者应在宏观审慎管理中发挥核心作用，中央银行应针对系统性风险提出并实施监管措施。

7.4.2 综合运用微观审慎和宏观审慎监管

在国际形势不稳、国内货币政策不断紧缩形势下，当前我国股票市场持续下跌，部分商业银行与其他类型金融机构出现流动性资金困难。为了防范金融体系风险升级，可以综合运用宏观审慎监管与微观审慎监管手段，既要确保单个金融机构稳健经营，又要维护金融系统整体稳定。

首先，是加强微观审慎监管。微观监管侧重于对单个机构风险的监管，努力防止和避免单家机构因为经营不慎、严重违规和过度承担风险而倒闭。及时补充金融机构资本金，适当提高存款类金融机构资本充足率要求；加强金融机构流动性风险管理，如向银行发布衡量和管理流动性风险的指导方针，提高商业银行流动性资产与总资产的比率、流动性资产与存款的比率达；加强金融机构资产和负债风险管理，特别要求商业银行及时做好信贷风险压力测试，加大表外贷款管理，严格执行银行贷款质量分类标准，针对不良贷款与风险高发地区或行业的贷款提取充足拨备；加强金融机构外汇资产与负债风险管理，降低外汇风险敞口；严格执行金融机构风险内控制度，提高金融机构风险防范意识。

其次，是加强宏观审慎监管。宏观审慎监管是通过自上而下的监管，通过调控资产价格、信贷总量等宏观指标来化解金融系统性风险、维护金融体系的稳定。当前可以从以下两方面加强宏观审慎监管：一是通过制定与实施针对性、灵活性和前瞻性货币政策降低金融系统性风险。二是加强“一行三会”合作，严密监测跨行业、跨领域金融风险传递，特别要重点监测金融控股公司或金融集团内部风险传递；房地产市场与信托公司、商业银行之间的风险传递；资本市场与证券公司之间风险传递。

第 8 章

结论与展望

8.1 研究结论

本书基于系统性金融风险预警机制的基本框架，依据我国潜在系统性金融风险的识别和衡量、预警指标的选择、预警指标的应用、预警结果的评价和对策制定的思路进行本研究，主要研究结论如下。

第一，中国潜在系统性金融风险识别。首先，通过对我国潜在系统性金融风险现状进行研究得出：实体经济风险主要是由于我国经济对外依存度过高、经济增长过度依赖投资与出口；金融领域风险主要表现为房地产业信贷风险积聚、金融创新增加与放大金融体系风险，金融行业开放进一步了导致金融机构经营不稳定、加剧金融市场波动性与资产投机泡沫，并造成金融监管难度加大；公共财政风险主要表现为短期债务发展较快，地方政府债务规模庞大；宏观调控层面风险表现为宏观经济的失衡和周期性波动。其次，通过对我国潜在系统性金融风险的形成根源和潜在路径进行分析，发现以上潜在风险主要是由于我国政府主导的资源配置体制与“投资拉动 + 出口导向”型经济增长模式导致我国金融领域“道德风险”普遍存在、国际收支长期失衡、储蓄率居高不下所形成的。

第二，中国系统性金融风险预警指标选择。首先，本书从系统性金融风险的特征和我国潜在的系统性金融风险实际状况出发，在考虑外部冲击和传染风险的基础上，分别从货币市场风险、银行体系风险、资产价格波动风险和外部冲击和传染风险四个层面运用因子分析法构建系统性金融风险综合指数，并运用我国1999年1月~2019年12月相关数据衡量我国系统性金融风险的状况。结果表明，我国从1999年1月~2014年9月共有三次出现系统性金融风险的波动，分别是1999年，2007年年末到2009年初和2013年上半年，这与我国的实际相符。其次，本书结合我国自身的特点，综合考虑国内风险因素和国际金融风险因素，以及各预警指标的经济意义及数据的可得性的基础上，从宏观经济层面、金融体系层面、国际传染风险和国际冲击等方面构建我国系统性金融风险指标，运用格兰杰因果关系检验和多元逐步回归法，建立系统性金融风险综合指数与预警指标的计量模型，对初选的预警指标进行多次筛选，得到对系统性金融风险综合指数解释能力较强的指标。最终选择指标如下：固定资产投资增长率（X2）、财政收支余额占比（X7）、房地产开发综合景气指数（X12）、国内信贷占比（X18）、股票市盈率（X30）、对外贸易依存度（X34）、短期外债与外汇储备之比（X41）、美国PMI（X46）和美元利率波动（X51）等指标。

第三，中国系统性金融风险预警机制指标的实证检验。首先，本书运用二元Logit模型和Markov状态转换模型进行风险预警，估计结果显示，固定资产投资增长率（X2）、短期外债与外汇储备之比（X41）、国内信贷占比（X18）、美国PMI（X46）和美元利率波动（X51）指标在5%的显著水平通过检验，对系统性金融风险的解释能力较强。其次，运用噪声—信号比法对两个模型的预警结果进行综合评价发现，基于二元Logit模型和Markov状态转换模型的预警系统均表现出一定预警能力，最优阈值都在70%以上（含），二元Logit模型最优阈值要高于Markov状态转换模型的最优阈值，可能是因为样本期较短，无法从足够长的时期内捕捉到低风险期与高风险期的转换规律。但由于Markov状态转换模型低风险期与高风险期的状态转换概率可以清晰地刻画不同时期风险高低程度及其变化趋势，从而可以与Logit模型预警进行优势互补；另外，从预警效果可以看出，6个月预警效果总体好于12个月预警效果；最后通过对样本外风险预测可知我国系统性金融风险发生的概率较低，因此未来一段时间我国总体处于低风险状态。

第四，防范我国系统性金融风险的对策建议。由系统性金融风险样本期外预警结果可知，当前及未来一段时间我国发生系统性金融风险的概率较低。但由于系统性金融风险具有累积性和滞后性，中国经济还有许多不稳定和不确定因素，主要是由于国外经济政治形势不稳和国内经济金融运行风险加大。当前我国金融领域风险集中表现为房地产市场风险升高、地方债务负担严重、影子银行与民间借贷问题突出、国际收支呈现逆转迹象。因此本书从防范系统性金融风险累积、重视外部冲击和传染风险、完善中国系统性金融风险预警机制和加强金融监管等方面提出防范和化解系统性金融风险的对策建议。

8.2 研究不足与展望

鉴于笔者学术水平、研究时间与精力以及外部资源限制，本书还存在许多不足之处。

第一，研究结论可能受到样本数据影响。表现为：首先，为了顾全样本长度和变量多样性，本书选择的样本区间有限，可能令预警模型无法从足够长的时期内捕捉到风险发生规律；其次，受数据可获得性限制，本书被迫放弃了一些与系统性金融风险生成密切相关的结构性与制度性变量，又采用一定技术手段将 GDP 等重要变量从季度数据转换为月度数据，且对一些季节性较强的变量数据进行了季节调整，这些处理都有可能导致信息缺失或者信息失真，但在转换过程中可能会导致数据的某些信息丢失。

第二，不同类型风险发生时间特征不同。货币市场风险与股票市场风险具有短期爆发性，而银行体系风险与外部冲击风险具有较强的时滞粘性。因此，将不同类型风险整合成一个综合的风险指数，可能会影响到风险的识别结果以及预警效果。

第三，由于研究重心要求以及时间限制，风险防范对策总体上停留在宏观层面，政策建议较为粗浅，具体措施有待深入分析。

基于以上不足，未来研究需要进一步扩大样本覆盖范围，尝试运用年度和季度指标做更细致的研究，寻找更能直接反映不同类型风险的状态指标，改进风险综合指数构造方法，同时深入结合我国当前现实，提出更为具体可行的防范系统性金融风险的应对措施。

参考文献

[1] 巴曙松，高江健．基于指标法评估中国系统重要性银行［J］. 财经问题研究，2012（9）：48－56.

[2] 巴曙松，王憬怡，杜婧．从微观审慎到宏观审慎：危机下的银行监管启示［J］. 国际金融研究，2010（5）：83－89

[3] 白鹤祥，刘社芳，罗小伟，等．基于房地产市场的我国系统性金融风险测度与预警研究［J］. 金融研究，2020（8）：54－73.

[4] 白雪梅，石大龙．中国金融体系的系统性风险度量［J］. 国际金融研究，2014（6）：75－85.

[5] 包全永．银行系统性风险的传染模型研究［J］. 金融研究，2005（8）：72－84.

[6] 包全永．银行系统性风险及其防范与控制研究［M］. 北京：中国财政经济出版社，2006.

[7] 曹立．中国经济新常态［M］. 北京：新华出版社，2014.

[8] 陈秋玲，薛玉春，肖璐．金融风险预警：评价指标、预警机制与实证研究［J］. 上海大学学报（社会科学版），2009（5）：127－144.

[9] 陈守东，马辉，王晨．中国金融脆弱性指数的合成及风险预警系统的建立——基于因子分析和Markov区制转移模型的方法探讨［C］. 21世纪数量经济学（第8卷）2007.

[10] 陈守东，马辉，穆春舟．中国金融风险预警的MS－VAR模型与区制状态研究［J］. 吉林大学社会科学学报，2009（1）：110－119.

[11] 陈守东，田艳芬，邵志高，等．国际金融危机对我国银行体系脆弱性的冲击效应［J］. 重庆工商大学学报（西部论坛），2009（4）：60－72.

[12] 陈守东，杨莹，马辉．中国金融风险预警研究［J］．数量经济技术经济研究，2006（7）：36－48．

[13] 陈守东，赵大坤，迟宪良．运用二元选择模型建立我国的金融预警模型［J］．学习与探索，2006（1）：237－239．

[14] 陈守东，王寅，王婷．系统性金融风险及其防范对策研究［J］．社会科学战线，2013（12）：226－228．

[15] 陈飞跃．系统性金融风险的测度及其应用［J］．市场周刊，2020（06）：145－146．

[16] 陈昆亭，周炎．防范化解系统性金融风险——西方金融经济周期理论货币政策规则分析［J］．中国社会科学，2020（11）：192－203．

[17] 陈奕好．对KLR金融危机预警模型的实证研究［D］．合肥：安徽大学，2011．

[18] 陈雨露，马勇．构建中国的“金融失衡指数”：方法及在宏观审慎中的应用［J］．中国人民大学学报，2013（1）：59－71．

[19] 崔海蓉，何建敏．基于复杂网络理论的银行系统性风险研究评述［J］．西安电子科技大学学报（社会科学版），2009（4）：12－18．

[20] 淳伟德，朱航聪，黎禾森，等．供给侧结构性改革降低了中国系统性金融风险吗？——基于风险传染的视角［J］．预测，2021，40（4）：38－44．

[21] 邓晶，张加发，李红刚．银行系统性风险研究综述［J］．系统科学学报，2013（2）：009．

[22] 丁灿．系统性金融风险演进与风险抑制研究［D］．南京农业大学，2012．

[23] 董青马．开放金融条件下银行系统性金融风险生成机制研究［M］．北京：中国金融出版社，2010．

[24] 董小君．金融风险预警机制研究［M］．北京：经济管理出版社，2004．

[25] 董小君．美国金融预警制度及启示［J］．国际金融研究，2004（4）：38－43．

[26] 杜长江．系统性风险的来源、预警机制与监管策略［D］．天津：南

开大学，2010.

[27] 范宏．动态银行网络系统中系统性风险定量计算方法研究 [J]．物理学报，2014，63 (3).

[28] 范小云，王道平，方意．我国金融机构的系统性风险贡献测度与监管——基于边际风险贡献与杠杆率的研究 [J]．南开经济研究，2011 (4)：3-20.

[29] 范小云．繁荣的背后 [M]．北京：中国金融出版社，2006.

[30] 范小云．金融结构变革中的系统性风险分析 [J]．经济学动态，2002 (12)：21-25.

[31] 范云朋．我国系统性金融风险监测与度量研究——基于 ESRB-CISS 研究方法 [J]．经济问题探索，2020 (11)：157-171.

[32] 方意，赵胜民，王道平．我国金融机构系统性风险测度——基于 DGC-GARCH 模型的研究 [J]．金融监管研究，2012 (11)：26-42.

[33] 方意，郑子文．系统性风险在银行间的传染路径研究——基于持有共同资产网络模型 [J]．国际金融研究，2016 (6)：61-72.

[34] 冯超，肖兰．基于 KLR 模型的中国银行业系统性风险预警研究 [J]．上海金融，2014 (12)：59-62.

[35] 冯芸，吴冲锋．货币危机早期预警系统 [J]．系统工程理论方法应用，2002 (3)：8-11.

[36] 范恒冬，吕娟．中国商业银行金融风险预警指标体系研究 [J]．经济与管理，2011，25 (7)：48-53.

[37] 高国华，潘英丽．基于资产负债表关联的银行系统性风险研究 [J]．管理工程学报，2012 (40)：162-168.

[38] 苟文均，袁鹰，漆鑫．债务杠杆与系统性风险传染机制——基于 CCA 模型的分析 [J]．金融研究，2016 (3)：74-91.

[39] 高国华，潘英丽．银行系统性风险度量——基于动态 CoVaR 方法的分析 [J]．上海交通大学学报，2011 (12)：1753-1759.

[40] 宫晓琳．宏观金融风险联动综合传染机制 [J]．金融研究，2012 (b)，(5)：93-107.

[41] 宫晓琳．未定权益分析法与中国宏观金融风险的测度分析［J］．经济研究，2012（a），（3）：76－87.

[42] 郭娜，祁帆，张宁．我国系统性金融风险指数的度量与监测［J］．财经科学，2018（2）：1－14.

[43] 宫晓莉，熊熊，张维．我国金融机构系统性风险度量与外溢效应研究［J］．管理世界，2020，36（8）：65－83.

[44] 谷慎，汪淑娟．基于SVM的碳金融风险预警模型研究［J］．华东经济管理，2019，33（3）：179－184.

[45] 郭栋．基于动态Logit模型的中国系统性金融危机预警研究［D］．长春：吉林大学，2013.

[46] 郝会会．开放经济条件下金融危机预警指标体系研究［J］．市场周刊：理论研究，2011（6）：67－69.

[47] 何德旭，郑联盛．影子银行体系与金融体系稳定性［J］．经济管理2009（11）：20－25.

[48] 何青，钱宗鑫，刘伟．中国系统性金融风险的度量——基于实体经济的视角［J］．金融研究，2018（4）：53－70.

[49] 韩心灵，韩保江．供给侧结构性改革下系统性金融风险：生成逻辑、风险测度与防控对策［J］．财经科学，2017（6）：1－13.

[50] 胡滨．系统性金融风险来源及防范［J］．改革，2017（8）：41－44.

[51] 贺力平．十年来金融危机预警体制的新发展［J］．中国外汇.2007（7）.

[52] 胡海峰，代松．后金融危机时代系统性风险及其测度评述［J］．经济学动态，2012（4）：41－46.

[53] 胡海峰，郭卫东．全球系统重要性金融机构评定及其对中国的启示［J］．经济学动态，2013（12）：71－75.

[54] 韩喜昆，马德功．基于AM－BPNN模型的系统性金融风险评估及预警［J］．统计与决策，2021，37（4）：138－141.

[55] 韩心灵，韩保江．供给侧结构性改革下系统性金融风险：生成逻辑、风险测度与防控对策［J］．财经科学，2017（6）：1－13.

[56] 胡玲．我国金融风险预警实证研究［D］．大连：东北财经大

学，2012.

[57] 黄亭亭．宏观审慎管理操作框架研究［M］，北京：中国金融出版社，2011.

[58] 贾彦东．金融机构的系统重要性分析——金融网络中的系统风险衡量与成本分担［J］．金融研究，2011（10）：17－33.

[59] 江红莉，刘丽娟，程思婧．系统性金融风险成因、测度及传导机制——基于文献综述视角［J］．金融理论与实践，2018（11）：49－55.

[60] 解凤敏．经济全球化下中国金融危机压力预警研究［M］．北京：经济科学出版社，2013.

[61] 赖娟．我国金融系统性风险及其防范研究［D］．南昌江西财经大学，2011.

[62] 雷达，赵勇．中国资本账户开放程度的测算［J］．经济理论与经济管理，2008（5）：5－13.

[63] 雷辉．我国资本存量测算及投资效率的研究［J］．经济学家，2009（6）：75－83.

[64] 李东荣．从实体需要出发健全完善金融体系［J］．科技创业家，2011（6）.

[65] 李梦雨．中国金融风险预警系统的构建研究［J］．中央财经大学学报，2012（10）：25－30.

[66] 李艳丽．宏观经济金融风险预警指标体系构建［J］．金融经济，2019（10）：6－8.

[67] 刘超，刘彬彬．金融机构尾部风险溢出效应——基于改进非对称CoVaR模型的研究［J］．统计研究，2020，37（12）：58－74.

[68] 梁琪，常姝雅．我国金融混业经营与系统性金融风险——基于高维风险关联网络的研究［J］．财贸经济，2020，41（11）：67－82.

[69] 梁斯，郭红玉．宏观经济压力对系统性金融风险的冲击研究［J］．南京社会科学，2017（6）：46－54＋75.

[70] 李祥．系统重要性金融机构监管的中国思考［J］．金融法苑，2012（2）.

［71］李志辉，樊莉．中国商业银行系统性风险溢价实证研究［J］．当代经济科学，2011（6）：13－20.

［72］李志辉，王颖．构建逆周期金融监管体系与维护我国金融安全［J］．高校理论战线，2012（6）：13－16.

［73］梁秋霞，陈汉清，宋翠竹．房价异常波动与系统性金融风险关系的理论研究——于风险防范视角的分析［J/OL］．价格理论与实践：1－4.

［74］卢思洁，周新苗．系统性金融风险跨部门传染溢出效应分析［J］．生产力研究，2020（12）：35－40＋161.

［75］连平．利率市场化的宏观效应分析和政策建议［J］．新金融评论，2013（6）.

［76］刘春航，朱元倩．银行业系统性风险度量框架的研究［J］．金融研究，2011（12）：85－99.

［77］刘国风．国际投机资本流动引致我国金融风险研究［D］．天津：天津大学，2011.

［78］刘澜飚，宫跃欣．影子银行问题研究评述［J］．经济学动态，2012（2）：128－133.

［79］刘胜会．从银行业视角看宏观审慎政策的微观影响［J］．金融论坛，2011（10）：9－16.

［80］刘锡良，曾欣．中国金融体系的脆弱性与道德风险［J］．财贸经济，2003（1）：25－32.

［81］李思龙．企业“脱实向虚”的动机及系统性金融风险影响——来自上市公司金融业股权投资的证据［J］．广东财经大学学报，2017，32（4）：45－57.

［82］刘霞．我国系统性金融风险防范研究［D］．乌鲁木齐新疆财经大学，2013.

［83］刘遵义．下一个墨西哥在东亚吗？［R］．联合国世界经济 1995 年秋季会议上提交的报告 1995.

［84］楼文高，乔龙．基于神经网络的金融风险预警模型及其实证研究［J］．金融论坛．

［85］刘立新，李鹏涛．金融供给侧结构性改革与系统性金融风险的防范［J］．改革，2015，32（6）：147－160．［2］刘瑞兴．金融压力对中国实体经济冲击研究［J］．数量经济技术经济研究，2019（6）：84－91．

［86］李敏波，梁爽．监测系统性金融风险——中国金融市场压力指数构建和状态识别［J］．金融研究，2021（6）：21－38．

［87］李志辉，李源，李政．中国银行业系统性风险监测研究——基于SCCA技术的实现与优化［J］．金融研究，2016（3）：92－106．

［88］卢芹．中国金融风险预警机制研究［D］．重庆：重庆大学，2012．

［89］卢芹．中国金融风险预警指标体系研究［J］．特区经济，2012（8）：84－87．

［90］吕江林，赖娟．我国金融系统性风险预警指标体系的构建与应用［J］．江西财经大学学报，2011（2）：5－11．

［91］吕江林，赵征．基于收益率视角的中国股市与国际股票市场联动性研究［J］．金融与经济，2010（6）：42－45．

［92］刘姗姗．对我国构建系统性金融风险预警指标体系的思考［J］．营销界，2020（13）：84－86．

［93］吕艳霞．完善我国金融机构市场化退出机制研究——以美国、日本为例［J］．上海经济研究，2014（10）．

［94］马德功，张畅，马敏捷．货币危机预警模型理论与中国适用［J］．上海金融，2007（12）：10－13．

［95］马广奇，许敏．我国金融系统性风险及防范［J］．合作经济与科技，2020（23）：63－65．

［96］马志异．系统性金融风险的成因及防控研究［J］．时代金融，2019（9）：151－152．

［97］马辉，陈守东，才元．当前我国房地产泡沫的实证分析［J］．经济研究参考，2008（34）：25－33．

［98］马辉．股票市场、房地产市场对消费行为的影响［D］．长春：吉林大学，2006．

［99］马辉．中国金融风险指标体系构建与预警研究［D］．长春：吉林大

学，2009.

[100] 马君潞，范小云，曹元涛．中国银行间市场双边传染的风险估测及其系统性特征分析 [J]．经济研究，2007 (1)：68－78.

[101] 马威，肖帅．金融危机预警指标体系及其结构方程模型构建 [J]．中南大学学报：社会科学版，2014 (4)：47－52.

[102] 苗文龙，闫娟娟．系统性金融风险研究述评——基于宏观审慎监管视角 [J]．金融监管研究，2020 (2)：85－101.

[103] 牟晓云．外汇危机预警模型及在我国的实证研究 [D]．长春：吉林大学，2004.

[104] 欧阳资生，莫廷程．基于广义 CoVaR 模型的系统重要性银行的风险溢出效应研究 [J]．统计研究，2017 (9)：38－45.

[105] 欧阳资生，李虹宣，刘凤根．中国系统性金融风险对宏观经济的影响研究 [J]．统计研究，2019，36 (8)：19－31.

[106] 庞加兰，王倩倩，吴露露．金融开放背景下系统性金融风险测度与防范 [J]．征信，2021，39 (5)：84－92.

[107] 覃邑龙，梁晓钟．银行违约风险是系统性的吗 [J]．金融研究，2014 (6)：82－98.

[108] 沈沛龙，田菁．基于马田系统的金融危机预警指标选择研究 [J]．财贸经济，2011 (11) 第 11 期：82－89.

[109] 沈悦，徐有俊．复合属性贝叶斯模型在银行危机预警中的应用 [J]．宁夏大学学报：人文社会科学，2009 (2)：118－222.

[110] 沈悦，郭培利，李巍军．房价冲击如何生成系统性金融风险 [J]．财贸研究，2015.

[111] 沈悦，王宝龙，李巍军．人民币国际化进程中的金融风险识别及预警研究 [J]．西安交通大学学报（社会科学版），2019，39 (5)：39－48.

[112] 师家升，起建凌．中国金融风险预警指数的构建 [J]．技术经济与管理研究，2019 (4)：89－94.

[113] 史建平，高宇．KLR 金融危机预警模型研究——对现阶段新兴市场国家金融危机的实证检验 [J]．数量经济技术研究，2009 (3)：106－117.

［114］ 孙蕾．基于主成份和灰色预测法的房地产金融风险预警体系研究［J］．金融监管研究，2016（11）：24－42.

［115］ 宋汉光．强化金融服务实体经济功能的思考［J］．银行家，2012（8）：60－63.

［116］ 苏明政．我国系统性金融风险的测度、传染与防范研究［D］．大连：东北财经大学，2014.

［117］ 孙国峰，贾君怡．中国影子银行界定及其规模测算——基于信用货币创造的视角［J］．中国社会科学，2015（11）：92－110，207.

［118］ 谭盛中．基于矩阵法的我国商业银行系统性风险测评研究［D］．长沙：湖南大学，2008.

［119］ 陶玲，朱迎．系统性金融风险的监测和度量——基于中国金融体系的研究［J］．金融研究，2016（6）：18－36.

［120］ 谭中明，夏琦．我国系统性金融风险与宏观经济波动关系：指标度量与动态影响研究［J］．金融理论与实践，2020（3）：8－16.

［121］ 田军，李雅丽，申辰．金融科技视域下我国系统性金融风险度量指标的构建［J］．征信，2021，39（6）：55－63.

［122］ 万晓莉．中国1987～2006年金融体系脆弱性的判断与测度［J］．金融研究，2008（6）：80－93.

［123］ 魏金明．系统性金融风险的测度及影响因素研究［J］．商业研究，2016（2）：73－80.

［124］ 万义平，徐斌．国际金融危机预警指标体系的构建［J］．统计与决策，2010（14）：8－10.

［125］ 王大威．系统性金融风险的传导、监管与防范研究［D］．北京：中国社会科学院研究生院，2012.

［126］ 王东东．我国金融风险预警指标体系构建及风险度量［D］．合肥：安徽大学，2012.

［127］ 王广龙，熊利平，王连猛．SRISK系统性风险测算方法、结果及评述［J］．投资研究，2014.

［128］ 王宇，肖欣荣，刘健，等．金融网络结构与风险传染理论述评

[J]. 金融监管研究, 2019 (2): 79 -96.

[129] 王辉. 次货危机后系统性金融风险测度研究述评 [J]. 经济学态, 2011 (11) 119 -123.

[130] 王玲玲, 郑振宇, 王恒. 基于人工神经网络的房地产金融风险预警体系构建——以柳州市为例 [J]. 区域金融研究, 2019 (3): 60 -71.

[131] 王妍. 金融不稳定性能够预测未来的宏观经济表现吗? [J]. 数量经济研究, 2015, 6 (1): 51 -63.

[132] 王建军, 陈珍珍. 对我国经济增长周期的实证研究 [J]. 统计与决策, 2007 (11): 87 -88.

[133] 王璐. 股市和债市波动溢出马尔科夫体制转换特征的数量研究 [J]. 经济数学, 2013 (2): 78 -84.

[134] 王东东, 朱剑峰. 基于因子分析的我国金融风险影响因素探究 [J]. 阜阳师范学院学报 (自然科学版), 2018, 35 (2): 43 -46.

[135] 王小霞. 中国金融风险预警研究 [M]. 北京: 中国社会科学出版社, 2015: 102 -103.

[136] 王学凯, 樊继达. 系统性金融风险: 内在逻辑、形成机制与防范策略 [J]. 中共中央党校 (国家行政学院) 学报, 2020, 24 (6): 134 -140.

[137] 王兆星. 防范化解系统性金融风险的实践与反思 [J]. 金融监管研究, 2020 (6): 1 -5.

[138] 吴成颂. 我国金融风险预警指标体系研究 [J]. 技术经济与管理研究, 2011 (1): 19 -24.

[139] 吴宜勇, 胡日东, 袁正中. 基于 MSBVAR 模型的中国金融风险预警研究 [J]. 金融经济学研究, 2016, 31 (5): 13 -23.

[140] 吴卫星, 张琳琬, 颜建晔. 金融系统风险的成因、传导机制和度量: 一个综述 [J]. 国际商务: 对外经济贸易大学学报, 2014 (1): 34 -42.

[141] 吴婷婷, 项如意. 系统性金融风险防控: 国别经验与政策启示 [J]. 金融理论与实践, 2020 (11): 36 -44.

[142] 项燕彪, 贺聪. 房地产调控与宏观审慎管理研究 [J]. 金融发展研究, 2012 (3): 34 -39.

[143] 谢峻峰. 对完善信贷政策导向效果评估的实践与思考 [J]. 金融经济, 2012 (10): 86-88.

[144] 谢宜彤. 论我国商业银行系统性风险及其防范 [J]. 现代营销(下旬刊), 2020 (8): 36-37.

[145] 徐慧玲, 许传华. 金融风险预警模型述评 [J]. 经济学动态, 2010 (11): 131-134.

[146] 许传华, 徐慧玲, 杨雪莱. 我国金融风险预警模型的建立与实证研究 [J]. 经济问题, 2012 (2): 86-83.

[147] 许传华, 杨雪莱. 通货膨胀与中国金融风险预警 [J]. 武汉金融, 2011 (2): 20-22.

[148] 肖争艳, 任梦瑶. 媒体风险感知与系统性金融风险预警 [J/OL]. 财经问题研究: 1-13.

[149] 许涤龙, 陈双莲. 基于金融压力指数的系统性金融风险测度研究 [J]. 经济学动态, 2015 (1): 69-78.

[150] 许菁. 我国金融风险预警模型的构建与实证检验 [J]. 经济问题, 2013 (4): 48-50.

[151] 亚洲开发银行. 金融危机早期预警系统及其在东亚地区的运用(中译本) [M]. 北京: 中国金融出版社, 2006.

[152] 杨俊龙, 孙韦. 基于宏观审慎视角的系统性金融风险预警研究 [J]. 中州学刊, 2014 (2): 35-39.

[153] 杨雯. 中国金融危机预警指标体系构建与实证研究 [D]. 成都: 西南财经大学, 2010.

[154] 杨雪莱, 许传华, 徐慧玲. 美国货币冲击与中国资产价格波动 [J]. 中南财经政法大学学报, 2010 (3): 46-51.

[155] 于品显. 系统性金融风险的界定及传播机制 [J]. 南方金融, 2019 (6): 48-56.

[156] 杨扬. 中国系统性金融风险测度及预警研究 [D]. 重庆: 重庆大学, 2014.

[157] 杨子晖, 周颖刚. 全球系统性金融风险溢出与外部冲击 [J]. 中

国社会科学，2018（12）：69-90+200-201.

［158］杨子晖，陈雨恬，张平淼．重大突发公共事件下的宏观经济冲击、金融风险传导与治理应对［J］．管理世界，2020，36（5）：13-35+7.

［159］杨子晖，陈雨恬，谢锐楷．我国金融机构系统性金融风险度量与跨部门风险溢出效应研究［J］．金融研究，2018（10）：19-37.

［160］叶莉．金融全球化条件下的我国金融安全问题研究［D］．天津：河北工业大学，2008.

［161］余珊萍，邓益民．金融稳健性评价指标的新发展及在中国的应用［J］．东南大学学报（哲学社会科学版），2012（3）：28-31.

［162］余文君，闻岳春，王泳．基于金融压力指数的上海A股市场系统性金融风险研究［J］．上海金融，2014（7）：86-91.

［163］杨海珍，程相娟，李妍，等．系统性金融风险关键成因及其演化机理分析——基于文献挖掘法［J］．管理评论，2020，32（2）：18-28.

［164］严超超，周海林．经济政策不确定性对系统性金融风险的影响研究——基于TVP-SV-VAR模型的实证分析［J/OL］．上海立信会计金融学院学报：1-13.

［165］袁梁．中外商业银行监管的国际比较及启示［D］．咸阳：西北农林科技大学，2005.

［166］翟金林．银行系统性风险的成因及防范研究［J］．南开学报（哲学社会科学版），2001（4）：83-89.

［167］张宝林，潘焕学．影子银行与房地产泡沫：诱发系统性金融风险之源［J］．现代财经：天津财经大学学报，2013（11）：33-44.

［168］张兵，范致镇，李心丹．中美股票市场的联动性研究［J］．经济研究，2010（11）：141-151.

［169］张亮，许爱萍，李树生，等．金融体系“系统风险”的理论辨析——与“系统性风险”的区别与联系［J］．金融理论与实践，2013（8）：6-10.

［170］张梅，梁步腾．压力测试——危机后风险管理的重要工具［J］．福建论坛，2011（3）：29-33.

［171］张娜娜，陈超．基于Shapley值方法的中国上市银行系统重要性研

究 [J]. 广东金融学院学报, 2012 (1).

[172] 张强, 吴敏. 牢牢守住防范系统性金融风险的底线 [J]. 求是, 2013 (2): 29-31.

[173] 张强, 赵继鸿. 基于MS-VAR模型的金融风险预警研究 [J]. 湖南社会科学, 2013 (3): 117-121.

[174] 张威. 中国银行监管的问题与对策研究 [D]. 天津: 天津财经大学, 2008.

[175] 张伟. 体制转换模型能预测货币危机吗? [J]. 经济研究, 2004 (7): 18-26.

[176] 张晓朴. 系统性金融风险研究: 演进, 成因与监管 [J]. 国际金融研究, 2010 (7): 58-67.

[177] 张新叶. 中国货币安全预警研究 [D]. 太原: 山西财经大学, 2012.

[178] 章秀. 我国商业银行风险溢出效应研究 [D]. 长春: 吉林大学, 2013.

[179] 赵进文, 韦文彬. 基于MES测度我国银行业系统性风险金融监管研 [J]. 2012 (8): 28-40.

[180] 曾昭法, 游悦. 基于神经网络分位数回归的金融风险预警 [J]. 统计与决策, 2020, 36 (14): 137-140.

[181] 赵进文, 张胜保, 韦文彬. 系统性金融风险度量方法的比较与应用 [J]. 统计研究, 2013 (10): 46-53.

[182] 中国人民银行金融稳定分析小组. 中国金融稳定报告 [R]. 北京: 中国金融出版社, 2013.

[183] 中国人民银行金融稳定分析小组. 中国金融稳定报告 [R]. 北京: 中国金融出版社, 2014.

[184] 周宏, 李远远, 官冰. 中国国际金融风险预警的理论问题研究 [J]. 统计研究, 2012 (1): 49-54.

[185] 周建, 李子奈. Granger因果关系检验的适用性 [J]. 清华大学学报: 自然科学版, 2004 (3): 358-361.

[186] 周天芸，周开国，黄亮．机构集聚，风险传染与香港银行的系统性风险 [J]. 国际金融研究，2012 (4)：77 -87.

[187] 周稳海，赵桂玲．开放条件下金融风险预警指标体系研究 [J]. 特区经济，2010 (4)：72 -74.

[188] 周小川．金融政策对金融危机的相应——宏观审慎框架的形成背景、内在逻辑和主要内容 [J]. 金融研究，2011 (1)：1 -14.

[189] 周莹莹，刘传哲．防范我国虚拟经济过度背离实体经济的预警构架 [J]. 求索，2013 (1)：9 -12.

[190] 朱钧钧，谢识予，朱弘鑫，等．基于状态转换的货币危机预警模型——时变概率马尔可夫转换模型的 Griddy - Gibbs 取样法和应用 [J]. 数量经济技术经济研究，2010 (9)：118 -132.

[191] 朱元倩，苗雨峰．关于系统性风险度量和预警的模型综述 [J]. 国际金融研究，2012 (1)：79 -88.

[192] 张文凯，彭涛．供给侧结构性改革背景下防范系统性金融风险研究 [J]. 金融理论与教学，2017 (1)：19 -24.

[193] 张方雪．银行系统性风险成因及度量研究综述 [J]. 时代金融，2015 (2)：113 -114 +118.

[194] 郑桂环，徐红芬，刘小辉．金融压力指数的构建及应用 [J]. 金融发展评论，2014 (8)：50 -62.

[195] 章曦．中国系统性金融风险测度、识别和预测 [J]. 中央财经大学学报，2016 (2)：45 -52.

[196] 左晓慧，刘思远．金融监管对防范系统性金融风险影响研究 [J]. 经济问题，2021 (7)：55 -61 +119.

[197] 周胜强，秦亚丽，李西江，等．基于贝叶斯神经网络的金融风险预警研究 [J]. 华北金融，2018 (9)：4 -15.

[198] Abiad M A. Early warning systems: A survey and a regime - switching approach [M]. International Monetary Fund, 2003.

[199] Acemoglu D, Ozdaglar A, Tahbaz - Salehi A. Systemic risk and stability in financial networks [R]. National Bureau of Economic Research, 2013.

[200] Acharya V, Brownlees C T, Engle R, et al. Measuring Systemic Risk, in Regulating Wall Street: The Dodd – Frank Act and the New Architecture of Global Finance [J]. New York Review of Books, 2010, 55 (6): 619 –620.

[201] Acharya V. L Pedersen, T Philippon and M Richardson. Measuring Systemic Risk, NYU Working Paper, 2010. Acharya V V, Pedersen L H, Philippon T, et al. Measuring Systemic Risk [J]. The review of financial studies, 2017, 30 (1): 2 –47.

[202] Adrian T, Brunnermeier M K. CoVaR [J]. Social Science Electronic Publishing, 2011.

[203] Allen F, Gale D. Bubbles and Crises [J]. Economic Journal, 2000, 110 (460): 236 –255.

[204] Allen F, Gale D. Systemic risk and regulation [M]. University of Chicago Press, 2007: 341 –376.

[205] Aloui R, Aïssa M S B, Nguyen D K. Global financial crisis, extreme interdepen – dences, and contagion effects: The role of economic structure? [J]. Journal of Banking & Finance, 2011, 35 (1): 130 – 141.

[206] Awrey D. Complexity, Innovation, and the Regulation of Modern Financial Markets [J]. Harv. Bus. L. Rev., 2012 (2): 235.

[207] Baig T, Goldfajn I. Financial Market Contagion in the Asian Crisis 1 [J]. IMF Staff Papers, 1999, 46 (2): 167 – 195.

[208] Bauwens L, Lubrano M. Bayesian Analysis of Dynamic Disequilibrium Models: An Application to the Polish Credit Market [J]. Social Science Electronic Publishing, 2007, 26 (2): 469 –486.

[209] Berg J V D, Candelon B, Urbain J P. A cautious note on the use of panel models to predict financial crises [J]. Economics Letters, 2008, 101 (1): 80 –83.

[210] Bernanke B. Financial reform to address systemic risk [J]. Speech at the Council on Foreign Relations, 2009 (10).

[211] Bis B. Quarterly Review December 2010: International banking and financial market developments [J]. Journal of Finance, 2010, 16 (1): 1.

[212] Blaschke W, Jones, Majnoni G, Peria Martinez. Stress Testing of Financial Systems: an Overview of Issues, Methodologies, and FSAP Experiences [R]. IMF Working Paper, 2001, June.

[213] Blejer M I, Schumacher L B. Central Bank Vulnerability and the Credibility of Commitments: A Value - at - Risk Approach to Currency Crises [J]. Social Science Electronic Publishing, 1998 (65).

[214] Blejer, M L, L. Schumacher. Central Bank Vulnerability and the Credibility of Commitments: A Value - at - Risk Approach to Currency Crisis [R]. IMF Working Paper, 1998.

[215] Billio M, Getmansky M, Lo A W, et al. Econometric measures of connectedness and systemic risk in the finance and insurance sectors [J]. Journal of financial economics, 2012, 104 (3): 535 - 559.

[216] Borio C, Lowe P. Asset Prices, Financial and Monetary Stability: Exploring the Nexus [J]. Social Science Electronic Publishing, 2002.

[217] Boyson N M, Helwege J, Jindra J. Crises, Liquidity Shocks, and Fire Sales at Financial Institutions [J]. Social Science Electronic Publishing, 2011.

[218] Borio C. Towards a macroprudential framework for financial supervision and regulation? [J]. CESifo Economic Studies, 2003, 49 (2): 181 - 215.

[219] Brownlees C T, Engle R, et al. Measuring Systemic Risk, in Regulating Wall Street: The Dodd - Frank Act and the New Architecture of Global Finance [J]. New York Review of Books, 2010, 55 (6): 619 - 620.

[220] Brownlees C, Engle R F. SRISK: A conditional capital shortfall measure of systemic risk [J]. The Review of Financial Studies, 2017, 30 (1): 48 - 79.

[221] Brunnermeier M K, Pedersen L H. Market liquidity and funding liquidity [J]. Review of Financial studies, 2009, 22 (6): 2201 - 2238.

[222] Cappiello L, Engle R F, Sheppard K. Asymmetric Dynamics in the Correlations of Global Equity and Bond Returns [J]. Journal of Financial Econometrics, 2003, 4 (4): 537 - 572.

[223] Cardarelli R, Elekdag S Lall S. Financial stress and economic contrac-

tions [J]. Journal of Financial Stability, 2011, 7 (2): 78 - 97.

[224] Cifuentes R, Ferrucci G, Shin H S. Liquidity risk and contagion [J]. 2005, Journal of The European Economic Association, 2005, 3 (2/3): 556 - 566.

[225] Coke R. N., Berg, A. Autocorrelation - Corrected Standard Errors in Panel Probits: An Application to Currency Crisis Prediction. IMF Working Papers 04/39, International Monetary Fund., 2004.

[226] Crockett A. Why is financial stability a goal of public policy? [J]. Economic Review - Federal Reserve Bank of Kansas City, 1997, 82: 5 - 22.

[227] Daníelsson J, Zigrand J P. Equilibrium asset pricing with systemic risk [J]. Economic Theory, 2008, 35 (2): 293 - 319.

[228] De Bandt, O. and Hartmann, P., 2000, "Systemic risk: a survey", European Central Bank Working Paper, No. 35.

[229] Demirgüç - Kunt A, Detragiache E. The determinants of banking crises - evidence from developing and developed countries [M]. World Bank Publications, 1997.

[230] Diamond D W, Dybvig P H. Bank runs, deposit insurance, and liquidity [J]. The journal of political economy, 1983: 401 - 419.

[231] De Bandt O, Hartmann P. Systemic risk: a survey [J]. Available at SSRN 258430, 2000.

[232] ECB. The concept of systemic risk [R]. Financial Stability Review, December, 2009.

[233] Edison H J. Do indicators of financial crises work? An evaluation of an early warning system [C]. International Finance Discussion Papers No. 675, Board of Governors of the Federal Reserve Systems. 2000: 11 - 53.

[234] Eichengreen, Barry, Andrew Rose, and Charles Wyplosz. Contagious Currency Crises: First Tests [J] Scandinavian Journal of Economics, 1996, 98 (4), pp. 463 - 84.

[235] Fisher I. The debt - deflation theory of great depressions [J]. Econometrica: Journal of the Econometric Society, 1933: 337 - 357.

[236] Forbes K, Rigobon R. 2001, No Contagion, Only Interdependence: Measuring stock Market Comovements [J]. Journal of Finance, 2001, 57 (5): 2223 - 2261.

[237] Forbes, K. R. Rigobon. Measuring Contagion: Conceptual and Empirical Issues, "International Financial Contagion: How It Spreads and How It Can Be Stopped" conference 2000.

[238] FSB/BIS/IMF. Guidance to Assess the Systemic Importance of Financial Institutions, Markets and Instruments [R]. Initial Considerations. 2009, 29.

[239] Frankel J, Saravelos G. Can Leading Indicators Assess Country Vulnerability? Evidence from the 2008 - 09 Global Financial Crisis [J]. Journal of International Economics, 2011, 87 (2): 216 - 231.

[240] Frankel J. A. , A. K. Rose. Currency Crashes in Emerging Markets: An Empirical Treatment [J]. Journal of International Economics, 1996 (41): 351 - 366.

[241] FSB, IMF, BIS. Macroprudential Policy Tools and Frameworks [R]. 2011.

[242] G - 20 Working Group 1, Enhancing Sound Regulation and Financial Transparency [Z], Final Report, March, 2009.

[243] G - 20 Working Group 2, Reinforcing Financial Markets [Z], Final Report, March, International Cooperation and Promoting Integrity in 2009.

[244] Gai, Kapadia S. Contagion in financial networks [J]. Proceedings of the Royal Society A: Mathematical, Physical and Engineering Science, 2010, 466 (2120): 2401 - 2423.

[245] Gauthier C, Lehar A, Souissi M. Macroprudential capital requirements and systemic risk [J]. Journal of Financial Intermediation, 2012, 21 (4): 594 - 618.

[246] Gerdesmeier D, Reimers H E, Roffia B. Early Warning Indicators for Asset Price Booms [J]. Review of Economics & Finance, 2011, 1: 1 - 19.

[247] Goetz von Peter. Asset prices and banking distress: A macroeconomic approach [J]. Journal of Financial Stability, 2009, 5 (3): 298 - 319.

[248] Goldstein M A. Forecasting financial crises: Early warning signals for emerging markets [M]. Inst. for Internat. Economics, 1996.

[249] Goldstein M, Kaminsky G, Reinhart C. Assessing Financial Vulnerability: An Early Warning System for Emerging Economies [J]. Mpra Paper, 2000.

[250] Graciela L. Kaminsky, Saul Lizondo, and Carmen M. Reinhart. Leading Indicators of Currency Crises [J]. IMF Staff Papers, vol. 45, no. 1 (1998, March): 1-48.

[251] Granger C W J. Investigating Causal Relations by Econometric Models and Cross-Spectral Methods [J]. General Information, 1969, 37 (3): 424-438.

[252] Grimaldi, M. B. Detecting and Interpreting Financial Stress in the Euro Area, ECB Working Paper, No 1024.

[253] Hakkio S, Keeton W R. Financial stress: "What is it, how can it be measured, and why does it matter?" Federal Reserve Bank of Kansas City Economic Review [J]. General Information, 2009 (2): 5-50.

[254] Haldane A G, May R M. Systemic risk in banking ecosystems [J]. *Nature, 2011, 469 (7330): 351-355.*

[255] Hart O, Zingales L. How to avoid a new financial crisis [R]. Working Paper, University of Chicago, 2009.

[256] Hendricks D, Kambhu J, Mosser P. Systemic risk and the financial system [J]. Federal Reserve Bank of New York Economic Policy Review, 2007, 13 (2): 65-80.

[257] Holst U, Lindgren G, Holst J, et al. Recursive Estimation in Swithing Autoregressions with a Markov Regime [J]. Journal of Time, 1994, 15 (5): 489-506.

[258] Illing, M., Liu, Y, "Measuring financial stress in a developed country: An application to Canada" [J]. Journal of Financial Stability, 2006, 2 (3): 243-265.

[259] Illing, M., Liu, Y, An Index of Financial Stress for Canada [J]. Bank of Canada, 2003: 2003-2014.

[260] IMF. Global Financial Stability Report: Old Risks, New Challengers

[R/OL].

[261] J. D. Hamilton. Analysis of Time Series Subject to Changes in Regime [J]. Journal of Economietrics, 1990 (45): 39 – 70.

[262] Jurgen von Hagen, Tai – kuang Ho. Twin crises: A reexamination of empirical links [J]. ZEI b, Center for European Integration Studies, University of Bonn, 2003, 1: 1 – 41.

[263] Kaminsky G, Lizondo S, Reinhart C M. Leading indicators of currency crises [J]. Policy Research Working Paper Series, 1997, 75 (1): 1.

[264] Kaufman G G, Scott K E. What is systemic risk, and do bank regulators retard or contribute to it? [J]. Independent Review, 2003, 7 (3): 371 – 391.

[265] Khandani A E, Lo A W, Merton R C. Systemic risk and the refinancing ratchet effect [J]. Journal of Financial Economics, 2013, 108 (1): 29 – 45.

[266] Kodres, L. E. and Pritsker, M., A Rational Expectations Model of Financial Contagion [J]. The Journal of Finance, 2002, 57 (2): 769 – 799.

[267] Korinek A, Bengui J, Borio C, et al. Systemic Risk – Taking: Amplification Effects, Externalities, and Regulatory Responses [J]. Social Science Electronic Publishing, 2011.

[268] Krugman, P., 1999, What happened to Asia? Springer US, 315 – 327.

[269] Lagunoff Roger, Stacey 1. Schreft. A Model of Financial Fragility [J]. Journal of Economic Theory, 2001, 99 (1).

[270] Lall S, Cardarelli R, Elekdag S. Financial Stress, Downturns, and Recoveries [J]. IMF Working Papers, 2009.

[271] Lehar A. Measuring systemic risk: A risk management approach [J]. Journal of Banking & Finance, 2005, 29 (10): 2577 – 2603.

[272] Laeven L, Ratnovski L, Tong H. Bank size, capital, and systemic risk: Some international evidence [J]. Journal of Banking & Finance, 2016, 69: S25 – S34.

[273] Louzis D P, Vouldis A T, Metaxas V L. Macroeconomic and bank – specific determinants of non – performing loans in Greece: A comparative study of mort-

gage, business and consumer loan portfolios [J]. Journal of Banking & Finance, 2012, 36 (4): 1012 – 1027.

[274] Lowe P, Borio C. Asset prices, financial and monetary stability: exploring the nexus [J]. Bis Working Papers, 2002.

[275] Manmohan S. Kumar, Uma Moorthy, W. R. M. Perraudin. Predicting Emerging Market Currency Crashes [R]. IMF Working Paper, 2002.

[276] Markose S M, Giansante S, Gatkowski M, et al. Too interconnected to fail: Financial contagion and systemic risk in network model of cds and other credit enhancement obligations of us banks [Z]. working paper 2009.

[277] Martinez – Jaramillo, Perez, Embriz, et al, Systemic risk, financial contagion and financial fragility [J]. Journal of Economic Dynamics & Control, 2010, 34: 2358 – 2374

[278] Mathias Drehmann, Tarashev N. Measuring the Systemic Importance of Interconnected Banks [J]. Social Science Electronic Publishing, 2011, 22 (4): 586 – 607.

[279] McKinnon R I, Pill H. Credible Liberalizations and International Capital Flows: The "Overborrowing" Syndrome [J]. Financial Deregulation and Integration in East Asia, 2007, 5: 7.

[280] Minsky, H P, 1982, The financial instability Hypothesis: Capitalist Processes and the Behavior of the economy in financial crises: theory, history, and Policy [M]. Cambridge University Press.

[281] Minsky H P, Kaufman H. Stabilizing an unstable economy [M]. New York: McGraw – Hill, 2008.

[282] Minsky Ph D H P. The Financial Instability Hypothesis: A Restatement [J]. 1978.

[283] Mishkin F. Systemic risk and the international lender of last resort [J]. BIS Review, 2007, 109: 1 – 7.

[284] Mishkin, Federic S: The Transmission Mechanism and the Role of Asset Prices in Monetary Policy [R]. NBER Working Paper, No. 867, 2001.

[285] Mishkin, F., 1995, "Comment on Systemic Risk", Research in Financial Services: Banking, Financial Markets, and Systemic Risk, Vo1. 7. 31 -45.

[286] Mishkin, F., 1996, "Understanding Financial Crises: A Developing Country perspective", National Bureau of Econoriiic Research Working Paper, No. 5600.

[287] Mishkin, SF Global financial instability: framework, events, issues [J]. Journal of Economic Perspectives, 1999, 13 (4): 3 -20.

[288] Mistrulli P E. Assessing financial contagion in the interbank market: Maximum entropy versus observed interbank lending patterns [J]. Journal of Banking & Finance, 2011, 35 (5): 1114 -1127.

[289] Mitchell M, Pedersen L H, Pulvino T. Slow moving capital [R]. National Bureau of Economic Research, 2007.

[290] Gray D F, Merton R C, Bodie Z. New framework for measuring and managing macrofinancial risk and financial stability [J]. 2007.

[291] Nag A., A. Mitra. Neural Networks and Early Warning Indicators of Currency Crisis [J]. Reserve Bank of India Occasional Papers, 1999 (20 -2): 183 -222.

[292] Nenovsky N, Hristov K. Criteria for evaluation of the systemic risk under currency board [J]. The Institute for Market Economy, 1997.

[293] Olivier Jeanne, Paul R. Masson. Currency Crisis, Sunspots and Markov - switching Regimes [J]. Centre for Economic Policy Research, 1998 (22): 143 -158.

[294] Ouyang, Zi - Sheng, et al. "Measuring systemic risk contagion effect of the banking industry in China: a directed network approach." Emerging Markets Finance and Trade? 56. 6 (2020): 1312 -1335.

[295] PAN Wen - tsao & LIN Wei - yuan.. Use probabilistic Neural Network to Contract Early Warning Model for Business financial Distress [J]. International Conference on Management Science & Engineering, 2008, 9.

[296] Ravi Balakrishnan Stephan Danninger Selim ElekdagIrina Tytell Bal-

akrishnan R. et al.. How financial stress spreads: a first comprehensive look at the current crisis [OL], 2009.

[297] Ravi Balalkrishnan, Irina Tytell. The Transmission of Financial Stress from Advanced to Emerging Economies, IMF Paper. wp/2009/133.

[298] Sachs J, Tornell A, Velasco A. The Mexican peso crisis: Sudden death or death foretold? [J]. Journal of International Economics, 1996, 41 (3): 265-283.

[299] Sachs J., A. Tornell, A. Velasco. Financial Crises in Emerging Markets: The Lessons from 1995 [R]. NBER Working Paper, 1996.

[300] Schüler M, Schröder M. Systemic Risk in European Banking: Evidence from Bivariate GARCH Models [J]. Zew Discussion Papers, 2003.

[301] Schwarcz S L. Regulating Shadow Banking [J]. Review of Banking and Financial Law, 2012, 31 (1).

[302] Schwarcz, S. L., Systemic Risk [J], The Georgetown Law Journal, 2008 (97): 193-249.

[303] Schwartz A. J. Systemic Risk and the Macroeconomy [J]. Private and Public Policy. 1995 (7): 19-33.

[304] Shao J L, Huang T Z, Zhou S. Global Asymptotic Robust Stability and Global Exponential Robust Stability of Neural Networks with Time-Varying Delays. [J]. Neural Processing Letters 2009, 30 (3): 229-241.

[305] Summer M. Banking regulation and systemic risk [J]. Open economies review, 2003, 14 (1): 43-70.

[306] Sheppard K K, Engle R F. Theoretical and Empirical Properties of Dynamic Conditional Correlation Multivariate GARCH [J]. Social Science Electronic Publishing, 2001.

[307] Stiglitz J. The failure of macroeconomics in America [J]. China and World Economy, 2011, 19 (5): 17-30.

[308] Systemic financial crises: Containment and resolution [M]. Cambridge University Press, 2005.

[309] Schoenmaker D. Contagion risk in banking [M]. LSE Financial Mar-

kets Group, 1996.

[310] Tarashev N, Borio C, Tsatsaronis K. Attributing Systemic Risk to Individual Institutions 1 Methodology and Policy Applications [J]. Claudio Borio, 2011, 68 (3): 1-18.

[311] Toivanen M. Financial interlinkages and risk of contagion in the Finnish interbank market [J]. Research Discussion Papers, 2009.

[312] Turner A., Shadow Banking and Financial Instability [R] Speech at CASS Business School 2012 (3).

[313] Tobias A, Brunnermeier M K. CoVaR [J]. The American Economic Review, 2016, 106 (7): 1705.

[314] Uhde A, Heimeshoff U. Consolidation in banking and financial stability in Europe: Empirical evidence [J]. Journal of Banking&Finance, 2009, 33 (7): 1299-1311.

[315] Valencia F. Systemic banking crises: a new database [M]. International Monetary Fund, 2012.

[316] Valerie Cerra, Sweta Chaman Saxena. An Empirical Analysis of Chinese Export Behavior [R]. IMF Working Paper, 2002.

[317] Varotto S, Zhao L. Systemic risk and bank size [J]. Journal of International Money and finance, 2018, 82: 45-70.

[318] Watts D J. A simple model of global cascades on random networks [J]. Procee-dings of the National Academy of Sciences, 2002, 99 (9): 5766-5771.

附　录

附录1　各个风险指数数值

时间	银行体系风险指数	货币市场风险指数	资产价格波动风险指数	外部冲击与传染风险指数	等权重系统性风险综合压力指数	方差贡献率权重系统性风险综合指数
1999/2/9	-0.62757	-0.96233	0.46338	-1.17063	-0.57429	-0.52447
1999/3/31	-1.15159	1.28147	-0.80099	-0.27425	-0.23634	-0.28957
1999/4/30	0.03834	0.03449	-0.56263	-0.34502	-0.20871	-0.16746
1999/5/31	-0.49951	-0.84907	1.38425	-0.65639	-0.15518	-0.14752
1999/6/30	7.07798	-1.04619	2.51549	0.58438	2.282915	2.841026
1999/7/30	-0.07269	-0.92966	-0.62108	-2.39724	-1.00517	-0.77381
1999/8/31	0.04264	-1.45676	-0.18961	-0.80264	-0.60159	-0.53674
1999/9/30	0.02237	-1.12024	-0.39979	-0.33558	-0.45831	-0.43856
1999/10/29	-0.26813	0.79662	-0.51416	-1.2178	-0.30087	-0.18329
1999/11/30	-0.08763	0.15734	-0.57335	-1.83111	-0.58369	-0.3956
1999/12/30	-2.60199	-0.77828	-0.53763	-2.58595	-1.62596	-1.60143
2000/1/28	-0.06258	-1.06143	1.82525	-1.59522	-0.2235	-0.08178
2000/2/29	-1.02583	-1.43498	1.72372	0.63627	-0.02521	-0.2112
2000/3/31	-0.08112	2.50264	-0.88771	-0.64696	0.221713	0.324589
2000/4/28	-0.18318	-1.47746	-0.31714	0.5372	-0.36015	-0.45671
2000/5/31	-1.64454	-0.45853	0.24027	-1.12345	-0.74656	-0.7852
2000/6/30	-3.20975	-0.05971	-0.31954	-0.83095	-1.10499	-1.30865
2000/7/31	-1.0499	-1.25202	0.10745	-0.48183	-0.66908	-0.73402

续表

时间	银行体系风险指数	货币市场风险指数	资产价格波动风险指数	外部冲击与传染风险指数	等权重系统性风险综合压力指数	方差贡献率权重系统性风险综合指数
2000/8/31	-0.46335	-1.67349	-0.07718	-0.80736	-0.75535	-0.73952
2000/9/29	-0.17625	-0.28896	-0.7505	-0.75546	-0.49279	-0.43277
2000/10/31	0.18913	0.66048	-0.03849	-0.98192	-0.0427	0.088463
2000/11/30	0.19188	-1.26727	0.64845	-1.59522	-0.50554	-0.34217
2000/12/29	-0.12583	-0.03085	-0.0687	-1.92546	-0.53771	-0.34706
2001/1/19	0.29436	0.23335	1.62585	-0.83567	0.329473	0.445054
2001/2/28	-0.0612	1.92118	1.04741	0.52776	0.858788	0.827272
2001/3/30	-0.84319	-0.44186	-0.39357	-0.84038	-0.62975	-0.62427
2001/4/30	-0.34493	-1.13222	-0.71786	-1.02909	-0.80603	-0.74629
2001/5/31	0.80344	0.30599	0.46427	-0.76962	0.20102	0.358869
2001/6/29	-0.53097	0.24947	-0.6565	0.23055	-0.17686	-0.24401
2001/7/31	0.44694	-0.65412	-1.48334	-1.02909	-0.6799	-0.53942
2001/8/31	-1.34577	0.67562	-0.72702	-0.93474	-0.58298	-0.59433
2001/9/28	-0.00327	0.99428	-0.80275	1.42885	0.404278	0.271286
2001/10/31	-0.94536	0.59394	-0.58099	-0.84038	-0.4432	-0.4298
2001/11/30	0.35342	1.12159	0.09398	-0.50542	0.265893	0.369115
2001/12/31	0.34181	-0.19476	-0.62421	-0.81679	-0.32349	-0.2088
2002/1/31	0.27102	1.03763	-0.22985	-0.29312	0.19642	0.269039
2002/2/28	-1.75147	-0.54783	0.72948	-0.69413	-0.56599	-0.66171
2002/3/29	0.75518	2.34908	0.07783	0.32962	0.877928	0.949734
2002/4/30	-0.9001	0.08829	-0.40973	-0.37333	-0.39872	-0.43883
2002/5/31	-0.48789	-0.3127	-1.15768	-1.6424	-0.90017	-0.77482
2002/6/28	0.51695	0.44147	1.13925	-0.37333	0.431085	0.522412
2002/7/31	-0.4453	-0.05939	-0.46334	0.28244	-0.1714	-0.2416
2002/8/30	-0.02026	-0.17973	-0.09455	-1.17063	-0.36629	-0.24782
2002/9/27	0.62045	-0.25357	-0.23689	-1.73675	-0.40169	-0.16667
2002/10/31	-0.2591	1.06725	-0.67223	-0.43937	-0.07586	-0.03464
2002/11/29	0.01667	0.79128	-0.67314	0.83442	0.242308	0.170094
2002/12/31	0.87352	0.55953	-1.03573	-0.93474	-0.13436	0.05383

续表

时间	银行体系风险指数	货币市场风险指数	资产价格波动风险指数	外部冲击与传染风险指数	等权重系统性风险综合压力指数	方差贡献率权重系统性风险综合指数
2003/1/29	1.31149	1.36936	1.58744	-1.97264	0.573913	0.919654
2003/2/28	-0.65504	0.41762	0.72169	-0.72244	-0.05954	-0.0373
2003/3/31	0.68705	0.92175	-0.22518	-0.88756	0.124015	0.294898
2003/4/30	0.20905	-0.15435	-0.35402	-0.98192	-0.32031	-0.20007
2003/5/30	0.1172	1.59555	-0.08869	-0.09026	0.38345	0.429659
2003/6/30	1.81369	0.92077	-0.84569	-0.02421	0.46614	0.649276
2003/7/31	-0.18784	-0.02029	-0.28999	-1.68958	-0.54693	-0.38615
2003/8/29	0.78178	-0.49153	-0.45813	-1.02909	-0.29924	-0.12751
2003/9/30	0.19587	0.9994	-0.22657	-0.16103	0.201918	0.253219
2003/10/31	-0.50473	0.74609	-0.22675	-0.78377	-0.19229	-0.14307
2003/11/28	-0.42853	0.49843	0.02342	0.3768	0.11753	0.047193
2003/12/31	-0.22415	-1.93377	-0.13376	0.01825	-0.56836	-0.62181
2004/1/30	0.66079	0.71189	1.20829	0.93821	0.879795	0.850546
2004/2/27	-0.28447	1.92794	1.08774	-1.2178	0.378353	0.510178
2004/3/31	0.36175	-0.1097	0.65083	-1.59522	-0.17309	0.024497
2004/4/30	0.22207	-0.52485	-1.09619	0.20224	-0.29918	-0.30705
2004/5/31	-0.51384	0.54526	0.01665	1.74966	0.449433	0.227816
2004/6/30	-2.01278	0.34095	-1.08912	0.95708	-0.45097	-0.72644
2004/7/30	-0.7539	-0.38022	-0.10613	-1.92546	-0.79143	-0.66326
2004/8/31	-0.39631	0.09504	-0.2905	-1.40651	-0.49957	-0.38555
2004/9/30	0.32731	0.73922	0.34725	-1.40651	0.001818	0.190763
2004/10/29	-0.77491	3.15357	-0.76817	1.4666	0.769273	0.597532
2004/11/30	-0.40235	2.46397	-0.04461	-0.88756	0.282363	0.379413
2004/12/31	0.50164	1.5301	-0.94829	-0.78377	0.07492	0.229214
2005/1/31	0.59302	0.64088	0.62452	-1.6424	0.054005	0.289741
2005/2/28	-0.73895	-0.97758	1.85699	-1.45369	-0.32831	-0.26139
2005/3/31	0.02065	3.05926	-1.54646	0.3768	0.477563	0.492182
2005/4/29	-0.44807	0.11682	-0.5656	-0.03837	-0.23381	-0.26749
2005/5/31	-1.70809	0.00759	-1.08016	-2.44442	-1.30627	-1.20199

续表

时间	银行体系风险指数	货币市场风险指数	资产价格波动风险指数	外部冲击与传染风险指数	等权重系统性风险综合压力指数	方差贡献率权重系统性风险综合指数
2005/6/30	-1.82096	1.21416	0.13254	-1.12345	-0.39943	-0.42664
2005/7/29	-1.09695	-0.1916	-0.07564	-1.12345	-0.62191	-0.6061
2005/8/31	-0.33733	-0.33394	1.80398	0.41454	0.386813	0.304244
2005/9/30	0.30744	0.50911	0.01289	0.12204	0.23787	0.261135
2005/10/31	-0.77993	-0.42509	-0.49832	-1.50087	-0.80105	-0.71996
2005/11/30	-0.09086	-0.42128	0.09358	-0.12329	-0.13546	-0.13774
2005/12/30	-0.22293	0.21854	-0.55657	-0.93474	-0.37393	-0.29135
2006/1/25	1.23141	0.65809	1.53554	0.40982	0.958715	1.035252
2006/2/28	-0.85223	0.32843	1.0473	-0.16103	0.090618	0.033987
2006/3/31	0.89466	1.63912	-0.93304	0.21639	0.454283	0.540758
2006/4/28	1.62797	-0.60272	0.90072	0.89103	0.70425	0.746644
2006/5/31	-0.24366	0.57118	1.29333	0.02768	0.412133	0.394296
2006/6/30	0.5449	-1.35766	0.01135	0.14091	-0.16513	-0.15272
2006/7/31	-0.0492	0.51324	-0.51883	-0.37333	-0.10703	-0.06302
2006/8/31	-0.32246	0.30534	0.09657	0.12204	0.050373	0.013157
2006/9/29	-0.15486	-0.89698	0.28118	0.05127	-0.17985	-0.21432
2006/10/31	-0.77518	0.3195	0.16293	-0.25066	-0.13585	-0.17475
2006/11/30	-0.45398	0.10278	1.31507	-0.09026	0.218403	0.186266
2006/12/29	0.22196	-0.96668	1.47603	0.82026	0.387893	0.303556
2007/1/31	1.35978	1.47619	2.35538	0.05127	1.310655	1.448449
2007/2/28	0.49097	0.6766	2.05535	0.74006	0.990745	0.964963
2007/3/30	0.11169	1.79257	-0.84609	1.76381	0.705495	0.560758
2007/4/30	0.59956	0.58752	1.50069	1.32978	1.004388	0.925917
2007/5/31	-0.20516	0.07283	0.44752	0.65043	0.241405	0.154889
2007/6/29	0.0835	-0.58704	-0.76835	-0.84038	-0.52807	-0.44043
2007/7/31	0.12926	-0.41453	1.44022	-0.52901	0.156485	0.214649
2007/8/31	-0.6511	-0.63779	1.47662	0.50417	0.172975	0.048181
2007/9/28	-0.18202	0.91914	0.57205	-1.35934	-0.01254	0.127886
2007/10/31	0.50263	-0.45145	0.57182	1.01369	0.409173	0.339805

续表

时间	银行体系风险指数	货币市场风险指数	资产价格波动风险指数	外部冲击与传染风险指数	等权重系统性风险综合压力指数	方差贡献率权重系统性风险综合指数
2007/11/30	-1.16687	-0.35605	-1.66263	0.42869	-0.68922	-0.84293
2007/12/28	-1.3659	-0.57364	-0.06675	1.26845	-0.18446	-0.45069
2008/1/31	2.30498	-0.1354	-0.85159	1.42885	0.68671	0.744387
2008/2/29	-1.28932	-1.86952	0.47516	-0.06667	-0.68759	-0.82852
2008/3/31	-0.80917	2.30388	-2.99594	-0.67054	-0.54294	-0.50321
2008/4/30	0.39036	-0.37391	0.37997	-0.3922	0.001055	0.070907
2008/5/30	-0.4602	0.94996	-0.53728	-0.75546	-0.20075	-0.14663
2008/6/30	-0.26063	-0.7456	-1.93396	0.57966	-0.59013	-0.68357
2008/7/31	0.25103	-0.48096	0.05533	-0.0195	-0.04853	-0.03167
2008/8/29	-0.35586	0.66299	-1.43438	-0.69885	-0.45653	-0.40209
2008/9/26	-1.17985	-0.05144	-0.79911	1.33922	-0.1728	-0.4199
2008/10/31	-0.34834	-1.51122	-2.30767	2.55639	-0.40271	-0.72373
2008/11/28	-1.94931	-0.52006	0.45673	-0.54316	-0.63895	-0.76755
2008/12/31	1.67567	1.55254	-0.95758	1.07974	0.837593	0.902641
2009/1/23	3.45558	-0.99609	2.67525	0.98539	1.530033	1.718595
2009/2/27	1.22405	1.41488	2.06222	0.11732	1.204618	1.322672
2009/3/31	2.97013	0.04789	0.24611	1.00897	1.068275	1.231458
2009/4/30	0.19061	0.59841	0.44812	0.43813	0.418818	0.399001
2009/5/27	0.12932	1.02815	0.68912	2.08462	0.982803	0.790931
2009/6/30	2.02169	1.00016	0.91887	0.33905	1.069943	1.232061
2009/7/31	0.04379	-0.81966	1.36408	0.0324	0.155153	0.140093
2009/8/31	0.19693	-0.31564	-1.83683	1.77797	-0.04439	-0.21555
2009/9/30	-0.06935	0.27648	0.05632	-0.05724	0.051553	0.055696
2009/10/30	-0.19145	0.54962	0.61209	0.7495	0.42994	0.341733
2009/11/30	-0.32497	-0.41409	0.51791	1.96668	0.436383	0.192602
2009/12/31	-0.0345	-1.78566	-0.35487	0.92877	-0.31157	-0.44079
2010/1/29	1.80584	0.48809	1.12417	0.6174	1.008875	1.113514
2010/2/26	0.38781	-1.68982	1.84203	-0.08083	0.114798	0.127829
2010/3/31	-0.56248	1.49994	-1.76912	1.19768	0.091505	-0.05797

续表

时间	银行体系风险指数	货币市场风险指数	资产价格波动风险指数	外部冲击与传染风险指数	等权重系统性风险综合压力指数	方差贡献率权重系统性风险综合指数
2010/4/30	0.37883	-0.84362	-0.44148	1.15051	0.06106	-0.03859
2010/5/31	0.13352	-1.43389	-1.30393	1.56567	-0.25966	-0.43332
2010/6/30	-0.16675	-0.15239	-1.45347	1.10333	-0.16732	-0.29846
2010/7/30	0.50695	-0.41943	0.52085	0.42869	0.259265	0.252396
2010/8/31	-0.13377	-0.50536	-0.11412	0.30131	-0.11299	-0.1648
2010/9/30	-0.2731	0.49342	0.02161	-0.75075	-0.12721	-0.06501
2010/10/29	0.57984	0.01521	1.04686	0.34849	0.4976	0.511954
2010/11/30	0.22893	-1.3838	-0.58526	2.07518	0.083763	-0.13521
2010/12/31	-0.21273	1.45256	-0.53322	0.87216	0.394693	0.30827
2011/1/31	0.68422	-0.199	2.27338	0.48059	0.809798	0.814178
2011/2/28	-0.35541	-0.02835	2.36897	0.52776	0.628243	0.536162
2011/3/31	-1.12212	1.02499	-2.02062	0.22583	-0.47298	-0.57825
2011/4/29	0.72413	0.01086	-0.54253	0.00881	0.050318	0.116031
2011/5/31	-0.18643	-0.77174	-0.67476	1.90535	0.068105	-0.16051
2011/6/30	-0.51379	-1.40558	-0.50041	0.34377	-0.519	-0.62369
2011/7/29	0.79593	-0.07757	-0.33997	0.91462	0.323253	0.298461
2011/8/31	0.0386	-0.53618	-0.56434	1.59869	0.134193	-0.03816
2011/9/30	-0.14158	-1.74863	-1.01367	1.39111	-0.37819	-0.56402
2011/10/31	0.67227	0.31079	0.17269	0.42397	0.39493	0.415987
2011/11/30	0.27531	-0.4778	-0.73911	0.64099	-0.07515	-0.12415
2011/12/30	-0.07384	-1.55151	-1.05718	0.75893	-0.4809	-0.59085
2012/1/31	1.26118	-0.42411	1.11958	0.07014	0.506698	0.604727
2012/2/29	-0.25046	1.68943	1.21715	0.31075	0.741718	0.711828
2012/3/30	-0.46665	-0.79897	-1.45303	1.22127	-0.37435	-0.55555
2012/4/27	0.89282	-0.73907	0.54335	0.07958	0.19417	0.253697
2012/5/31	0.10285	-1.54607	0.06859	0.94764	-0.10675	-0.22233
2012/6/29	-0.58277	0.44932	-0.81697	0.93349	-0.00423	-0.14645
2012/7/31	0.2679	-0.99936	-0.42631	0.08901	-0.26719	-0.26784
2012/8/31	0.31761	0.08786	-0.35585	0.40038	0.1125	0.101186

续表

时间	银行体系风险指数	货币市场风险指数	资产价格波动风险指数	外部冲击与传染风险指数	等权重系统性风险综合压力指数	方差贡献率权重系统性风险综合指数
2012/9/28	-0.45917	-0.33764	-0.10467	1.52321	0.155433	-0.05159
2012/10/31	0.38593	-0.73145	-0.30176	0.6693	0.005505	-0.04132
2012/11/30	-0.00384	-1.31083	-0.6804	0.48059	-0.37862	-0.44968
2012/12/31	-0.71935	-1.08866	0.92343	0.07958	-0.20125	-0.294
2013/1/31	0.55322	0.98993	2.17844	0.62684	1.087108	1.083757
2013/2/28	-0.01825	-1.04074	1.48403	0.55135	0.244098	0.165067
2013/3/29	-1.03676	1.47009	-1.50359	0.65043	-0.10496	-0.24076
2013/4/26	0.68583	-1.02876	-0.47648	0.50889	-0.07763	-0.08498
2013/5/31	-0.30637	-0.47094	0.14492	1.89591	0.31588	0.080922
2013/6/28	-0.06299	-1.76715	-1.70773	1.49962	-0.50956	-0.69882
2013/7/31	0.57504	-0.2087	-0.17428	1.22599	0.354513	0.274578
2013/8/30	0.06701	-0.67699	0.22454	0.61268	0.05681	-0.01293
2013/9/30	-0.21705	0.01587	-0.01537	-0.0997	-0.07906	-0.08795
2013/10/31	0.31785	0.15298	-0.36556	-0.02421	0.020265	0.054686
2013/11/29	0.03618	0.19731	-0.0675	0.09845	0.06611	0.062359
2013/12/31	-0.46053	-0.3151	-0.79775	-0.27425	-0.46191	-0.47856
2014/1/30	1.74784	-0.45624	0.25818	0.32962	0.46985	0.585575
2014/2/28	-0.63314	0.5873	0.65819	-0.59506	0.004323	0.018018
2014/3/31	-0.79452	0.61061	-0.75527	0.11732	-0.20547	-0.27853
2014/4/30	0.75238	-0.06755	-0.17883	-0.82151	-0.07888	0.074801
2014/5/30	-0.03549	-1.11262	-0.24564	0.9099	-0.12096	-0.23753
2014/6/30	-0.79371	-0.42542	-0.48958	-1.02909	-0.68445	-0.65422
2014/7/31	0.75855	-1.09084	0.43663	0.43813	0.135618	0.13975
2014/8/29	0.2678	-0.59257	-0.17482	0.9618	0.115553	0.029333
2014/9/30	0.11026	-1.29449	0.30323	0.53248	-0.08713	-0.1547
2014/10/31	0.04410	0.09356	0.03240	0.11316	0.07080	0.06725
2014/11/30	-0.11693	0.09570	0.06837	0.46625	0.12835	0.08808
2014/12/31	-0.22374	0.09581	-0.00327	0.11650	-0.00368	-0.00687
2015/1/30	-0.14065	0.08943	0.00072	0.36047	0.07749	0.04793

续表

时间	银行体系风险指数	货币市场风险指数	资产价格波动风险指数	外部冲击与传染风险指数	等权重系统性风险综合压力指数	方差贡献率权重系统性风险综合指数
2015/2/28	−0. 57991	0. 08725	0. 04323	0. 62817	0. 04468	−0. 01256
2015/3/31	−0. 09345	0. 08538	0. 05872	0. 30852	0. 08979	0. 06515
2015/4/30	0. 29413	0. 08525	0. 01243	0. 73608	0. 28197	0. 21179
2015/5/30	0. 11666	0. 08578	−0. 02444	0. 49682	0. 16870	0. 12408
2015/6/30	−0. 87012	0. 08518	−0. 04919	0. 42942	−0. 10118	−0. 13708
2015/7/31	0. 16115	0. 08525	−0. 04493	0. 48151	0. 17074	0. 12765
2015/8/29	−0. 36930	0. 08584	0. 00501	0. 81709	0. 13466	0. 05714
2015/9/30	0. 30531	0. 08782	0. 05988	0. 35041	0. 20085	0. 17136
2015/10/31	0. 15833	0. 08850	0. 00497	0. 69311	0. 23623	0. 17110
2015/11/30	0. 38471	0. 08978	0. 00693	0. 09987	0. 14532	0. 14230
2015/12/31	0. 04526	0. 09034	−0. 07284	0. 19180	0. 06364	0. 05170
2016/1/30	0. 34226	0. 09074	−0. 00508	0. 71415	0. 28552	0. 21809
2016/2/29	−0. 49589	0. 08705	0. 03590	0. 21128	−0. 04042	−0. 05398
2016/3/31	−0. 06064	0. 08567	−0. 00698	0. 70770	0. 18144	0. 11490
2016/4/30	0. 07289	0. 08537	−0. 00362	−0. 05234	0. 02558	0. 03869
2016/5/30	0. 18177	0. 08745	−0. 00108	0. 35433	0. 15562	0. 12598
2016/6/30	0. 13075	0. 08755	0. 00639	0. 33703	0. 14043	0. 11269
2016/7/31	−0. 00083	0. 08776	0. 06523	0. 31860	0. 11769	0. 09203
2016/8/31	0. 59845	0. 08746	−0. 00834	0. 63985	0. 32935	0. 26902
2016/9/30	−0. 34147	0. 08905	0. 01614	0. 33385	0. 02439	−0. 00210
2016/10/31	−0. 10607	0. 08947	0. 01983	0. 18361	0. 04671	0. 03565
2016/11/30	−0. 08074	0. 09158	−0. 01138	0. 32247	0. 08048	0. 05503
2016/12/31	0. 25111	0. 09256	0. 00734	0. 20666	0. 13941	0. 12564
2017/1/30	−0. 27507	0. 09285	0. 00985	0. 06733	−0. 02626	−0. 02449
2017/2/28	2. 05390	0. 08863	−0. 00152	0. 74261	0. 72091	0. 64743
2017/3/31	−0. 16660	0. 08800	−0. 00806	0. 12562	0. 00974	0. 00479
2017/4/30	−0. 26340	0. 08882	−0. 00307	−0. 05301	−0. 05767	−0. 04361
2017/5/30	−0. 34347	0. 09140	0. 00917	0. 10061	−0. 03557	−0. 03732
2017/6/30	−0. 05874	0. 09166	0. 03488	0. 02670	0. 02362	0. 02915

续表

时间	银行体系风险指数	货币市场风险指数	资产价格波动风险指数	外部冲击与传染风险指数	等权重系统性风险综合压力指数	方差贡献率权重系统性风险综合指数
2017/7/31	0.10526	0.09201	0.00715	0.54026	0.18617	0.13751
2017/8/31	-0.25380	0.09223	0.01692	0.29925	0.03865	0.01593
2017/9/30	0.18303	0.09352	0.00594	0.00161	0.07103	0.07901
2017/10/31	-0.22274	0.09396	-0.00666	0.02885	-0.02665	-0.02079
2017/11/30	0.16209	0.09575	0.00191	-0.26495	-0.00130	0.03495
2017/12/31	-0.11583	0.09680	0.01595	0.06765	0.01614	0.01796
2018/1/30	0.31241	0.09624	-0.02025	0.72333	0.27793	0.21011
2018/2/28	-1.00604	0.09372	-0.00987	0.56810	-0.08852	-0.13806
2018/3/31	0.70498	0.09293	-0.00855	0.51816	0.32688	0.27965
2018/4/30	0.22768	0.09367	-0.00053	0.03111	0.08798	0.09281
2018/5/30	0.10183	0.09602	0.00282	0.43328	0.15849	0.12145
2018/6/30	-0.05900	0.09688	-0.02647	0.64761	0.16476	0.10559
2018/7/31	-0.14647	0.09766	-0.00771	0.46519	0.10217	0.06236
2018/8/31	-0.19930	0.09797	0.01980	0.33318	0.06291	0.03706
2018/9/30	-0.18631	0.09899	-0.01376	0.53416	0.10827	0.06141
2018/10/31	-0.00776	0.09987	0.00527	0.45089	0.13707	0.09871
2018/11/30	0.21140	0.10223	-0.00356	0.04816	0.08956	0.09340
2018/12/31	0.17958	0.10301	0.01364	0.65882	0.23876	0.17850
2019/1/30	0.01646	0.10293	0.04239	0.67989	0.21042	0.14816
2019/2/28	0.17699	0.09886	0.01556	0.64053	0.23298	0.17427
2019/3/31	-0.51612	0.09835	-0.00124	0.37558	-0.01086	-0.04057
2019/4/30	-0.16831	0.09885	-0.01795	0.07825	-0.00229	-0.00126
2019/5/30	-0.17709	0.10147	0.00851	0.19363	0.03163	0.02074
2019/6/30	-0.00564	0.10197	-0.00479	0.63958	0.18278	0.12479
2019/7/31	-0.01824	0.10255	-0.00485	-0.20509	-0.03141	-0.00053
2019/8/29	-0.05815	0.10226	0.00202	-0.05080	-0.00117	0.01352
2019/9/30	-0.12292	0.10351	0.00253	0.27129	0.06360	0.04465
2019/10/31	-0.47727	0.10435	-0.00599	-0.10142	-0.12008	-0.09917
2019/11/30	-0.41812	0.10550	0.01908	-0.20587	-0.12485	-0.09299
2019/12/31	0.06201	0.10674		0.47798		

附录2 变量序列单位根检验结果

变量	单位根检验（ADF 检验）				
		t统计量	1%	5%	10%
y1	I (0)	-6.347262	-3.46578	-2.877012	-2.575097
y2	I (0)	-13.39552	-3.465392	-2.876843	-2.575006
y3	I (0)	-12.0536	-3.46539	-2.87684	-2.57501
y4	I (1)	-13.153	-3.46618	-2.87719	-2.57519
y5	I (0)	-11.3287	-3.46539	-2.87684	-2.57501
x1	I (1)	-5.387182	-3.467205	-2.877636	-2.57543
x2	I (1)	-10.20762	-3.46578	-2.87701	-2.5751
x3	I (1)	-12.1458	-3.46598	-2.8771	-2.57514
x4	I (1)	-6.0444	-3.46785	-2.87792	-2.57558
x5	I (1)	-5.909658	-3.467851	-2.877919	-2.575581
x6	I (1)	-13.5376	-3.46559	-2.87693	-2.57505
x7	I (1)	-36.3351	-3.46763	-2.87782	-2.57553
x8	I (1)	-6.195274	-3.467851	-2.877919	-2.575581
x9	I (1)	-10.5561	-3.46763	-2.87782	-2.57553
x10	I (1)	-4.107133	-3.467851	-2.877919	-2.575581
x11	I (0)	-9.909916	-3.465392	-2.876843	-2.575006
x12	I (1)	-9.41168	-3.46559	-2.87693	-2.57505
x13	I (1)	-3.71276	-3.46807	-2.87802	-2.57563
x14	I (1)	-12.4003	-3.46559	-2.87693	-2.57505
x15	I (2)	-14.8535	-3.46807	-2.87802	-2.57563
x16	I (1)	-4.464004	-3.46658	-2.877363	-2.575284
x17	I (1)	-5.40086	-3.46785	-2.87792	-2.57558
x18	I (1)	-3.81646	-3.46785	-2.87792	-2.57558
x19	I (1)	-13.57371	-3.465585	-2.876927	-2.575051
x20	I (1)	-4.06793	-3.467851	-2.877919	-2.575581
x21	I (0)	-3.544015	-3.465585	-2.876927	-2.575051
x22	I (1)	-10.93	-3.46638	-2.87727	-2.57524

续表

变量	单位根检验（ADF 检验）				
		t 统计量	1%	5%	10%
x23	I (1)	-4.0612	-3.46807	-2.87802	-2.57563
x24	I (1)	-16.72872	-3.465585	-2.876927	-2.575051
x25	I (0)	-6.08144	-3.46539	-2.87684	-2.57501
x26	I (1)	-4.43738	-3.46807	-2.87802	-2.57563
x27	I (1)	-4.91266	-3.46658	-2.87736	-2.57528
x28	I (1)	-6.38575	-3.46658	-2.87736	-2.57528
x29	I (1)	-6.44905	-3.46658	-2.87736	-2.57528
x30	I (1)	-7.587124	-3.46578	-2.877012	-2.575097
x31	I (1)	-9.40102	-3.46598	-2.8771	-2.57514
x32	I (0)	-5.3499	-3.46559	-2.87693	-2.57505
x33	I (1)	-23.5972	-3.46559	-2.87693	-2.57505
x34	I (2)	-14.1698	-3.46807	-2.87802	-2.57563
x35	I (1)	-4.13234	-3.46807	-2.87802	-2.57563
x36	I (1)	-4.196628	-3.467851	-2.877919	-2.575581
x37	I (1)	-11.0324	-3.46559	-2.87693	-2.57505
x38	I (2)	-19.9695	-3.46785	-2.87792	-2.57558
x39	I (1)	-4.12562	-3.46742	-2.87773	-2.57548
x40	I (1)	-3.35527	-3.46785	-2.87792	-2.57558
x41	I (1)	-6.05216	-3.46598	-2.8771	-2.57514
x42	I (2)	-12.34333	-3.46658	-2.877363	-2.575284
x43	I (2)	-5.34692	-3.4683	-2.87811	-2.57568
x44	I (1)	-5.901581	-3.46578	-2.877012	-2.575097
x45	I (0)	-4.10464	-3.46785	-2.87792	-2.57558
x46	I (1)	-11.7604	-3.46559	-2.87693	-2.57505
x47	I (1)	-7.80012	-3.46559	-2.87693	-2.57505
x48	I (1)	-7.70254	-3.46785	-2.87792	-2.57558
x49	I (1)	-3.84218	-3.46807	-2.87802	-2.57563
x50	I (0)	-5.09355	-3.46638	-2.87727	-2.57524
x51	I (1)	-6.50233	-3.46578	-2.87701	-2.5751
x52	I (1)	-6.087335	-3.46578	-2.877012	-2.575097
x53	I (1)	-9.337665	-3.465585	-2.876927	-2.575051

续表

变量	单位根检验（ADF 检验）				
		t 统计量	1%	5%	10%
x54	I（1）	-13. 2925	-3. 46559	-2. 87693	-2. 57505
x55	I（1）	-9. 00658	-3. 46559	-2. 87693	-2. 57505
x56	I（1）	-11. 11445	-3. 465585	-2. 876927	-2. 575051

附录3　系统性金融风险预警指标格兰杰因果关系检验结果

变量	系统性金融风险格兰杰检验结果			变量	系统性金融风险格兰杰检验结果		
	N = 1	N = 2	N = 3		N = 1	N = 2	N = 3
x1	**0.0396**	0.1307	0.2231	x26	**0.0321**	**0.0783**	**0.0657**
x2	0.7733	0.2291	0.4367	x27	0.7766	0.1302	0.2117
x3	0.1725	0.0940	0.1129	x28	0.4879	0.6838	0.6104
x4	0.5543	0.6353	0.8927	x29	0.1129	0.2605	0.3029
x5	**0.0377**	0.1284	0.2468	x30	0.0879	**0.0067**	**0.0216**
x6	0.1366	0.3014	0.2574	x31	0.3229	**0.0148**	**0.0211**
x7	**0.0000**	**0.0000**	**0.0000**	x32	**0.0224**	0.0573 *	0.0187
x8	0.3208	0.0761	0.0895	x33	**0.0171**	**0.0424**	0.0890
x9	**0.0001**	**0.0004**	**0.0021**	x34	0.4840	0.4328	0.3557
x10	0.9504	0.0554	0.0824	x35	0.7520	0.8418	0.3245
x11	0.2361	0.4274	0.4454	x36	0.8119	0.3620	0.4670
x12	**0.0341**	**0.0274**	0.0532	x37	0.4613	0.6053	0.8290
x13	0.5976	0.6875	0.9866	x38	0.2510	**0.0458**	0.1177
x14	0.3883	**0.0138**	**0.0162**	x39	0.0972	0.0782	0.1280
x15	0.6202	0.1636	0.1122	x40	0.8405	0.2504	0.2762
x16	**0.0176**	0.0708	0.2245	x41	0.5454	0.8323	**0.0437**
x17	0.6430	0.7634	0.8989	x42	**0.0444**	0.1253	0.3141
x18	0.7669	**0.0259**	**0.0293**	x43	0.1240	0.3477	0.2004
x19	**0.0119**	**0.0044**	**0.0126**	x44	0.2607	0.0558	0.0806
x20	0.9511	**0.0348**	**0.0496**	x45	0.1219	**0.0244**	**0.0321**
x21	0.3350	0.5326	0.8451	x46	**0.0248**	**0.0290**	0.0766
x22	0.7924	0.9341	0.7992	x47	0.0537	0.0851	0.1514
x23	0.4034	0.4412	0.4476	x48	0.9805	0.7717	0.9018
x24	0.3056	0.3755	0.3487	x49	**0.0044**	**0.0206**	0.0966
x25	0.8302	0.3102	0.3996	x50	**0.0091**	**0.0401**	0.1442

续表

变量	系统性金融风险格兰杰检验结果			变量	系统性金融风险格兰杰检验结果		
	N = 1	N = 2	N = 3		N = 1	N = 2	N = 3
x51	0.1742	0.3911	**0.0429**	x54	0.1611	0.1846	0.4486
x52	0.1680	0.4121	0.1616	x55	0.6191	0.6485	0.2787
x53	0.7909	0.1275	0.0560	x56	0.6127	0.8894	0.8635

注：①粗体为显著检验结果，即 x 为引起 y 的格兰杰原因。

② ** 表示 y 为引起 x 的格兰杰原因，* 表示互为格兰杰原因。